Antes de la Ira de Dios

Antes de la Ira de Dios

La Respuesta Bíblica Acerca del Momento en que Ocurrirá el Arrebatamiento

Edición Revisada y Ampliada

H. L. Nigro

Strong Tower Publishing
Bellefonte, PA

Strong Tower Publishing
P. O. Box 973
Milesburg, PA 16853
www.strongtowerpublishing.com

ISBN 0-9704330-8-5
Library of Congress Control Number: 2005903811

Portada diseñada por Wade Thompson.
Versión en español por Héctor Muñoz Riquelme.

Preguntas, comentarios y/o solicitudes en español, pueden ser enviadas al traductor vía email:

Héctor Muñoz Riquelme
hnmunozr@ctcinternet.cl

Salvo indicación contraria, todas las citas bíblicas son de la versión Reina-Valera, revisión de 1960.

H. L. Nigro combina el estudioso análisis de un investigador con los instintos inquisitivos de un periodista. Lo que es más refrescante es que no está motivada por el deseo de estar en lo "correcto" sobre la doctrina, sino por su d evoción bereana de servir a la Palabra de Dios.

Mark Daniels
WFIL Talk Show Host
Philadelphia, PA

La autora pregunta: "¿Qué dice realmente la Biblia sobre el arrebatamiento?" La palabra operativa es "realmente". Y la autora no nos decepciona. Con claridad, profundidad, coraje y gracia, H. L. Nigro proporciona la respuesta. En estas páginas, los lectores no van a encontrar especulación o sensacionalismo. Encontraran una presentación contundente y demoledora de la secuencia cronológica de la Segunda Venida del Señor, y de su implicancia en la vida diaria del creyente.

Marvin J. Rosenthal
Autor de *El Arrebatamiento Pre-Ira de la Iglesia*
President
Zion's Hope, Inc. &
The Holy Land Experience

Hay muchos libros sobre profecía en el mercado hoy en día. Es raro encontrar a un escritor que muestre tanta evidencia bíblica, reflexiones interesantes, gracia hacia las otras posturas y pasión por el tema como lo hace H. L. Nigro. *Antes de la Ira de Dios* es una lectura importante para todos los cristianos.

Dave Bussard
Autor de *¿Quién Será Dejado y Cuándo?*

Antes de la Ira de Dios examina el momento en que ocurrirá el arrebatamiento desde un punto de vista puramente bíblico. El libro compara pasajes paralelos tanto en el Antiguo Testamento como en el Nuevo, y ordena los eventos utilizando una interpretación bíblicamente sana de la profecía de los últimos tiempos. Recomiendo este libro con entusiasmo a todos aquellos que quieran entender lo que la Biblia realmente dice sobre el momento en que ocurrirá el arrebatamiento.

Richard Deem
Apologista Voluntario de Razones para Creer
Fundador de Evidence for God From Science

Antes de la Ira de Dios proporciona una presentación clara y bíblica del momento en que ocurrirá el arrebatamiento de la Iglesia. H. L. Nigro utiliza un estilo directo que no es ni demasiado sofisticado ni demasiado simplista. Todos los pasajes relevantes son examinados y la autora proporciona argumentos bíblicos y lógicos para sustentar la posición pre-ira. En vez de ser puramente académico, este libro demuestra que un entendimiento apropiado sobre el regreso de Cristo es un componente crucial para vivir con fe. Mientras los últimos tiempos se acercan rápidamente, oro pidiendo que *Antes de la Ira de Dios* sea leído por muchos, pues su mensaje es vital para la Iglesia de nuestros días.

Gary Vaterlaus
Zion's Hope, Inc
The Holy Land Experience

Contenido

Índice de Esquemas

Reconocimientos

A mi Jesús, para quien escribí este libro y sin quien no puedo hacer nada. A mi esposo, Tom, quien ha soportado mis años de obsesión con este tema con paciencia, oraciones y buen humor. A mi amiga Michelle Graham, cuyas oraciones y permanente fe en este proyecto me dieron esperanzas de que algún día alguien lo leería. A mis padres, Gary y Carolyn Tolliver, que fueron mis asesores y editores, y especialmente a mi padre, cuya biblioteca fue un gran recurso que usó el Señor para inspirarme. A Marvin Rosenthal de Zion's Hope, cuya erudición confirmó mi primera investigación. A mis abuelas, Madge Tolliver y Mary Helen Whaley, cuyas incesantes oraciones me abrieron muchas puertas. A mi amigo y pastor pretribulacional (que me pidió permanecer anónimo) que me abrió su biblioteca para efectuar mi investigación con la esperanza de que me convenciera de que la postura pre-ira es un error, pero que logró el efecto totalmente contrario. Al pastor Tom Keinath, mi pastor en la iglesia de las Asambleas de Dios Vida Nueva, en Lancaster, PA; quien es ahora profesor en el Central Bible College; él fue mi primer asesor para este manuscrito. A Charles Cooper de Sola Scriptura, cuyos comentarios sobre el borrador casi terminado me estimularon a replantearlo y me ayudaron a atar los cabos sueltos. Y un "gracias" muy especial a Gary Vaterlaus, expositor de investigación bíblica y enseñanza en Sola Scriptura, quien a pesar de su ocupada agenda, y aun mientras reubicaba a su familia a través del país, encontró tiempo para proporcionarme ideas adicionales y contenido invaluable para esta edición revisada.

x

Prefacio

Hay muchas preciosas doctrinas bíblicas que son fundamentales para nuestra fe cristiana: la Trinidad, la inspiración de las Escrituras, la deidad de Cristo, Su nacimiento virginal y la salvación por gracia, por mencionar sólo algunas. Estas son enseñanzas bíblicas que debemos comprender y defender. Lo que uno cree acerca de estas doctrinas determina su ortodoxia.

Durante, más o menos, los últimos 50 años hemos visto a grandes sectores evangélicos añadir otra enseñanza a esta lista de doctrinas "intocables". Nos referimos a la enseñanza del arrebatamiento pretribulacional de la Iglesia. Para muchos, esta doctrina se ha convertido en la principal prueba de la ortodoxia de alguien. Cuestionarla es invitar al ridículo y exponerse a ser llamado ignorante o, peor, apóstata. En muchos círculos, la autoridad del hombre ha reemplazado a la Biblia como la única fuente de verdad. Los conocidos expositores de profecía bíblica no son nunca cuestionados, porque hacerlo es equivalente a cuestionar la misma Biblia. Libros de ficción y películas han sido recibidos como el "verdadero evangelio", mientras que la Biblia acumula polvo en el estante.

Aunque creemos que las Escrituras muestran claramente cuándo sucederá el arrebatamiento y las implicancias que pueda tener para alguien el tomar una posición errada sobre el tema, este evento no afecta de ninguna manera la salvación eterna del creyente. Tampoco debería ser una prueba de ortodoxia. Es triste que la enseñanza acerca de cuándo sucederá el arrebatamiento se haya convertido en un tema determinante para muchos creyentes, iglesias e incluso denominaciones. Ciertamente, debiera haber lugar para la caridad en la discusión sobre el arrebatamiento, y debiera también haber lugar para reexaminar nuestra posición sobre el tema.

La enseñanza del arrebatamiento pretribulacional no es de ninguna manera la última palabra sobre el tema, y como este libro le demostrará al lector, tal posición adolece de varios defectos. Este libro es un análisis de lo que las Escrituras enseñan sobre la venida de Cristo y el momento en que ocurrirá el arrebatamiento. Exhortamos al lector a mantener una mente abierta. Algunas ideas expuestas aquí pondrán en duda lo que cree. Eso es bueno. El lector sólo debe estar dispuesto a escudriñar las Escrituras en busca de las respuestas correctas, porque sólo lo que la Biblia enseña es la verdad.

"Y ahora, hermanos, os encomiendo a Dios, y a la palabra de su gracia, que tiene poder para sobreedificaros y daros herencia con todos los santificados" (Hch. 20:32).

Gary Vaterlaus
Zion's Hope, Inc
The Holy Land Experience

Preguntas y Respuestas Sobre el Arrebatamiento Pre-Ira y Sobre Este Libro

Q: ¿Cuál es la importancia de distinguir entre todas las diferentes posiciones sobre el arrebatamiento?

A: La Biblia enseña que la copa de la iniquidad del hombre un día se llenará y que Dios regresará a juzgar a la humanidad. La preparación para Su retorno y la ejecución del juicio del mundo impío y rebelde se efectuará en un periodo de siete años dividido en tres partes: los juicios de los sellos, los juicios de las trompetas y los juicios de las copas, cada uno superando al anterior en intensidad. Al final de este periodo, el Señor Jesús se manifestará en la Batalla de Armagedón y reclamará Su derecho al trono. Antes de que Dios derrame Su ira, sin embargo, la Biblia promete que el Señor Jesús arrebatará a los escogidos que conforman la Iglesia fiel y verdadera, llevándoselos al cielo.

La posición del arrebatamiento pretribulacional enseña que la ira de Dios comenzará al iniciarse esta fase de siete años, fase que es comúnmente llamada "Periodo Tribulacional". Por lo tanto, básicamente el pretribulacionismo enseña que el arrebatamiento debe ocurrir antes de que la "Tribulación" comience. La posición del arrebatamiento durante la tribulación enseña que la ira de Dios comenzará a la mitad del "Periodo Tribulacional"; por lo tanto el arrebatamiento ocurrirá a la mitad de esta fase también. La posición del arrebatamiento postribulacional enseña que la ira de Dios, y por lo tanto el arrebatamiento, ocurrirá al final de este "Periodo Tribulacional".

Recientemente a salido a la palestra otra posición: la pre-ira, que es la posición presentada en este libro. Como el mesotribulacionismo, la posición pre-ira enseña que el arrebatamiento ocurrirá durante el "Periodo Tribulacional" de siete años, pero en vez de situar este evento en un nebuloso punto medio lo sitúa en una bien definida secuencia de eventos — antes del Día del Señor, el cual contiene la ira de Dios. Es nuestra convicción que esta es la enseñanza bíblica correcta y que es la posición enseñada por el Señor Jesús y los escritores del Nuevo Testamento.

Q: ¿Por qué desacreditan al pretribulacionismo y no a las otras posiciones?

A: A diferencia del mesotribulacionismo y del postribulacionismo, que enseñan que los creyentes tendrán que sufrir algunos de los juicios de Dios, el pretribulacionismo enseña que los creyentes serán arrebatados antes de que comience el "Periodo Tribulacional" de siete años, lo que los deja vulnerables y sin preparación espiritual para enfrentar el tiempo más peligroso que habrá en toda la historia de la humanidad. Aunque no concordamos totalmente con el meso y postribulacionismo, no los desacreditamos porque es la *preparación* para enfrentar lo que está por venir, y no los detalles en la secuencia de los eventos, lo que realmente importa.

Q: Desde un punto de vista bíblico, ¿qué tiene de malo el pretribulacionismo?

A: La enseñanza no se encuentra en la Biblia. Aun los eruditos pretribulacionistas admiten que no existe evidencia bíblica directa que apoye esta posición. El error generado por esta enseñanza es tan antigua como su nombre, el arrebatamiento pre-*tribulación(al)*. La Biblia no menciona ningún periodo llamado "el Periodo Tribulacional". El nombre más correcto para este tiempo es la Semana Septuagésima de Daniel, el cual se surge de la lectura de Daniel 9:24. Por último, el pretribulacionismo sitúa al arrebatamiento en un tiempo diferente del que se determinaría por medio de una lectura literal de los textos bíblicos que mencionan el tema. Las consecuencias prácticas de esta falsa enseñanza, para la generación que entre a la Semana 70, generación de la que nosotros fácilmente podríamos ser parte, serán desastrosas.

Q: ¿Cómo pueden ir en contra de lo que los eruditos bíblicos han enseñado durante 2.000 años?

A: No estamos en conflicto con lo que han enseñado los teólogos durante 2.000 años. Estamos en conflicto sólo con lo que han enseñado *algunos* teólogos durante estos últimos 200 años. El pretribulacionismo es una enseñanza que se desarrolló sólo a comienzos del 1800, y hay muchos grandes eruditos bíblicos clásicos que han rechazado la posición.

Q: ¿Por qué no dejar que los eruditos resuelvan el problema?

A: Sin duda que la mayoría de los prominentes eruditos pretribulacionistas de hoy en día creen sinceramente que el pretribulacionismo es la posición correcta. Sin embargo, la Biblia nos ordena a los creyentes a examinarlo todo y a retener sólo lo bueno (1 Ts. 5:21). Esto significa que no debemos dejar que los pastores y los teólogos piensen por nosotros. Cada creyente tiene la responsabilidad de examinar las enseñanzas de los hombres a la luz de la Palabra de Dios.

Q: ¿No está la Iglesia exenta de "la Tribulación"?

A: No. La Biblia nos dice que la Iglesia está exenta sólo de la ira de Dios. La ira de Dios está contenida en el Día del Señor, el cual ocurre después de la apertura del sexto sello. La Gran Tribulación coincide con el quinto sello, el cual precede a la ira de Dios.

Q: ¿No es la Gran Tribulación sólo para los judíos?

A: En Mateo 24, los discípulos del Señor le hacen la siguiente pregunta: "¿Qué señal habrá de tu venida, y del fin del siglo?" En respuesta el Señor Jesús enumera una muy específica lista de las señales de los últimos tiempos, incluyendo la Gran Tribulación, que precederá Su retorno. Muchos sugieren que Su respuesta se aplica sólo a Israel, puesto que la pregunta fue formulaba antes de la fundación de la Iglesia. Sin embargo, los discípulos que hicieron esta pregunta fueron los mismos discípulos que estaban reunidos para Pentecostés. El Señor Jesús se está dirigiendo a los creyentes.

Q: ¿Significa esto que ustedes creen que el programa de Dios para la Iglesia es el mismo para Israel?

A: No. Dios hizo un pacto con Israel, y lo cumplirá. Sin embargo, habiendo sido injertada en el olivo (Ro. 11:17), la Iglesia es parte del plan de Dios.

Q: Pablo dice que no nos ha puesto Dios para ira (1 Ts. 5:9). ¿La ira de Dios no está contenida en los sellos?

A: No. La ira de Dios es parte del Día del Señor, el cual no comienza sino hasta después de la apertura del sexto sello.

Q: ¿Por qué haría Dios que la Iglesia pasara por juicios diseñados para Israel?

A: Cuando el Señor Jesús regrese, lo hará para presentarse a Sí mismo una Iglesia sin "mancha ni arruga ni cosa semejante" (Ef. 5:27). Si él Señor regresará hoy, ¿podemos honestamente decir que todo el cuerpo de creyentes está listo para presentarse ante Él? ¿Puede la Iglesia actual ser descrita como no teniendo "mancha ni arruga ni cosa semejante"? Los sellos son la característica de un periodo de refinamiento por fuego por la que la Iglesia debe pasar a fin de que el Señor pueda presentársela a Sí mismo. Aunque *posicionalmente* cada creyente está justificado por Dios, no lo está en su vida práctica.

Q: Durante los juicios de los sellos, la cuarta parte de la población mundial perecerá a causa de las guerras, las epidemias, las hambrunas y los desastres naturales. ¡Eso es más de un billón de personas! Dios no le haría eso a Sus hijos.

A: ¿Por qué no? Dios lo ha hecho en el pasado y lo hará de nuevo en el futuro. A través de todo el Antiguo Testamento, se ve a Dios enviando guerras, hambrunas, sequías y plagas sobre Israel con el fin de que Su pueblo abandone la idolatría. Todos los que esgrimen el argumento de "Dios no haría eso" deberían leer Deuteronomio 28.

Q: Si es cierto que la Iglesia pasará a través de algunos de los juicios de Dios descritos en el Apocalipsis, ¿por qué no se menciona a la Iglesia después del capítulo 4?

A: Se menciona. Juan no usa específicamente la palabra "iglesia". Él sólo usa la palabra "iglesia" para referirse a las advertencias que el Señor Jesús les da a cuerpos *específicos* de creyentes, no a todo el Cuerpo de Cristo. Por lo tanto, la ausencia de la palabra "iglesia" en los capítulos posteriores no se puede usar para decir que el Cuerpo de Cristo no estará en la tierra durante este tiempo. De hecho, las cartas a las siete iglesias de Apocalipsis 2 y 3 indican con claridad que la Iglesia *estará* en la tierra durante los primeros seis sellos. El Señor Jesús les dice a cinco de estas iglesias que deben arrepentirse y les dice a las seis que deben prepararse para vencer. La pregunta que el lector de estos pasajes debiera hacerse es "¿Vencer qué?" El Señor Jesús responde a continuación esta pregunta al describir los juicios de los sellos.

Q: ¿No es el arrebatamiento cuando Juan es llamado al cielo en Apocalipsis 4?

A: No. El Señor Jesús llama a Juan al cielo para que contemple "las cosas que sucederán después de estas". Sugerir que la ascensión de Juan simboliza el arrebatamiento de todos los creyentes requiere que el lector deje de lado la lectura literal de la Biblia para leerla alegóricamente. Aun los mismos eruditos pretribulacionales concuerdan en que esta no es una forma aceptable de interpretar este pasaje.

Q: "Te guardaré de la hora de la prueba" ¿No promete esto la Biblia?

A: Una vez que comprendemos el significado bíblico de la frase, "Te guardaré de la hora de la prueba", queda claro que no se la puede utilizar para sostener la enseñanza de que la Iglesia será arrebatada para evitar que los creyentes entren al "Periodo Tribulacional", o, dicho correctamente, a la Semana Septuagésima. En vez de eso, la promesa comprueba que la Iglesia estará presente durante este periodo, y que en medio de él Dios protegerá sobrenaturalmente a un grupo de creyentes, la Iglesia de Filadelfia, Su Novia verdadera y fiel.

Q: ¿No hablan las cartas a las siete iglesias de una iglesia verdadera que será arrebatada antes de la Tribulación y de seis iglesias falsas que se quedarán en la tierra a sufrir la Tribulación?

A: El Señor Jesús nunca dice que estas sean iglesias falsas. De hecho, la mayoría de estas iglesias son elogiadas por sus obras, su adherencia a la sana doctrina y su fidelidad. La misma orden que el Señor les da a los cristianos de todas las épocas, nosotros incluidos, es la que les da a cuatro de las seis iglesias: que se arrepientan de sus pecados, que perseveren y que venzan.

Q: Estas cartas fueron escritas para iglesias del primer siglo. ¿Por qué deberían ser para nosotros también?

A: Es cierto que estas iglesias existieron durante el primer siglo de nuestra era. Pero esto de ninguna manera las hace irrelevantes para nosotros hoy en día. Si las desechamos a ellas, deberíamos también desechar todo el Nuevo Testamento (excepto los evangelios), ya que este también está compuesto por cartas que fueron escritas para individuos e iglesias específicas de ese tiempo. Sabemos que las cartas a las siete iglesias son relevantes para los cristianos de los últimos tiempos porque ellas contienen referencias especifica a los últimos tiempos. Por ejemplo, el Señor Jesús les dice "vendré pronto a ti" a las iglesias tibias y transigentes; a la iglesia corrompida le dice "pero lo que tenéis, retenedlo hasta que yo venga"; y a la iglesia muerta le advierte "vendré sobre ti como ladrón", una referencia clara a Su segunda venida (1 Ts. 5:2).

Q: ¿Puede ser que las siete iglesias representen en realidad épocas de la historia eclesiástica?

A: Para aceptar la posición de "épocas de las iglesias" uno debe dejar de lado la lectura normal y literal de la Biblia y leerla de forma alegórica. Además, se debe estar dispuesto a aceptar que la Iglesia de Filadelfia representa a todo el Cuerpo de Cristo: ferviente, santificado y listo para ser llevado al cielo. Por muy lindo que sea este cuadro es, una mirada realista nos dice que este no es el caso.

Q: ¿No dice la Biblia que el Espíritu Santo debe ser quitado de la tierra antes de que se manifieste el Anticristo?

A: No. Este argumento proviene de 2 Tesalonicenses 2:7: "…hay quien al presente lo detiene, hasta que él a su vez sea quitado de en medio…" El ministerio del Espíritu Santo es enseñar, consolar, interceder, convencer, guiar, fortalecer, santificar y regenerar, no impedir el pecado o evitar que se manifieste "el hombre de pecado". Además, el Señor Jesús dijo que nos enviaría a un Consolador, el Espíritu Santo, para guiar y dar testimonio (enseñar) a *todos* los creyentes; lo que significa que Él debe estar disponible también para aquellos que serán salvos después del arrebatamiento.

Q: Si se supone que debemos esperar ver al Anticristo como una de las señales de los últimos tiempos, ¿por qué ninguno de los escritores del Nuevo Testamento nos lo dice?

A: Tres de ellos lo hacen: Mateo, al registrar las palabras del Señor en Mateo 24:15; Marcos, al registrar las palabras del Señor en Marcos 13:14; y Pablo, en 2 Tesalonicenses 2:3–8.

Q: Al situar el arrebatamiento entre los sellos sexto y séptimo, ¿no están contradiciendo la enseñanza del Señor Jesús en cuanto a que nadie conoce el día ni la hora?

A: No. El Señor Jesús dice que cuando veamos las señales sabremos que nuestra redención está cerca (Lc. 21:28). Lo mismo enseña con la parábola de la higuera en Mateo 24:32–34. Habrá un tiempo en la secuencia de los eventos en que los creyentes podremos anticipar, aunque no calcular, el retorno de nuestro Salvador.

Q: ¿No enseña la Biblia que el arrebatamiento será un evento silencioso, secreto, revelado sólo a los creyentes?

A: La Biblia enseña que el Señor Jesús regresará a la tierra de la misma manera como ascendió: en forma física. Descenderá del cielo con voz de mando y con trompeta de Dios (1 Ts. 4:16), y todo ojo le verá (Ap. 1:7). Los muertos en Cristo saldrán de sus tumbas y junto con los creyentes que estén vivos serán arrebatados a las nubes para recibir al Señor en el aire (1 Ts. 4:17). Sólo los creyentes serán arrebatados, pero todo el mundo los verá.

Q: ¿No es la venida del Señor para el arrebatamiento un evento "parcial" o espiritual? ¿No regresa Él físicamente recién para la Batalla de Armagedón?

A: El Señor Jesús regresa sólo una vez — para arrebatar a Su Iglesia y derramar Su juicio sobre el mundo impenitente. De ahí que se llame *la* Segunda Venida de Cristo. Hay sólo una. Cada referencia bíblica a Su venida indica que esta Él vendrá en forma corporal, física, visible. "Por que el señor mismo con voz de mando, con voz de arcángel, y con trompeta de Dios, descenderá del cielo; y los muertos en Cristo resucitarán primero. Luego nosotros los que vivimos, los que hayamos quedado, seremos arrebatados juntamente con ellos en las nubes para recibir al Señor en el aire, y así estaremos siempre con el Señor" (1 Ts. 4:16-17). Y, "Pero con respecto a la venida de nuestro Señor Jesucristo, y nuestra reunión con él…" (2 Ts. 2:1). Varios otros pasajes se podrían citar.

Q: ¿No dice la Biblia que el arrebatamiento será sorpresivo, que el señor vendrá como ladrón en la noche?

A: No. La Biblia enseña que el arrebatamiento será sorpresivo sólo para el mundo incrédulo. Aunque Pablo escribe: "Porque vosotros sabéis perfectamente que el día del Señor vendrá así como ladrón en la noche" (1 Ts. 5:2), dos versículos después hace la siguiente aclaración para los creyentes: *"Mas vosotros, hermanos, no estáis en tinieblas, para que aquel día os sorprenda como a ladrón"*. Pablo inequívocamente enseña que el regreso del Señor *no* será sorpresivo para el Cuerpo de Cristo. El Señor Jesús también nos da señales específicas que deben suceder: la manifestación del Anticristo, la Gran Tribulación y las señales cósmicas en el cielo, la luna y las estrellas (Mt. 24:15–31; Mr. 13:14–27; Lc. 21:20–28). El Señor Jesús termina la lista diciendo "cuando veáis todas estas cosas, conoced que está cerca [Su venida], a las puertas" (Mt. 24:33).

Q: ¿No hay arrebatamientos múltiples?

A: Cuando juntamos todos los versículos sobre el arrebatamiento podemos ver que cada uno de ellos contiene características muy específicas y que todos son consistentes entre sí. Si tomamos la Biblia literalmente y de forma normal, veremos que todos estos pasajes hablan de un mismo evento, en singular.

Q: La Biblia dice que el Señor Jesús vendrá en un tiempo de paz y prosperidad. ¿No contradice esto la posición pre-ira?

A: No. El Señor Jesús compara el tiempo en que vendrá a los días de Noé, cuando la gente estaba comiendo y bebiendo, casándose y dándose en casamiento. Pero el punto del Señor no es la prosperidad, sino que, a pesar de las advertencias de Noé, los habitantes de la tierra permanecieron indiferentes a la ira de Dios que estaba por caer sobre ellos. La parábola de las vírgenes insensatas nos da más detalles sobre el tiempo en que el Señor regresará: el Novio vendrá a la *medianoche, a la hora más oscura*, después de que las vírgenes hayan perdido la esperanza en Su venida. Esto no suena como un tiempo de prosperidad para los escogidos.

Q: Si el arrebatamiento ocurre durante la Tribulación, ¿por qué no aparece descrito en el Apocalipsis?

A : Esta pregunta habría que hacérsela a los pretribulacionistas también. En ninguna parte del Apocalipsis podemos ver la descripción del arrebatamiento. Inmediatamente después de los juicios de los sellos, sin embargo, Juan describe "una gran multitud, la cual nadie podía contar, de todas las naciones y tribus y pueblos y lenguas... Estos son los que han salido de la gran tribulación" (Ap. 7:9,14). Esta es una referencia indirecta al arrebatamiento que ocurrió unos cuantos versículos antes. Como vemos, la posición pre-ira tiene más sobre qué sostener su enseñanza que el pretribulacionismo, que requiere que no haya absolutamente ninguna mención del arrebatamiento en el Apocalipsis o alegoriza la orden que el Señor le hace a Juan en Apocalipsis 4:1 ("Sube acá") para hablar de un arrebatamiento simbólico.

Q: Los argumentos de la posición pre-ira se fundamentan en la creencia de que el Apocalipsis es consecutivo. El Apocalipsis es un libro complicado. ¿Cómo pueden estar seguros de que es consecutivo?

A: Hay indicadores textuales —como el ordenamiento de cada grupo de juicios que van del uno al siete— que demuestran claramente que los juicios son ejecutados siguiendo un orden consecutivo. Estos indicadores incluyen inequívocas referencias cronológicas, tales como "entonces", "después", "después de esto"... La bien definida estructura del Apocalipsis da testimonio sobre la naturaleza consecutiva de los juicios, al igual que lo hace el simbolismo con que se describen. No queremos decir con esto que todos los eventos mencionados en el Apocalipsis son consecutivos, sino solamente los juicios.

Q: ¿No son los sellos un cuadro sinóptico de la Semana Septuagésima?

A: Esta teoría crea muchas contradicciones en la Biblia. Una de las más evidentes es la contradicción que existiría con Joel 2:31, que dice que "El sol se convertirá en tinieblas, y la luna en sangre, *antes que venga el día grande y espantoso del Señor*". "El día del Señor" es como se le llama tanto en el Antiguo como en el Nuevo Testamento al tiempo en el que

Dios juzgará al mundo impío e impenitente. La descripción del profeta Joel y la del sexto sello del Apocalipsis son correlativas casi palabra por palabra. ¿Cómo puede el sexto sello ser *parte del* Día del Señor, como la teoría del cuadro sinóptico propone, si Joel 2:31 nos dice que este evento *precede* al Día del Señor? Simplemente no cuadra.

Q: Si el señor Jesús regresa en físicamente por la Iglesia después del sexto sello, y luego aparece físicamente para la Batalla de Armagedón, ¿no estaría viniendo dos veces?

A: No. La Biblia nos dice que sólo habrá una Segunda Venida de Cristo. Los escritores del Nuevo Testamento usan con frecuencia la palabra griega *parousia* para referirse a este magno evento. *Parousia*, o "venida", significa "venir para quedarse; una presencia continua". Es decir, Cristo regresa sólo una vez y permanece en la tierra durante la administración de los juicios del Día del Señor. Cuando se manifiesta ante los ejércitos apostados para la Batalla de Armagedón, Él está haciendo sólo eso *manifestándose* en Su rol de Rey de reyes y Señor de señores.

Q: Si hay cosas que tienen que suceder antes del arrebatamiento, ¿no se destruye la idea de la inminencia mencionada en la Biblia?

A: La palabra "inminencia" no aparece en la Biblia. La Escritura habla de una actitud expectante, lo cual es algo totalmente diferente al arrebatamiento "en cualquier momento" que enseñan los pretribulacionistas. Según el *Webster's Dictionary*, la palabra *inminencia* significa "que está por suceder prontamente de manera amenazante, como una espada que cuelga sobre la cabeza de alguien". Debido a los días en los que vivimos, la venida del Señor Jesús es exactamente así. De hecho, podemos decir que Su venida es más amenazante ahora que hace 100 años atrás.

Q: Si el arrebatamiento ocurre después del sexto sello, ¿a quién está el Señor segando en Apocalipsis 14:14-16?

A: A los incrédulos. Cuando la Biblia habla de la "siega" viene a nuestra mente el acto de separar el trigo y la cizaña del que hablan los evangelios. Sin embargo, Apocalipsis 14:19 nos dice que este pasaje no está hablando de creyentes si no de incrédulos, porque dice: "Y el ángel arrojó su hoz en la tierra, y vendimió [segó] la viña de la tierra, y echó las uvas en el gran lagar de la ira de Dios". Como "no nos ha puesto Dios para ira", está siega no puede incluir a los creyentes.

Q: ¿No se refiere el Señor, en Mateo 24, a Su aparición para la Batalla de Armagedón?

A: Su aparición para la Batalla de Armagedón es un evento muy diferente, con un muy diferente grupo de características. No hay toque de trompeta, ni resurrección de los muertos, ni salvación de la persecución del Anticristo. La manifestación del Señor Jesús en la Batalla de Armagedón es con el único propósito de acabar con la bestia (el Anticristo) y su falso profeta. Su regreso físico ocurrió mucho antes, después de la apertura del sexto sello, cuando arrebató a los escogidos.

Q: ¿Qué importancia práctica tiene esto para mí?

A: El Señor Jesús se asocia repetidamente a los últimos tiempos con los días de Noé. La certeza del implacable juicio de Dios le dio a Noé el valor que de otra manera le hubiera faltado y la voluntad para arriesgarlo todo con tal de obedecer la Palabra de Dios. Si Noé lo arriesgó todo por el evangelio porque sabía que el fin estaba cerca, ¿cuánto más responsable por las almas debería sentirse la Iglesia de los últimos tiempos? La posición pre-ira es también un llamado a la santidad individual. Sólo una iglesia recibe del Señor la promesa "te guardaré de la hora de la prueba", la fiel iglesia de Filadelfia. ¿Habrá algún creyente que no quiera estar formando parte de esta iglesia cuando el Señor venga?

Q: ¿Qué importancia tiene esto de todas formas? ¿No debemos sólo estar preparados para la venida del Señor Jesús, cuando sea que venga?

A: Si el arrebatamiento pretribulacional fuera verdad, estaríamos de acuerdo. Pero si el arrebatamiento pretribulacional es falso, las consecuencias serán desastrosas. La mayoría de la Cristiandad, esperando ser llevada al cielo, será sorprendida sin ninguna preparación cuando estalle contra ella la persecución más devastadora que habrá en toda la historia de la humanidad. Muchos tropezarán, incluso perecerán.

Q: ¿Y si están equivocados?

A: Será la mejor equivocación que habremos cometido. Pero la pregunta realmente importante es, ¿y si estamos en lo cierto? Millones de creyentes despertarán un día para comenzar a vivir la peor pesadilla de sus vidas. Será un tiempo inimaginablemente peligroso. Ojalá fuésemos nosotros los que nos hayamos equivocado.

Introducción

Durante la mayor parte de nuestra vida cristiana tomamos la enseñanza sobre el arrebatamiento pretribulacional como correcta. El Señor Jesús regresaría en cualquier momento. Nosotros, nuestras familias y amigos serían arrebatados a las nubes silenciosamente y sin previa advertencia, dejando al mundo en ascuas sobre el paradero de esos locos cristianos. Escuchamos esta teoría acerca del arrebatamiento "en cualquier momento" desde los púlpitos, en la televisión y en la radio, y en los libros que leíamos. Nadie alrededor nuestro cuestionaba la veracidad de esta enseñanza. Pero un día en que nos encontrábamos leyendo Mateo 24, comúnmente llamado la Profecía del Monte de los Olivos, nos dimos cuenta de que lo que nos habían enseñado no concordaba con lo que decían las Escrituras. ¿Cómo podía ser que una enseñanza tan fundamental para la vida cristiana fuera tan diferente de lo que se podía leer en la Biblia?

Comenzamos a investigar. Releímos los evangelios. Releímos 1 Corintios y 1 y 2 Tesalonicenses. Releímos 1 Pedro y el Apocalipsis. Vimos el arrebatamiento sin problemas, pero no lo vimos pretribulacional. Y ciertamente no pudimos ver la enseñanza del arrebatamiento "en cualquier momento" que nuestras iglesias enseñaban. Comenzamos a preguntar a nuestro alrededor, probando lo que los amigos y los familiares que estudiaban la Biblia pensaban sobre el tema. Nos sorprendimos al descubrir que muchos de ellos no creían que lo que se enseñaba en las iglesias fuera lo que la Biblia decía. Como firmes creyentes en *sola scriptura* (la Biblia es la única autoridad infalible e inspirada), esto nos alarmó, y descubrir la verdad se transformó en una obsesión que nos consumió

1

durante los próximos tres años.

Durante la primera parte de este periodo, estudiamos bien poco acerca del *por qué* tantas personas creían en el arrebatamiento pretribulacional. Sólo queríamos conocer *qué* era lo que la Biblia realmente enseñaba. Escudriñamos el tema exhaustiva y metódicamente, tal como lo hacíamos a la hora de juntar información sobre otros proyectos profesionales, reservándonos la conclusión hasta tener todos los hechos claramente definidos. Como estábamos preocupados sólo por los hechos, no leímos comentarios u otros escritos que pudieran inclinarnos hacia una u otra conclusión. Pasamos casi todo el tiempo estudiando sólo la Biblia con ayuda de la *Concordancia Exhaustiva Strong* y sus diccionarios de griego y hebreo. Sorprendentemente, sin importar de cuál premisa o Escritura comenzáramos nuestro estudio, siempre llegábamos a la misma conclusión. Esta conclusión surgía claramente, repetidamente y sin contradicción. Y no era pretribulacional.

Fue entonces que leímos el libro de Marvin Rosenthal *El Arrebatamiento Pre-Ira de la Iglesia.* Este excelente libro, publicado en 1990, abrió nuestros ojos al hecho de que ya había un fundamento erudito para nuestro creciente entendimiento de las Escrituras. Esto nos llevó a leer las obras de Robert Van Kampen, autor de *La Señal* y *El Rapto: Respuestas claras y sencillas para una pregunta difícil.* Aunque los caminos tomados por estos escritores para estudiar el tema sobre el momento en que ocurrirá el arrebatamiento eran diferentes de los nuestros, las conclusiones eran las mismas. Ellos incluso le habían puesto el siguiente nombre a la enseñanza bíblica que dice cuándo ocurrirá el arrebatamiento: *pre-ira.*

Durante nuestros dos primeros años de estudio, mantuvimos nuestros ojos y oídos abiertos para recibir información sobre el pretribulacionismo. Hicimos muchas preguntas para aprender todo cuanto pudiéramos acerca del fundamento bíblico de esta enseñanza. Y en la exposición popular sobre el tema, continuamos encontrando poco o nada de este fundamento. No fue si no hasta nuestro tercer año de estudio, hasta después de que habíamos tomado nuestras propias conclusiones, que comenzamos a leer estudios eruditos de académicos pretribulacionistas. Esto fue un desafío interesante. ¿Podría nuestro entendimiento de las Escrituras permanecer en pie después de confrontarlo con la erudición de estos grandes hombres? ¿Podía ser que estos respetados teólogos estuvieran equivocados?

Pre-ira: Soportando la Prueba

Primero descubrimos que la enseñanza del arrebatamiento pretribulacional es una recién llegada. Marvin Rosenthal lo decía, pero ahora lo decían también los eruditos pretribulacionistas. Contrario a lo sostenido —que la iglesia primitiva esperaba un arrebatamiento pretribulacional—, el pretribulacionismo, con su venida de Cristo en dos etapas (una espiritual o "parcial" para el arrebatamiento, y una física o corporal para la Batalla de Armagedón), fue desarrollado por John Darby alrededor de 1830. La doctrina fue aceptada como la oficial sólo después de que apareció en la *Biblia de Referencia Scofield* en 1909. Así que la posición pre-ira no es una doctrina que esté en conflicto con lo que han enseñado los teólogos estos últimos 2000 años; es una doctrina que está en conflicto con lo que han enseñado sólo *algunos* teólogos estos últimos 180 años.

La posición pre-ira no es nueva. El doctor Renald Showers, que es pretribulacionista, ha escrito que la posición pre-ira es "una variación del mesotribulacionismo y por lo tanto no es nueva, si no que es una revisión de una posición ya existente".[1] Argumentamos que la mayoría de los textos que prueban la posición pre-ira demuestran que en realidad concuerda con una posición más antigua, el postribulacionismo. Aunque las conclusiones pre-ira son diferentes (el arrebatamiento ocurrirá después de la mitad del "Periodo Tribulacional" pero antes del derramamiento de la ira de Dios, en vez de ocurrir al final de este periodo, como sostiene el postribulacionismo), los pasajes en que se fundamentan ambas posiciones son casi los mismos. Por lo tanto, si la antigüedad de una posición pesa a su favor, no es el

---

[1] *Maranata! Ven Señor! Un Estudio Definitivo del Arrebatamiento de la Iglesia* (Friends of Israel Gospel Ministries, 1995), p. 13.

pretribulacionismo el que gana credibilidad si no la posición pre-ira.[2]

También descubrimos que nuestra postura anti-pretribulacional nos granjea la buena compañía de muchos clásicos eruditos bíblicos, como los son: John Wesley, Charles Spurgeon, Mateo Henry, John Knox, John Hus, John Calvin, Isaac Newton, John Wycliffe, John Bunyan y, más importante aún, la compañía del apóstol Pablo. De hecho, a excepción de una breve referencia hecha en el siglo V, la creencia pretribulacional en un regreso de Cristo en dos etapas no surgió sino hasta después de los primeros 1800 años de historia eclesiástica.[3]

Mientras más estudiamos, más nos asombramos de la tremenda falta de evidencia que tiene el pretribulacionismo. Aún eruditos de renombre como John Walvoord admiten que esta posición carece de referencias bíblicas directas que la sostengan. De hecho, Walvoord dice que los intentos por encontrar estas referencias directas son "forzadas".[4] En contraste, la posición pre-ira se fundamenta en muchas referencias bíblicas directas. No hay necesidad de forzar nada.

---

[2] John Walvoord ha argumentado con vehemencia en contra de esta aseveración, diciendo que el postribulacionismo moderno, el cual es tanto postribulacional como premilenial, es en realidad más reciente que el pretribulacionismo. Discrepamos en la base de que aunque muchos de los textos postribulacionistas modernos son de reciente aparición, la posición misma no lo es. Incluso Walvoord admite que muchos de los padres de la iglesia fueron postribulacionistas, y aunque a él también le gustaría rastrear las raíces del pretribulacionismo hasta los padres de la iglesia, sólo lo puede lograr vinculando la expectativa bíblica por la segunda venida al concepto de un arrebatamiento "en cualquier momento". El hecho de que muchos padres de la iglesia creían tanto en la inminencia como en el postribulacionismo, como Walvoord concede, es un argumento de mucho peso en contra de su propia interpretación.

[3] La afirmación de que el sermón de Efraín el sirio sostiene la posición de un arrebatamiento pretribulacional es una afirmación hecha por los pretribulacionistas, pero al examinar este sermón, el lector puede darse cuenta de que en realidad presenta la postura de un arrebatamiento postribulacional.

[4] John Walvoord, *La Pregunta Sobre del Rapto: Edición Revisada y Ampliada* (Zondervan Publishing House, 1979), p. 182.

Finalmente, descubrimos que muchas de las nuevas ideas "radicales" a las que llegamos no eran ni tan radicales ni tan nuevas. La mayoría de ellas han sido por años expuestas por varios eruditos. No hay nada de nuevo, por ejemplo, en nuestro descubrimiento de que el arrebatamiento es el evento que gatilla el Día del Señor. Esta es la posición sostenida por John Walvoord. No hay nada de nuevo en sugerir que los eventos descritos en la Profecía del Monte de los Olivos son los mismos descritos en los sellos del Apocalipsis. Esta es la posición sostenida por Renald Showers. No hay nada de nuevo en decir que Mateo 24:31 es una referencia al arrebatamiento. Esta es la posición sostenida por Robert Gundry. Muchos eruditos, por supuesto, no concuerdan ni con nosotros ni entre ellos mismos. Walvoord y Showers, por ejemplo, no concuerdan con muchos de sus colegas pretribulacionistas; los dos hombres a menudo están en desacuerdo entre sí; y ambos están en desacuerdo con Gundry.

Hay tres cosas de la posición pre-ira, sin embargo, que *son* relativamente nuevas. Primero, la acuñación formal del término "pre-ira".[5] Segundo, la ubicación sistemática del arrebatamiento en la secuencia de los eventos de los últimos tiempos (esto no es poner fechas, puesto que ordenar los eventos no es lo mismo que poner fechas). Tercero y más importante, es que esta presentación sistemática permite que los pasajes se lean en su sentido más común, normal y literal. Con las otras posiciones sobre el arrebatamiento, muchos de los pasajes son "torcidos" o alegorizados para que encajen en la estructura escatológica predeterminada. El grado en que los pasajes son torcidos varía según el autor. Si la totalidad de los pasajes que tratan del tema del arrebatamiento pudiera describirse como el zapato de cristal de la Cenicienta, diríamos

---

[5] En años recientes, la popularidad de la postura pre-ira ha llevado a algunos a aplicar el término erróneamente al arrebatamiento de la séptima trompeta, lo cual sitúa al arrebatamiento al momento en que se toca la séptima trompeta, justo antes de las copas de la ira de Dios. Estas son posiciones diferentes, con diferente ubicación del arrebatamiento y con diferente exégesis. El arrebatamiento de la séptima trompeta, el cual es en realidad una posición postribulacional, no deber incluirse como parte de la posición pre-ira clásica.

que el pretribulacionismo es un pie demasiado pequeño, y que el pos y mesotribulacionismo son pies demasiado grandes. Sólo el arrebatamiento pre-ira es el pie que puede calzar el zapato de cristal sin problemas.

Eso es algo nuevo.

Pero la posición pre-ira *no es una nueva interpretación de la Escritura*. La verdad ha estado ahí desde que se completó el canon del Nuevo Testamento, y estamos convencidos de que muchos creyentes ya la conocían, aún si no se han dado el tiempo para hacer su propia investigación. Robert Van Kampen escribe:

"La posición pre-ira no es una invención del siglo XX. Era la posición de Cristo, de Pablo, de Pedro y de Juan. Incluso la revelación del Señor a Daniel la menciona directamente (véase Dn. 12:1-2, especialmente la secuencia de los acontecimientos y la selección de las palabras empleadas). Fue también la postura de los primeros padres de la iglesia, como lo demuestra *La Didaque, La Enseñanza del Señor por medio de los Doce Apóstoles*, el cual es tal vez el comentario más antiguo sobre la Profecía del Monte de los Olivos (i.e., el momento del arrebatamiento) que existe hoy en día".[6]

¿Cómo tantos pueden estar equivocados?

Si la posición pre-ira es la correcta, ¿cómo tantos pueden estar equivocados? Ha habido muchos periodos en la Historia de la Iglesia en la que la enseñanza dominante resultó luego ser un error. En el siglo IV, por ejemplo, la Iglesia Griega desechó el libro del Apocalipsis por considerarlo no-canónico, y así permaneció por varios siglos hasta que finalmente fue restaurado a su lugar. En el siglo XVI, Martín Lutero se rebeló contra la Iglesia Católica asegurando que la Biblia debía ser la única fuente de doctrina. Lutero fue catalogado como hereje, e inició la Reforma Protestante. A comienzos del siglo XX, la teología milenial dominante era el posmilenialismo (la idea de que el Reino de Dios no será introducido por la Segunda Venida de Cristo si no por el hombre mismo a través de la

---

[6] Robert Van Kampen, *El Rapto, Respuestas claras y sencillas para una pregunta difícil* (Edit. Unilit).

6

iglesia), el que quedó hecho añicos tras los horrores de la I y II Guerra Mundial. Sugerir que el pretribulacionismo es un error no es una herejía, puesto que no sería la primera vez que una enseñanza prominente de la iglesia está errada.

Con tan poco fundamento bíblico, cabe preguntarse ¿cuál es el secreto que le ha permitido al pretribulacionismo cundir dentro de las iglesias evangélicas del siglo XX? Creemos que es sólo la preferencia popular. No importa con qué intensidad se defienda esta posición ni con qué parafernalia se promueva, es imposible encontrarla en la Biblia. La mayoría de los cristianos pretribulacionistas lo son porque eso es lo que se les ha enseñado, y cuando se les demuestra con la Biblia que la posición es un error, la mayoría defiende su creencia argumentando *porqué* Dios no los dejaría sufrir ninguna parte de la "Tribulación", no *cuándo* dice la Escritura que ocurrirá el arrebatamiento.

Nadando contra la corriente

Mientras investigamos para completar este libro comprendimos que nos hallábamos nadando contra la corriente. Muchos se ofendieron porque cuestionamos la enseñanza de los más queridos expositores bíblicos de la actualidad, sin mencionar a las miles de iglesias, a los cientos de autores y a las muchas personalidades de la televisión. Por eso es que la pregunta más importante que debemos responder es si el creyente común puede esperar llegar a una conclusión razonable sobre el arrebatamiento.

Desde la perspectiva pretribulacionista, la respuesta es "no". El pretribulacionismo requiere de un complejo análisis de la gramática griega y hebrea de los textos originales, más el uso de una teología dispensacional, un método de interpretación bíblica que se enseña en los seminarios. Por lo tanto, la defensa de la doctrina pretribulacional requiere de un nivel de educación que no está al alcance del cristiano común. Esto, en sí mismo, es un convincente argumento en contra de esta posición. La Biblia dice que con estudio diligente todos los creyentes *pueden* y *deberían* comprender toda la verdad de la Escritura, incluido el momento en que ocurrirá el arrebatamiento. Dirigiéndose a todos los creyentes, 1 Juan 2:27

dice: "Pero la unción [el Espíritu Santo] que vosotros recibisteis de él permanece en vosotros, y no tenéis necesidad de que nadie os enseñe; así como la unción misma os enseña todas las cosas, y es verdadera, y no es mentira, según ella os ha enseñado, permaneced en él". 2 Timoteo 2:15 dice: "Procura con diligencia presentarte a Dios aprobado, como obrero que no tiene de qué avergornzarse, que usa bien la palabra de verdad". Pablo no le estaba diciendo a Timoteo que el significado de la Palabra de Dios estaba oculto entre líneas para que sólo los eruditos pudieran encontrarlo. En vez de eso, Pablo está diciendo que con diligencia todos los creyentes pueden entender las verdades que Dios ha revelado.

Muchos creyentes, sin embargo, se retraen del estudio bíblico profundo, diciendo: "No tengo suficiente educación". A esto replicamos: "¿Para quiénes se escribió la Biblia?" Los seguidores del Señor Jesús eran un grupo de pescadores y publicanos. Eran los perdidos, los heridos, los parias de la sociedad. El Señor Jesús oró ante aquellos de gran educación diciendo: "Te alabo, Padre, Señor del cielo y de la tierra, porque escondiste estas cosas de los sabios y de los entendidos, y las revelaste a los niños" (Mt. 11:25). Proponemos que todo cristiano está capacitado para estudiar la Biblia en profundidad. Cuando una interpretación bíblica se deriva *sólo* de estudios académicos especializados, y resulta en una enseñanza que no concuerda con el sentido más llano del texto, debemos cuidarnos,[7] pues lo mismo hicieron los fariseos.

En contraste, la posición pre-ira es literal, bíblicamente consistente, al alcance de la comprensión y el estudio, y con cientos de referencias bíblicas directas. La evidencia bíblica de la posición pre-ira es tan abundante, que cuando comenzamos a

---

[7] No estamos sugiriendo que los eruditos pretribulacionistas están torciendo deliberadamente el sentido obvio del texto. Después de efectuar un estudio profundo de la erudición pretribulacionista, entendemos como es posible, al leer las Escrituras con ideas preconcebidas, pasar por alto el significado liso y llano del mismo. Traducciones especializadas de las palabras griegas y hebreas le pueden dar a los pasajes un significado totalmente nuevo, y aunque estos significados a menudo están en conflicto con otros pasajes, después de suficientes años de erudición, estos pasajes han sido, en las palabras de John Walvoord, "armonizados" con la postura pretribulacional.

compartir con otros los resultados de nuestra investigación no tuvimos que convencerlos de que estaban frente a un nuevo concepto. En vez de eso, los oímos exclamar: "Eso era lo que yo pensaba, pero no sabía a quién podía preguntarle". Esto refuerza nuestra creencia de que el estudio sobre el arrebatamiento no es algo que debería intimidar a los creyentes. La habilidad para discernir la verdad del error está al alcance de cada creyente.

Con esto en mente, le pedimos a los lectores que le den a la posición pre-ira una lectura imparcial. Al mismo tiempo, les pedimos a los lectores que lo examinen todo confrontándolo con la Biblia. Pablo nos ordena: "Examinadlo todo; retened lo bueno" (1 Ts. 5:21). Aunque este versículo se aplica a todas las áreas de nuestra vida, está dentro del contexto en el que Pablo habla específicamente acerca de la venida de Cristo y del arrebatamiento de la iglesia. En otras palabras, es la responsabilidad de cada creyente examinar las enseñanzas de los hombres — ya sea que estas provengan de amigos, familiares, pastores o predicadores televisivos, aún de escritores como nosotros—, confrontándolas con la infalible Palabra de Dios. Si le permitimos al Espíritu Santo que nos guíe, eventualmente llegaremos al conocimiento de la verdad. Porque la Biblia nos promete: "Y si alguno de vosotros tiene falta de sabiduría, pídala a Dios, el cual da a todos abundantemente y sin reproche, y le será dada" (Stg. 1:5).

Que la gracia del Señor Jesucristo sea con todos ustedes. Amén.

1

¿Por qué es Importante saber cuándo sucederá el Arrebatamiento?

Y vi en la mano derecha del que estaba sentado en el trono un libro escrito por dentro y por fuera, sellado con siete sellos. Y vi a un ángel fuerte que pregonaba a gran voz: ¿Quién es digno de abrir el libro y desatar sus sellos? Y ninguno, ni en el cielo ni en la tierra ni debajo de la tierra, podía abrir el libro, ni aun mirarlo. Y lloraba yo mucho, porque no se había hallado a ninguno digno de abrir el libro, ni de leerlo, ni de mirarlo. Y uno de los ancianos me dijo: No llores. He aquí que el León de la tribu de Judá, la raíz de David, ha vencido para abrir el libro y desatar sus siete sellos. Y miré, y vi que en medio del trono y de los cuatro seres vivientes, y en medio de los ancianos, estaba en pie un Cordero como inmolado, que tenía siete cuernos, y siete ojos, los cuales son los siete espíritus enviados por toda la tierra. Y vino, y tomó el libro de la mano derecha del que estaba sentado en el trono (Ap. 5:1–7).

Mientras nos acercábamos al final de otro Milenio, los creyentes comenzaron a pensar cada vez con mayor frecuencia en el fin del mundo. Los libros, videos y películas sobre profecía y los eventos de los últimos tiempos alcanzaron una popularidad tan grande que todavía no se desvanece. Hay un peligro en esto. El peligro es que la Iglesia no esté lista para el mayor cataclismo que acontecerá en la historia de la humanidad —el surgimiento del Anticristo y el derramamiento del ardiente y justo juicio de Dios sobre un mundo impenitente.

Esto se debe a que la errónea creencia en un arrebatamiento "pretribulacional" ha hecho que los creyentes piensen que su traslado de la tierra al cielo ocurrirá antes de que el Señor Jesús desate los siete sellos. Pero si la venida del Señor Jesús no es pretribulacional, como lo sostenemos en este libro, los creyentes van a ser sorprendidos sin ninguna preparación para el último y más grande ataque que Satanás dirigirá contra ellos. Muchos tropezarán, e incluso perecerán.

¿Por qué es tan importante saber cuando, exactamente, sucederá el arrebatamiento?

Después de la resurrección del Señor Jesús, se les apareció a los discípulos y habló con los creyentes galileos durante varios días. Luego, en el momento oportuno:

> ...Viéndolo ellos, fue alzado, y le recibió una nube que le ocultó de sus ojos. Y estando ellos con los ojos puestos en el cielo, entre tanto que él se iba, he aquí se pusieron junto a ellos dos varones con vestiduras blancas, los cuales también les dijeron: Varones galileos, ¿por qué estáis mirando al cielo? Este mismo Jesús, que ha sido tomado de vosotros al cielo, así vendrá como le habéis visto ir al cielo (Hch. 1:9–11).

Antes, el Señor Jesús les hizo esta misma promesa a los discípulos, diciéndoles que si se iba a prepararles un lugar en la casa del Padre, vendría otra vez y los tomaría a Sí mismo para que donde Él esté ellos también estén (Jn. 14:1–3).

¿Es hoy el día?

Dos mil años después, los creyentes todavía están mirando hacia el cielo, preguntándose si hoy es el día en el que el Señor Jesús vendrá. Es que para los creyentes, esta es una promesa gozosa, porque seremos transformados en un instante, "en un abrir y cerrar de ojos" (1 Co. 15:51–52) y tendremos cuerpos nuevos, glorificados, aptos para vivir para siempre con Él.

Pablo escribió acerca de este glorioso momento en su primera carta a los Tesalonisenses:

Porque el Señor mismo con voz de mando, con voz de arcángel, y con trompeta de Dios, descenderá del cielo; y los muertos en Cristo resucitarán primero. Luego nosotros los que vivimos, los que hayamos quedado, seremos arrebatados juntamente con ellos en las nubes para recibir al Señor en el aire, y así estaremos para siempre con el Señor (1 Ts. 4:16–17).

Sin embargo, para el mundo rebelde e incrédulo esta promesa es aterradora. Porque cuando el Señor Jesús venga, no lo hará como el siervo sufriente que fue durante Su Primera Venida, si no que vendrá a juzgar y a regir a las naciones como el Rey de reyes y el Señor de señores.

De su boca sale una espada aguda, para herir con ella a las naciones, y él las regirá con vara de hierro; y él pisa en el lagar del vino del furor y de la ira del Dios Todopoderoso. Y en su vestidura y en su muslo tiene escrito este nombre: Rey de reyes y Señor de señores (Ap. 19:15–16).

El día en el que el Señor Jesús venga, Su nombre será reivindicado a lo largo y ancho de toda la tierra. Será un tiempo en que los corazones impenitentes beberán el vino de la ira de Dios, el "que ha sido vaciado puro en el cáliz de su ira " (Ap. 14:10). Será un tiempo de tinieblas, de total y completa devastación. Tanto en el Antiguo como en el Nuevo Testamento, este día es llamado "el Día del Señor".[8]

Debido a lo severo y por su propósito, también es llamado "el Día de la Ira de Dios":

---

[8] En este libro, la frase "el Día del Señor" se usa para referirse al periodo que se extiende desde la apertura del séptimo sello hasta Armagedón (lo que no necesariamente quiere decir que termine con esta batalla). A diferencia de algunos, que definen este "Día" como terminando poco antes del Reino Milenial, nosotros no vemos ninguna razón para hacerlo así. Por siglos, los eruditos judíos han definido el Día del Señor incluyendo el reinado de mil años del Mesías y la creación de los cielos nuevos y la tierra nueva. La posición pre-ira no favorece ninguna de estas dos posiciones. Sólo el comienzo del Día del Señor es importante, puesto que él es el periodo que se vincula con el regreso del Señor Jesús y, por lo tanto, con el arrebatamiento.

Cercano está el día grande del Señor, cercano y muy próximo; es amarga la voz del día del Señor; gritará allí el valiente. Día de ira aquel día, día de angustia y de aprieto, día de alboroto y de asolamiento, día de tiniebla y de oscuridad, día de nublado y de entenebrecimiento, día de trompeta y de algazara sobre las ciudades fortificadas, y sobre las altas torres. Y atribularé a los hombres, y andarán como ciegos, porque pecaron contra el Señor; y la sangre de ellos será derramada como polvo, y su carne como estiércol. Ni su plata ni su oro podrá librarlos en el día de la ira del Señor, pues toda la tierra será consumida con el fuego de su celo; porque ciertamente destrucción apresurada hará de todos los habitantes de la tierra (Sof. 1:14–18).

El Día del Señor está diseñado para humillar al soberbio y exaltar a Cristo. En un tiempo en que los hombres se estarán exaltando a sí mismos, serán repentinamente abatidos. Ni el dinero que posean, ni el status que ostenten, ni sus falsos dioses podrán salvarlos:

Aullad, porque cerca está el día del Señor; vendrá como asolamiento del Todopoderoso. Por tanto, toda mano se debilitará, y desfallecerá todo corazón de hombre, y se llenarán de terror; angustias y dolores se apoderarán de ellos; tendrán dolores como mujer de parto; se asombrará cada cual al mirar a su compañero; sus rostros, rostros de llamas. He aquí el día del Señor viene, terrible, y de indignación y ardor de ira, para convertir la tierra en soledad, y raer de ella a sus pecadores. Por lo cual las estrellas de los cielos y sus luceros no darán su luz; y el sol se oscurecerá al nacer, y la luna no dará su resplandor. Y castigaré al mundo por su maldad, y a los impíos por su iniquidad; y haré que cese la arrogancia de los soberbios, y abatiré la altivez de los fuertes. Haré más precioso que el oro fino al varón, y más que el oro de Ofir al hombre. Porque haré estremecer los cielos, y la tierra se moverá de su lugar, en la indignación del

Señor de los ejércitos, y en el día del ardor de su ira (Is. 13:6–13)[9]

En el último libro de la Biblia, el Apocalipsis del Señor Jesucristo, el Señor nos da otro cuadro de cómo serán los últimos días. Las estrellas caerán del cielo a la tierra, una miríada de langostas demoníacas emergerá del abismo sin fondo, asteroides ardientes chocarán con la tierra, y los hombres serán plagados con úlceras malignas y pústulas pestilentes. Los mares y los ríos se convertirán en sangre, y grandes terremotos partirán en dos a ciudades enteras.

¿Dónde estarán los creyentes entonces? Según la Biblia: "no nos ha puesto Dios para ira, sino para alcanzar salvación por medio de nuestro Señor Jesucristo" (1 Ts. 5:9). Según Su promesa, el Señor Jesús regresará a rescatar a la Iglesia antes de que comience el Día de Su Ira, nos arrebatará al aire junto a Él para que estemos en Su gloriosa presencia para siempre.

> He aquí, os digo un misterio: No todos dormiremos; pero todos seremos transformados, en un momento, en un abrir y cerrar de ojos, a la final trompeta; porque se tocará la trompeta, y los muertos serán resucitados incorruptibles, y nosotros seremos transformados (1 Co. 15:51–52).

¡Qué asombroso momento será este! No es de extrañar que sea llamada la esperanza bienaventurada. No sólo estaremos con nuestro Señor y Salvador por toda la eternidad, donde "ya no habrá muerte, ni habrá más llanto, ni clamor, ni dolor" (Ap. 21:4), si no que en Su gran misericordia, el Señor

---

[9] En las escrituras proféticas del Antiguo Testamento se menciona el Día del Señor varias veces. No todas estas menciones ocurren dentro de un contexto escatológico. Algunas ya han tenido cumplimiento; otras se han cumplido parcialmente; y aun otras todavía esperan ser cumplidas. No sugerimos que todas las referencias al Día del Señor deberían usarse para determinar el momento en que sucederá el arrebatamiento. Aquellas mencionadas en este libro son claras referencias a los últimos tiempos, aceptadas así por la mayoría de los eruditos escatológicos.

Jesús nos eximirá del ardiente juicio que ha de derramar sobre la tierra.

¿Importa cuándo?

Hay tres diferentes periodos de juicio en el Apocalipsis: los siete sellos, las siete trompetas y las siete copas. Estos juicios son consecutivos, y cada uno es más intenso que el anterior.

Durante los juicios de los sellos, un líder mundial (el Anticristo) subirá al poder con gran astucia y engaño. Será dirigido por Satanás mismo y le será dada autoridad sobre "toda tribu, pueblo, lengua y nación" (Ap. 13:4, 7, 14). También le será dado completo poder sobre el pueblo de Dios, y en su odio furibundo contra todo lo que es santo, le hará la guerra a judíos y cristianos (Ap. 12:17). Esta mortandad sin paralelos alcanzará su apogeo durante el periodo del quinto sello, que es cuando el pueblo de Dios clamará a gran voz: "¿Hasta cuando, Señor, santo y verdadero, no juzgas y vengas nuestra sangre en los que moran en la tierra?" (Ap. 6:10). Este periodo coincide con lo que comúnmente se llama la Gran Tribulación (Mt. 24:21), y concluye con la triple señal cósmica —el sol oscureciéndose, la luna enrojeciéndose y las estrellas cayendo del cielo— que anuncia el Día del Señor.

El Día del Señor incluye dos series de juicios devastadores —las siete trompetas y las siete copas— que causan, entre otras cosas, que las aguas se transformen en sangre, la muerte de la tercera parte de la humanidad, y terremotos que conmoverán los fundamentos de la tierra. Este tiempo terrible concluirá con la manifestación en la Batalla de Armagedón del Señor Jesucristo junto a Sus ejércitos celestiales.

Hay gran debate acerca de cuándo, en la secuencia de estos eventos, ocurrirá el arrebatamiento. En los Estados Unidos, la posición más popular,[10] el pretribulacionismo, dice

---

[10] A excepción de los países del afluente Occidental, el postribulacionismo —la posición mantenida por los padres de la iglesia— es la posición dominante entre los premilenalistas mundialmente. En muchos países no-occidentales, los creyentes no se hacen ninguna ilusión de que escaparan de

que el arrebatamiento tomará lugar antes que todo lo mencionado arriba ocurra. Esta teoría se basa en la promesa: "Porque no nos ha puesto Dios para ira" (1 Ts. 5:9). Si no nos ha puesto Dios para ira, razonan los pretribulacionistas, debemos ser arrebatados entes de todos los juicios de los últimos tiempos: los sellos, las trompetas y las copas.

Estar entre la mayoría, sin embargo, no hace que alguien esté automáticamente en lo correcto. Hay una gran cantidad de pasajes en la Biblia que tratan sobre el regreso de Cristo y sobre el arrebatamiento de los santos. Una lectura literal de los textos en cuestión, demuestra que la venida del Señor Jesús ocurre después del sexto sello, justo antes del inicio del Día del Señor (y, por lo tanto, antes de los juicios de las trompetas y las copas). El Día del Señor, o el Día de la Ira de Dios, que incluye tanto los juicios de las trompetas como los de las copas, comienza después de que la mitad de la "Tribulación" ya ha corrido su curso.

Arrebatamiento Pretribulacional Versus Arrebatamiento Preira

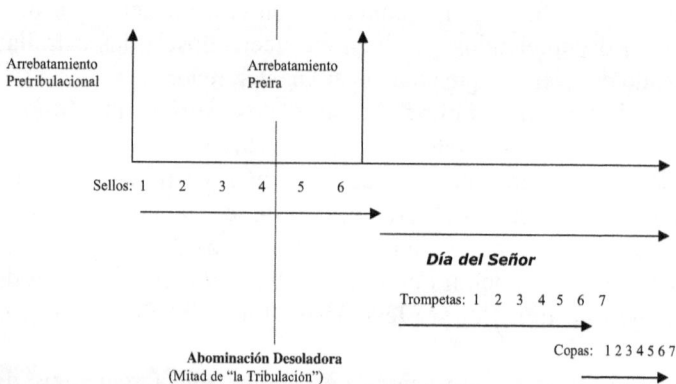

Arrebatamiento Pretribulacional

Arrebatamiento Preira

Sellos: 1 2 3 4 | 5 6

Día del Señor

Trompetas: 1 2 3 4 5 6 7

Abominación Desoladora
(Mitad de "la Tribulación")

Copas: 1 2 3 4 5 6 7

la Gran Tribulación; esto porque ya han tenido que sufrir, o están sufriendo en la actualidad, severa persecución a causa de su fe en Cristo.

Esta distinción es importante, porque según el pretribulacionismo, la ira de Dios comienza con el primer sello, antes de la "Tribulación" y la ascensión al poder del Anticristo. En cambio, la posición pre-ira sitúa la ira de Dios durante el Día del Señor y varios años *después* de iniciado el "Período Tribulacional" y el imperio del Anticristo.[11] Si la posición pre-ira está en lo correcto, y la Iglesia no será arrebatada si no hasta justo antes de que comience el Día del Señor, entonces los cristianos estarán al menos tres años y medio a merced del Anticristo. ¿No es importante saber esto?

¿Qué pasa con la vigilia constante?

Hay quienes dice que no es importante saber cuándo ocurrirá el arrebatamiento. Dicen que es una doctrina que divide, no-esencial, y que es mejor evitarla. "Lo que sí importa", agregan, "es que los creyentes estén listos para la venida de Cristo". Este argumento que dice que estar constantemente preparado es más importante que saber cuándo ocurrirá el arrebatamiento es llamado "vigilia constante". Si el arrebatamiento es pretribulacional, estaríamos de acuerdo con él. Pero, ¿y si el arrebatamiento no es pretribulacional? Las consecuencias son demasiado serias para dejar el tema en la penumbra. La mayoría de los cristianos, a la espera de ser arrebatados antes del período más devastador que le sobrevendrá a la Iglesia en toda la historia, corre el riesgo de despertar muy tarde de su dulce sueño.

Considérense los eventos que se desencadenarán durante este período:

Los juicios de los sellos

- Primer sello — el surgimiento de falsos cristos, incluido el último falso cristo, el Anticristo.
- Segundo sello — el Anticristo gana más poder a través del derramamiento de sangre.

---

[11] El término "imperio" aquí se refiere sólo al poder político, comenzando con la confirmación del pacto de siete años que el Anticristo firmará con Israel al comienzo de la Semana Septuagésima.

• Tercer sello — hambruna mundial.

• Cuarto sello — la propagación de la muerte cobra la vida de la cuarta parte de la población mundial.

• Quinto sello — la propagación de la persecución y el martirio de judíos y cristianos.

• Sexto sello — terremoto devastador y cataclismos cósmicos que ennegrecen el sol, enrojecen la luna y hacen caer las estrellas del cielo.

• Séptimo sello — un silencio en el cielo como por media hora introduce el Día del Señor (los juicios de las siete trompetas y las siete copas).

Los juicios de las trompetas

• Primera trompeta — granizo y fuego mezclados con sangre destruyen la tercera parte de la vegetación mundial.

• Segunda trompeta — una "montaña ardiente" cae en el mar y la tercera parte del este se convierte en sangre y la tercera parte de las criaturas marinas muere.

• Tercera trompeta — una gran estrella llamada "Ajenjo" cae sobre la tercera parte de los ríos y las fuentes de las aguas volviéndolas amargas.

• Cuarta trompeta — se oscurecen la tercera parte del sol, la tercera parte de la luna y la tercera parte de las estrellas.

• Quinta trompeta — del humo del pozo del abismo surgen langostas demoníacas que atormentan a los hombres que no tienen el sello de Dios sobre sus frentes por cinco meses.

• Sexta trompeta — un ejército de doscientos millones de soldados mata a la tercera parte de la humanidad.

• Séptima trompeta — introduce la ira final de Dios contenida en las siete copas de la ira.

Los juicios de las copas

• Primera copa — viene una úlcera maligna y pestilente

sobre los hombres que tienen la marca de la Bestia.
- Segunda copa — el mar se convierte en sangre y mueren todas las criaturas marinas.
- Tercera copa — los ríos y las fuentes de las aguas se convirtieron en sangre.
- Cuarta copa — el sol aumenta su calor y quema a los hombres con su fuego.
- Quinta copa — el trono de la Bestia se cubre de tinieblas y los hombres se muerden las lenguas de dolor.
- Sexta copa — el río Eufrates se seca permitiendo que los ejércitos del Anticristo se reúnan para la Batalla de Armagedón.
- Séptima copa — relámpagos, voces y truenos, y un terremoto tan grande que "las ciudades de las naciones cayeron..., y toda isla huyó, y los montes no fueron hallados. Y cayó del cielo sobre los hombres un enorme granizo como del peso de un talento (cerca de 50 kilos.)".

Una vez que todos estos juicios se hayan realizado, la gloria de Dios se manifestará. Los cielos se abrirán y el Señor Jesús aparecerá en forma gloriosa para destruir a los ejércitos del Anticristo reunidos en Armagedón. El Anticristo y su cómplice, el falso profeta, serán arrojados vivos al lago de fuego, y Satanás será atado en el abismo por mil años. Estos eventos introducirán el Reino Milenial de Cristo, a veces llamado tan sólo el Milenio. Después, Satanás será liberado de su prisión, derrotado finalmente por Dios y arrojado al lago de fuego y azufre, y el Señor Jesús preparará nuevos cielos y una nueva tierra en la cual los creyentes vivirán por toda la eternidad.

Preparándose para la batalla

Aquellos que piensan que es importante saber cuándo exactamente sucederá el arrebatamiento deben considerar la severidad de los juicios de los sellos. La enseñanza de la "vigilia constante" tiene sentido sólo en teoría, porque ¿cuán preparada puede estar la Iglesia si espera ser arrebatada antes de que estos juicios sucedan? ¿Cuán bien entrenados pueden estar los soldados que piensan que nunca tendrán que ir al campo de batalla? Si la Iglesia está esperando ser arrebatada en cualquier momento, como el pretribulacionismo enseña, e inesperadamente se encuentra teniendo que enfrentar hambrunas, guerras, desastres naturales y martirio a causa de su fe, no es difícil prever que tropezará. Muchos que hoy profesan ser cristianos se desilusionarán de sus pastores e iglesias cuándo comiencen a cuestionar la veracidad de la Palabra de Dios y aún el carácter benigno de Dios mismo.

Muchos pretribulacionistas occidentales creen que los cristianos que viven en otras partes del mundo tendrán que experimentar tiempos difíciles. Se encuentran listos para señalar la persecución, las hambrunas y las guerras que otros de su misma fe tienen sufrir en continentes como Asia y Africa. Pero, ¿qué pasará cuando ellos y sus seguidores comiencen a perder la seguridad de sus tres comidas diarias, su ropa y su techo? ¿Qué les pasará cuando los terremotos que ahora suelen ver por televisión destruyan sus vecindarios y viviendas, y profesar la fe en Cristo les cueste la vida? "Preparación espiritual" adquiere un nuevo significado cuando sabemos que todas estas penurias nos afectarán a nosotros también. [12]

El Señor Jesús enfatizó que, aun para los creyentes, los últimos tiempos serán un periodo de aflicción sin paralelo. "Porque habrá entonces gran tribulación, cual no la ha habido desde el principio del mundo hasta ahora, ni la habrá" (Mt. 24:21). Será peor que durante las Cruzadas, peor que la

---

[12] Muchos prominentes pretribulacionistas se erizan cuando escuchan estas palabras. Grant Jeffrey, un conferencista sobre profecía bíblica, dice: "Algunos críticos han declarado que aquellos que enseñan la esperanza en un arrebatamiento pretribulacional son culpables de dejar a los cristianos sin ninguna preparación para la posibilidad de que tengan que sufrir la persecución del periodo Tribulacional. Sin embargo, en 30 años enseñando sobre profecía bíblica, no he sabido de nadie que, creyendo en el arrebatamiento pretribulacional, haya enseñado que los cristianos somos inmunes a la persecución de los últimos tiempos" (Grant Jeffrey, *Armageddon: Appointment With Destiny*, Frontier Research Publications Inc., July 1997, p. 170). Con todo el respeto que Jeffrey se merece, afirmamos que no importa qué se enseñe desde el púlpito, debido a la naturaleza humana, la creencia en un arrebatamiento pretribulacional fomenta falta de preparación en la mayoría de los cristianos. Los líderes de la Iglesia no son responsables por cómo su audiencia responda a sus mensajes, pero *sí* son responsables por enseñarles correcta o incorrectamente la Palabra de Dios.

Inquisición Española, peor que el Holocausto Judío y que la tortura y asesinato de creyentes que ocurre en este mismo momento, por ejemplo, en países como China. La devastación será mundial, ocurrirá en el umbral de nuestras puertas y no en países exóticos y lejanos. Los cristianos deben estar preparados espiritualmente, físicamente y emocionalmente; y no hay forma de que la enseñanza de la "vigilia constante" baste para hacerle frente a los últimos tiempos. Necesitamos prepararnos para la guerra. *Es importante* saber cuándo sucederá el arrebatamiento. (Aquellos que creen que Dios no permitiría que Su pueblo sufriera el martirio a nivel mundial deberían leer *El Libro de los Mártires*, de John Foxe, junto con el libro bíblico de Job.)

El profeta Daniel enfatizó que no es sólo para nosotros mismos que deberíamos buscar entendimiento sobre este tema, si no que deberíamos hacerlo para beneficio de otros. "Con lisonjas [el Anticristo] seducirá a los violadores del pacto; mas el pueblo que conoce a su Dios se esforzará y actuará. *Y los sabios [entendidos] del pueblo instruirán a muchos* [énfasis del autor], y por algunos días caerán a espada y a fuego, en cautividad y despojo" (Dn. 11:32–33). ¿Cómo podemos proporcionar esperanza e instrucción a otros a menos que nosotros sepamos lo que nos espera en los últimos tiempos?

Billy Graham, en su cruzada en Ottawa, Ontario, hizo una declaración que asombró a su audiencia. Dijo que la Biblia menciona la necesidad del nuevo nacimiento, que es el fundamento del evangelio, 9 veces. La necesidad del arrepentimiento, que es la clave de la salvación, es mencionada 70 veces. El bautismo, sin el cual no podemos identificarnos completamente con nuestro Salvador, es mencionado 20 veces. Pero la Segunda Venida del Señor Jesucristo es mencionada 380 veces, *diez veces más* que la cantidad de veces que se mencionan otras doctrinas cardinales de la Iglesia.[13] ¿Es esto un error? ¿Está enfatizando Dios la doctrina errada?

Dios tiene un plan. Él nos dio las señales que preceden Su venida y nos exhorta a vigilarlas atentamente, para que estemos preparados. Desafortunadamente, no Le hemos hecho

---

[13] Tomado de un sermón de Billy Graham intitulado: "El Fin del Mundo" ©1998 Billy Asociación Evangelística Billy Graham.

caso. Caminamos por el filo del tiempo en el que surgirá el Anticristo, quien trae consigo el más grande y último desastre espiritual y natural que afectará a la humanidad, y la Iglesia es un ejército sumido en sueño profundo.

En la parábola de las vírgenes insensatas, el Señor Jesús nos advierte contra tal sueño:

> Entonces el reino de los cielos será semejante a diez vírgenes que tomando sus lámparas, salieron a recibir al esposo. Cinco de ellas eran prudentes y cinco insensatas. Las insensatas, tomando sus lámparas, no tomaron consigo aceite; mas las prudentes tomaron aceite en sus vasijas, juntamente con sus lámparas. Y tardándose el esposo, cabecearon todas y se durmieron. Y a la medianoche se oyó un clamor: !Aquí viene el esposo; salid a recibirle! Entonces todas aquellas vírgenes se levantaron, y arreglaron sus lámparas. Y las insensatas dijeron a las prudentes: Dadnos de vuestro aceite; porque nuestras lámparas se apagan. Mas las prudentes respondieron diciendo: Para que no nos falte a nosotras y a vosotras, id más bien a los que venden, y comprad para vosotras mismas. Pero mientras ellas iban a comprar, vino el esposo; y las que estaban preparadas entraron con él a las bodas; y se cerró la puerta (Mt. 25:1–13).

Hay varias moralejas en esta parábola, pero la pertinente aquí es esta: El novio viene a la hora en que las vírgenes menos lo esperan, *después de que han perdido toda esperanza en Su regreso*. Ahora, la Iglesia espera que el Señor Jesús venga en cualquier momento, pero antes de la aparición del Anticristo. El momento que la Iglesia menos espera es que el Señor venga después de la aparición del Anticristo, después del periodo que erróneamente se ha llamado "el Periodo Tribulacional". Si la Iglesia no despierta de su sueño, la parábola de las vírgenes insensatas podría reflejar muy bien el estado en el que se encontrará cuando aparezca en escena el Anticristo y los juicios de los sellos comiencen a suceder. ¡Qué terrible tragedia sería que el Señor Jesús regresara a la tierra después de que la Iglesia haya perdido toda esperanza en Su regreso!

2

Lo que la Biblia dice sobre
el Arrebatamiento

A pesar de la popularidad de la enseñanza sobre el arrebatamiento pretribulacional, la doctrina no se encuentra en la Biblia. Es sólo una inferencia de un puñado de pasajes, una libertad doctrinal que no permiten los textos utilizados. Según el pretribulacionismo, el Señor Jesús regresará para arrebatar a Su Novia, los verdaderos creyentes que componen el cuerpo de Cristo, antes del "Periodo Tribulacional" de siete años descrito en el libro de Apocalipsis. Este periodo incluye tres series de juicios: los sellos, las trompetas y las copas. Como los pretribulacionistas ven a esta triple serie de juicios como la ira de Dios, enseñan que la Iglesia debe ser arrebatada antes de que estos juicios comiencen. Esta enseñanza se basa en la promesa: "Porque no nos ha puesto Dios para ira, sino para alcanzar salvación por medio de nuestro Señor Jesucristo" (1 Ts. 5:9).

El pretribulacionismo parte mal. En ninguna parte la Biblia dice que los sellos son parte de la ira de Dios. Es cierto de que son parte de un periodo de intensa dificultad decretado por Dios, pero eso no los hace parte de Su ira. Para comprender cuánta diferencia hay entre juicio e ira, veamos la definición que nos da un diccionario de estas dos palabras. Según el *Noveno Diccionario Colegiado de Webster*, juicio en este contexto se define como "una sentencia divina o decisión; una calamidad enviada por Dios". Ira, por otra parte, se define como "cólera furiosa y vengativa, o indignación; castigo retributivo por una ofensa o un crimen". ¡Gran diferencia!

A través de la historia, Dios ha decretado muchos juicios —sobre individuos, sobre naciones y sobre toda la humanidad. En el Huerto del Edén, Dios pronunció juicios sobre Adán y Eva, y sobre la serpiente (Gn. 3:14–19). En el tiempo de Noé, Dios pronunció un juicio sobre todo el mundo (Gn. 6:7). En el siglo I, el Señor Jesús pronunció juicios sobre la higuera, sobre Jerusalén y sobre las ciudades que rechazaron el evangelio (Mt. 21:18–19, 11:21–24; Lc. 24:2). Hay cientos de juicios en la Biblia; como los juicios de los sellos, las trompetas y las copas descritos en el Apocalipsis.

¿Pueden ser todos los juicios del Apocalipsis la ira de Dios? La respuesta es: No. La Biblia enseña claramente que la ira de Dios comenzará después del sexto sello, y que será parte del Día del Señor (véase el capítulo 4, "¿Cuándo Comienza la Ira de Dios?"). Por lo tanto, no hay ninguna razón bíblica que requiera que el arrebatamiento tenga que ocurrir antes. De hecho, el que el arrebatamiento ocurriera antes crearía muchas contradicciones en la Biblia, que analizaremos a lo largo de este libro.

¿Cuándo, entonces, ocurrirá el arrebatamiento?

La Biblia nos dice que, como en el tiempo de Noé, llegará el día en el que a Dios se le acabará la paciencia para soportar la impiedad de la humanidad. Aunque la mayoría de las personas equiparan "el fin del mundo" a la batalla de Armagedón, "el fin del siglo", como el Señor Jesús lo llamó, comenzará poco antes de que Él regrese a la tierra a ocupar Su legítimo lugar como Rey soberano (Mt. 24:3, 29–30). Este evento es el que introducirá el Día del Señor, durante el cual Dios derramará Su ira sobre el mundo impenitente.

¿Cuándo vendrá el juicio?

Una vez que Sus discípulos aceptaron al Señor Jesús como al Mesías, era natural que quisieran saber cuándo comenzaría el Día del Señor. El Señor Jesús ya les había dicho que Él los dejaría por un tiempo, y aunque los discípulos no entendieron la verdadera naturaleza de Su partida, sí entendieron una cosa: el Señor regresaría, y cuando lo hiciera, Él juzgaría a todo el mundo tal como los profetas lo habían anunciado. ¿Pero cuándo? Esta fue exactamente la pregunta

24

que le hicieron en Mateo 24: "¿Qué señal habrá de tu venida, y del fin del siglo?" (v. 3).

El Señor les respondió dándoles una larga lista de los eventos que precederán Su regreso:

1. Surgirán muchos falsos cristos (v. 5).
2. Habrá guerras entre las naciones (v. 6).
3. Habrá pestes, hambres y terremotos en diferentes lugares (v. 7).
4. El Anticristo profanará el templo de Dios (v. 15).
5. Habrá un periodo de severa tribulación para el pueblo de Dios, la más intensa en toda la historia de la humanidad (v. 21).

Luego de describir todos estos eventos, el Señor Jesús dice:

> E inmediatamente después de la tribulación de aquellos días, el sol se oscurecerá, y la luna no dará su resplandor, y las estrellas caerán del cielo, y las potencias de los cielos serán conmovidas. Entonces aparecerá la señal del Hijo del Hombre en el cielo; y entonces lamentarán todas las tribus de la tierra, y verán al Hijo del Hombre viniendo sobre las nubes del cielo, con poder y gran gloria. Y enviará sus ángeles con gran voz de trompeta, y juntarán a sus escogidos, de los cuatro vientos, desde un extremo del cielo hasta el otro (Mt. 24:29-31).

El momento no podría haber sido mencionado más claramente. Habrá señales específicas — el surgimiento de falsos cristos; guerra mundial, pestes, hambres y terremotos; la profanación del templo de Dios a manos del Anticristo; la Gran Tribulación; y la triple señal en el sol, la luna y las estrellas — que, una a una, nos acercarán más y más a Su regreso. Cuando comparamos estas señales a los juicios de los sellos descritos en el Apocalipsis, vemos que son idénticos (ya veremos después lo que esto significa).

Los discípulos se enteran sobre el Arrebatamiento

Por medio del apóstol Pablo el Señor Jesús reveló que la Iglesia no tendría que pasar por el periodo de destrucción e ira que vendría a continuación del regreso de Cristo. Los creyentes recibiremos milagrosamente cuerpos nuevos, celestiales, y seremos removidos de la tierra antes de que el Señor Jesús comience a vengarse de los impíos durante el Día del Señor.

Pablo describió este evento en 1 Corintios 15:51–52:

> He aquí, os digo un misterio: No todos dormiremos; pero todos seremos transformados, en un momento, en un abrir y cerrar de ojos, a la final trompeta; porque se tocará la trompeta, y los muertos serán resucitados incorruptibles, y nosotros seremos transformados.

¡Qué hermoso cuadro! Pablo elaboró esta promesa en su primera epístola a los Tesalonicenses:

> Porque el Señor mismo con voz de mando, con voz de arcángel, y con trompeta de Dios, descenderá del cielo; y los muertos en Cristo resucitarán primero. Luego nosotros los que vivimos, seremos arrebatados juntamente con ellos en las nubes para recibir al Señor en el aire, y así estaremos para siempre con el Señor (1 Ts. 4:16–17).

Así, la iglesia primitiva fue introducida al concepto del arrebatamiento. Como era de esperar, esta descripción es la misma descripción que el Señor nos da de Su venida en Mateo 24:[14]

---

[14] Aunque específicamente la Iglesia no está a la vista aquí (ya que no sería fundada sino hasta Pentecostés), el Señor Jesús se estaba dirigiendo a judíos que pronto se convertirían en los fundadores de la Iglesia del Nuevo Testamento. Además, uno de los misterios revelados por Pablo es que la Segunda Venida no sólo incluiría la reunión de los escogidos sino la traslación de los creyentes aún vivos (1 Co. 15:51-52; 1 Ts. 4:16-17). Así que, legítimamente podemos decir que Mateo 24:31 se *aplica a* la Iglesia, aun cuando no fue *dirigido a* la Iglesia.

... y verán al Hijo del Hombre viniendo sobre las nubes del cielo, con poder y gran gloria. Y enviará sus ángeles con gran voz de trompeta, y juntarán a sus escogidos, de los cuatro vientos, desde un extremo del cielo hasta el otro (Mt. 24:29–31).

Por lo tanto, cuando el Señor venga en las nubes después de la Gran Tribulación, Él mismo efectuará el arrebatamiento de la Iglesia.

El verbo arrebatar (Gr. *arpazo*) aparece varias veces en el Nuevo Testamento (Hch. 8:39; 2 Co. 12:2,4; 1 Ts. 4:17; Ap. 12:5). Comunica que se ejerce una fuerza de manera súbita, como en Mateo 11:12; 12:29; 13:19 (véase también su uso en Jn. 6:15; 10:12,28,29; Hch. 23:10; y en Jud. 23). En el Antiguo Testamento nos encontramos con dos casos de personas arrebatadas por Dios: Enoc (Gn. 5:24; He. 11:5) y Elías (2 R. 2:11). El arrebatamiento, como vemos, es del mayor de los intereses para la Iglesia, que recibe la instrucción de esperar al Señor (Tit. 2:11-14) y la promesa de ser arrebatada a Su venida (1 Ts. 4:16-17).

Resumiendo, vemos que la venida del Señor Jesús, y por lo tanto el arrebatamiento, será precedido por una serie de eventos claramente identificables. Primero surgirán falsos cristos, habrá guerra mundial, pestes, hambres y terremotos en diferentes lugares; todo lo cual el Señor Jesús llamó "principio de dolores" (Mt. 24:5-8). Luego vendrá el Anticristo, quien profanará el templo e iniciará la Gran Tribulación persiguiendo al pueblo de Dios (vs. 15-21). Esto será seguido por la triple señal cósmica: el sol se oscurecerá, la luna no dará su resplandor y las estrellas caerán a la tierra, señalando que el Día del Señor está por comenzar (v. 29). Entonces — justo antes del Día del Señor — Cristo aparecerá en el cielo, viniendo en las nubes y arrebatará a Su Iglesia.

El sexto sello

¿Cuándo, durante el "Periodo Tribulacional", ocurrirán estas señales y, por lo tanto, el arrebatamiento? Observemos con más atención a los cataclismos cósmicos que precederán el retorno de Cristo:

> E inmediatamente después de la tribulación de aquellos días, el sol se oscurecerá, y la luna no dará su resplandor, y las estrellas caerán del cielo, y las potencias de los cielos serán conmovidas (Mt. 24:29).

A los estudiantes del Apocalipsis estas señales les deben parecer muy familiares. Son las mismas señales descritas en Apocalipsis 6:12–13 como parte del sexto sello:

> Miré cuando abrió el sexto sello, y he aquí hubo un gran terremoto; y el sol se puso negro como tela de cilicio, y la luna se volvió toda como sangre; y las estrellas del cielo cayeron sobre la tierra, como la higuera deja caer los higos cuando es sacudida por un fuerte viento.

En otras palabras, la evidencia clara y directa de la Biblia sitúa al arrebatamiento después de la apertura del sexto sello. Como hemos mencionado anteriormente, los eventos que el Señor Jesús describe como parte del "principio de dolores", la Gran Tribulación y la triple señal en los cielos se correlacionan con los eventos de los seis sellos. Esto sitúa al quinto sello, o al clamor de los mártires, ocurriendo durante la Gran Tribulación, la que a su vez ocurrirá tres años y medio después del inicio del "Periodo Tribulacional". De tal forma que el retorno de Cristo y el arrebatamiento de la Iglesia, eventos que suceden después de la apertura del *sexto* sello, también ocurrirá algún tiempo después de la mitad de la "Tribulación".

Pero, ¿no pondría esto a la Iglesia bajo la ira de Dios? ¿Por qué tendría la Iglesia que sufrir este periodo de retribución divina diseñado para el mundo incrédulo? Primero, los juicios de los sellos no son parte de la ira de Dios. Segundo, los juicios de los sellos no son para castigar al mundo, sino para evangelizarlo. Además, con relación a la Iglesia, los juicios de los sellos son parte del "fuego de prueba" (1 P. 4:12) para el cual ella está destinada.

Respuesta directa

Lo importante es lo clara y directamente que el Señor

Jesús les responde a Sus discípulos. Esencialmente, ellos le preguntaron: "¿Cuándo regresarás?" Al comparar la descripción que el Señor hace de Su venida con las descripciones que Pablo nos da del arrebatamiento, vemos que ambos eventos son en realidad uno solo. Luego, cuando comparamos las señales de la venida de Cristo con el sexto sello, también vemos que ambos eventos son uno solo.

Por lo tanto, el regreso de Cristo y el arrebatamiento de la Iglesia sucederán inmediatamente después de la apertura del sexto sello, algún tiempo después de la mitad del "Periodo Tribulacional" de siete años.

La Segunda Venida de Cristo y el arrebatamiento de la Iglesia no son un misterio. Ambas doctrinas se pueden encontrar fácilmente en la Biblia. Si esto es todo lo que el lector quería saber sobre el tema, puede dejar de leer este libro aquí mismo. El resto de él está dedicado a analizar las muchas formas en que llegamos a la misma conclusión una y otra vez. Estos análisis intentan responder las variadas preguntas que existen acerca del momento (en la secuencia de los eventos) en que la Segunda Venida de Cristo y el arrebatamiento ocurren — no porque estas enseñanzas sean poco claras, sino porque a la mayoría de los creyentes se les ha enseñado otra cosa.

La ira y el día del Señor

¿Qué hay con la ira de Dios? ¿Cómo se relaciona esta con el arrebatamiento? En el capítulo 1, vimos varios versículos que describen los juicios de Dios asociados con el Día del Señor.

Veamos de nuevo uno de los versículos claves:

> Aullad, porque cerca está el día del Señor; vendrá como asolamiento del Todopoderoso. Por tanto, toda mano se debilitará, y desfallecerá todo corazón de hombre, y se llenarán de terror; angustias y dolores se apoderarán de ellos; tendrán dolores como mujer de parto; se asombrará cada cual al mirar a su compañero; sus rostros, rostros de llamas. He aquí el día del Señor viene, terrible, y de indignación y ardor de ira, para convertir la tierra en soledad, y raer de ella a sus pecadores. Por lo

cual las estrellas de los cielos y sus luceros no darán su luz; y el sol se oscurecerá al nacer, y la luna no dará su resplandor. Y castigaré al mundo por su maldad, y a los impíos por su iniquidad; y haré que cese la arrogancia de los soberbios, y abatiré la altivez de los fuertes (Is. 13:6–11).

Isaías deja claro que la ira de Dios está contenida en el Día del Señor. Como dijimos en el capítulo anterior, el Día del Señor también es llamado "el Día de la Ira de Dios".

Regresemos a los versículos sobre el arrebatamiento en 1 Tesalonicenses 4:15–17:

Por lo cual os decimos esto en palabra del Señor: que nosotros que vivimos, que habremos quedado hasta la venida del Señor, no precederemos a los que durmieron. Porque el Señor mismo con voz de mando, con voz de arcángel, y con trompeta de Dios, descenderá del cielo; y los muertos en Cristo resucitarán primero. Luego nosotros los que vivimos, seremos arrebatados juntamente con ellos en las nubes para recibir al Señor en el aire, y así estaremos para siempre con el Señor.

Unos pocos versículos más adelante, Pablo continúa:

Pero acerca de los tiempos y las ocasiones, no tenéis necesidad, hermanos, de que yo os escriba. Porque vosotros sabéis perfectamente que el día del Señor vendrá así como ladrón en la noche (1 Ts. 5:1–2).

Compárese la referencia de Pablo a *la venida del Señor* que aparece en 1 Tesalonicenses 4:15 con la referencia a *el día del Señor* en 1 Tesalonicenses 5:1–2. Nótese el uso de las dos frases diferentes: *la venida del Señor* y *el día del Señor*. Tanto aquí como en 2 Tesalonicenses 2:2, Pablo aclara que la venida del Señor y el arrebatamiento de la Iglesia *preceden* al Día del Señor. Por lo tanto, si la ira de Dios está contenida en el Día del Señor, y el arrebatamiento sucede antes de ese Día, entonces el arrebatamiento también ocurre antes de la ira de Dios.

Señales que preceden el día del Señor

¿Cuándo comienza el Día del Señor? La Biblia no le deja lugar a la duda. El Día del Señor es uno de los eventos más profetizados en la Biblia: Es descrito más de media docena en el Antiguo Testamento por escritores como Isaías, Sofonías y Joel; y también por escritores del Nuevo Testamento como Pedro, Pablo y Lucas.

Las descripciones de este magno evento son a menudo acompañadas por señales claras e inequívocas. El profeta Joel nos da una de las más vívidas descripciones de esas señales:

> El sol se convertirá en tinieblas, y la luna en sangre, antes que venga el día grande y espantoso de Jehová (Joel 2:31).

Pedro reitera estas señales en el libro de Hechos:

> El sol se convertirá en tinieblas, y la luna en sangre, antes que venga el día del Señor, grande y manifiesto (Hch. 2:20).

¿Cuándo ocurrirán estos cataclismos cósmicos? Una vez más, las Escrituras apuntan hacia el sexto sello:

> Miré cuando abrió el sexto sello, y he aquí hubo un gran terremoto; y el sol se puso negro como tela de cilicio, y la luna se volvió toda como sangre; y las estrellas del cielo cayeron sobre la tierra, como la higuera deja caer los higos cuando es sacudida por un fuerte viento (Ap. 6:12–13).

Esto es una confirmación adicional a la pregunta que respondimos antes: Si la Iglesia es arrebatada después del sexto sello, ¿no significa que experimentará la ira de Dios? No. La ira de Dios no comienza sino con el Día del Señor, el que se inicia *después del sexto sello*.[15] El Señor Jesús regresa, arrebata

---

[15] Hay confirmación adicional sobre el hecho de que el Día del Señor comienza al abrirse el séptimo sello. El Día del Señor es descrito por el

31

a Su Iglesia, y con Su Novia segura fuera del mundo, comienza el derramamiento de Su ira sobre la humanidad impía.

Cuatro eventos coincidentes

Si todo esto suena complicado, no lo es en realidad. Al abrirse el sexto sello, cuatro cosas suceden simultáneamente: (1) los juicios de los sellos concluyen (2) Cristo vuelve para (3) arrebatar a la Iglesia, y (4) comenzar a administrar Su juicio sobre los impíos. El retorno de Cristo gatilla estos dos últimos eventos.[16]

Para comprender mejor la belleza de la relación entre estos eventos, comparémoslos a un matrimonio. Cristo es el amante esposo y los creyentes son Su amada esposa, quien en su cumpleaños espera ansiosamente la llegada de su esposo desde el trabajo. Para ella, el regreso de su esposo significa gozo, la posibilidad de flores y besos y, tal vez, una cena romántica a solas. Para los niños, que se portaron muy mal ese día, el regreso del padre significa algo totalmente diferente. Significa que pronto verán su peor expresión facial y experimentarán una dura reprimenda. Un mismo evento, el regreso del padre, inicia dos series de sucesos diferentes y completamente separados para los diferentes miembros de la familia.

---

profeta Sofonías, quien dice: *"Calla en la presencia del Señor Dios*, porque el día del Señor está cercano"* (Sof. 1:7). Si el Día del Señor comienza con el séptimo sello, podríamos esperar ver una solemne mención sobre silencio en el Apocalipsis antes de que se abra el séptimo sello. Y esto es exactamente lo que vemos. Después de describir los seis primeros sellos, Juan dice: "Cuando abrió el séptimo sello, se hizo silencio en el cielo como por media hora" (Ap. 8:1-2). Esto concuerda perfectamente con la descripción dada por Sofonías.

[16] Aunque John Walvoord sitúa el momento del arrebatamiento al comienzo de la Semana Septuagésima en vez de situarlo después del sexto sello, él también vincula el arrebatamiento con el comienzo del Día del Señor (*La Pregunta Sobre el Arrebatamiento* - The Rapture Question, pp. 175, 212).

Conexión Cuádruple

Jesús
regresa
a la
tierra

Rapto de la
Iglesia

Inicio Semana 70
(Anticristo firma Pacto)

Fin de la Semana 70
(Armagedón)

Seis
Sellos

Día del Señor

Ira de Dios

Resumiendo

¿Qué significa esto? Los eventos que culminan en la Segunda Venida de Cristo y el arrebatamiento de la Iglesia seguirán un patrón claramente establecido en las Escrituras. Primero sucederán una serie de devastadores eventos mundiales (los cinco primeros sellos del Apocalipsis), seguidos por la triple señal (en el sol, la luna y las estrellas) descrita en Joel, Mateo y el Apocalipsis (el sexto sello). Luego Cristo viene a arrebatar a la Iglesia. A continuación de este evento glorioso, el séptimo sello introduce el Día del Señor, el que contiene los juicios de las trompetas y las copas de la ira de Dios.

Esta posición — que Cristo regresará después del sexto sello, antes del derramamiento del Día del Señor y la ira de Dios — recibe el nombre de "pre-ira".[17] Este término fue acuñado por Marvin Rosenthal y Robert Van Kampen, y apareció publicada por primera vez en el libro de Rosenthal, *El Arrebatamiento Pre-Ira de la Iglesia* [The Pre-Wrath Rapture of the Church].

---

[17] El término "arrebatamiento pre-ira" no es totalmente correcto, considerando que tanto los pretribulacionistas, como los midtribulacionistas y los postribulacionistas también sitúan la ocurrencia del arrebatamiento antes de la ira de Dios. Las diferencias reales radican en cuánto de la "Tribulación" (más exactamente, la Septuagésima Semana de Daniel) cada cual cree que la Iglesia tendrá que experimentar, y por qué.

33

Veamos de nuevo el momento en que ocurre el arrebatamiento siguiendo el relato que el mismo Señor Jesús nos da en Mateo 24, pero esta vez teniendo los sellos del Apocalipsis en mente:

> Mirad que nadie os engañe... Y oiréis de guerras y rumores de guerras [**el primer sello**]... Porque se levantará nación contra nación, y reino contra reino [**el segundo sello**]. Y habrá pestes, y hambres, y terremotos en diferentes lugares [**tercer y cuarto sellos**].... Por tanto, cuando veáis en el lugar santo la abominación desoladora de que habló el profeta Daniel [el Anticristo presentándose en el -todavía por reconstruir- templo en Jerusalén; lo que ocurrirá exactamente tres años y medio después de iniciada la Semana Septuagésima], entonces los que estén en Judea, huyan a los montes.... Porque habrá entonces gran tribulación, cual no la ha habido desde el principio del mundo hasta ahora, ni la habrá [**el quinto sello**]. Y si aquellos días no fuesen acortados, nadie sería salvo; mas por causa de los escogidos, aquellos días serán acortados.... E inmediatamente después de la tribulación de aquellos días, el sol se oscurecerá, y la luna no dará su resplandor, y las estrellas caerán del cielo, y las potencias de los cielos serán conmovidas [**el sexto sello**]. Entonces aparecerá la señal del Hijo del Hombre en el cielo; y entonces lamentarán todas las tribus de la tierra, y verán al Hijo del Hombre viniendo sobre las nubes del cielo, con poder y gran gloria [**la venida de Cristo**]. Y enviará sus ángeles con gran voz de trompeta, y juntarán a sus escogidos, de los cuatro vientos, desde un extremo del cielo hasta el otro. [**el arrebatamiento**]. (Mt. 24: 4, 6- 7, 15-16, 21–22, 29–31)

Esto explica la importancia de reconocer que los eventos de Mateo 24 son los mismos descritos en los juicios de los sellos de Apocalipsis 6. Cuando se ven de esta forma — la forma en que el Señor Jesús nos enseña a verlos — el momento en que sucede el arrebatamiento queda libre de toda sombra de duda.

¿Qué hay de cierto sobre un regreso espiritual?

Los pretribulacionistas argumentan en contra de esta conclusión. Dicen que cuando Cristo regrese a arrebatar a la Iglesia no lo hará en forma corporal (físicamente) sino en forma espiritual. Proponen que el Señor Jesús regresa en forma corporal siete años después, cuando aparece con Su hueste angélica para terminar la Batalla de Armagedón. Este punto de vista no sólo contradice el momento claramente destacado por el Señor mismo, sino que también contradice lo que el ángel le reveló a los apóstoles en Hechos 1:11: "Varones galileos, ¿por qué estáis mirando al cielo? Este mismo Jesús, que sido tomado de vosotros al cielo, así vendrá como le habéis visto ir al cielo" (Hch. 1:9–11).

El Señor Jesús no fue tomado al cielo en forma espiritual; y el ángel deja muy en claro que Él tampoco regresará por los creyentes en forma espiritual, sino en forma corporal (físicamente). Pablo confirma esta verdad, diciendo: "Pero con respecto a la venida de nuestro Señor Jesucristo, y nuestra reunión con él, os rogamos, hermanos, que no os dejéis mover fácilmente de vuestro modo de pensar... en el sentido de que el día del señor está cerca" (2 Ts. 2:1–2). Pablo estaba seguro de que el arrebatamiento tomará lugar cuando Cristo regrese físicamente, y que este regreso físico del Señor ocurrirá antes del Día del Señor.[18]

---

[18] Aunque Pablo Feinberg argumenta contra la conclusión, señala que en el griego, el verbo que se traduce en español como "reunir" aparece sólo nueve veces en el Nuevo Testamento. De estas nueve veces, sólo tres están en un contexto escatológico: 2 Tesalonicenses 2:1; Mateo 24:31 (que describe la venida del Señor Jesús en las nubes y la reunión de los escogidos), y el relato correlativo de Marcos 13:27. Las otras seis menciones son en sentido general. Las tres mencionadas son referencias al arrebatamiento, permitiendo una consistencia perfecta en la Biblia. En *Tres Posiciones Acerca del Arrebatamiento*, Feinberg, sin embargo, argumenta que este paralelo no es tan conclusivo como parece, y añade: "Parece obvio que cualquier identificación basada en esta palabra descansa en la mínima evidencia" (p. 231). Huelga decir que creemos que lo cierto es lo opuesto. Concordamos con Alexander Reese, quien dice: "La aseveración...de que no hay ningún arrebatamiento en Mateo 24:31 es tan atrevida como infundada. Nuestro Señor nos da en ese pasaje un cuadro perfecto de la reunión de los salvos de esta dispensación por medio del arrebatamiento. San Marcos incluso usa la

Esta misma afirmación es hecha por Pablo en 2
Tesalonicenses 1:5–7:

> ...Nosotros mismos nos gloriamos de vosotros en las
> iglesias de Dios, por vuestra paciencia y fe en todas
> vuestras persecuciones y tribulaciones que soportáis. Esto
> es demostración del justo juicio de Dios, para que seáis
> tenidos por dignos del reino de Dios, por el cual asimismo
> padecéis. Porque es justo delante de Dios pagar con
> tribulación a los que os atribulan, y a vosotros que sois
> atribulados, *daros reposo con nosotros, cuando se*
> *manifieste el Señor Jesús desde el cielo con los ángeles de*
> *su poder.*

A través de la Biblia, la palabra "reposo" se usa para
ilustrar el cese de toda labor — de ahí el "reposo" del día
Sábado dado para el pueblo de Dios, el "reposo" del Jubileo
para la tierra, y el "reposo" espiritual que Dios le da a Su
pueblo (Heb. 4:9–10). Considerando que el contexto del libro
de 2 Tesalonicenses es: los últimos tiempos, el regreso de
Cristo y el arrebatamiento de la Iglesia, esta referencia hecha al
pueblo de Dios siendo liberado de sus enemigos por medio de
recibir reposo con Cristo cuando Él venga con los ángeles de su
poder, sólo puede ser el arrebatamiento.[19]

---

misma forma verbal para 'juntar' que Pablo usa en 2 Tesalonicenses 2:1
como 'reunión', para referirse al arrebatamiento. Para las mentes
desprejuiciadas, la reunión de los salvos, o los escogidos, en Mateo 24:31, es
el prototipo de la enseñanza de Pablo en 1 Tesalonicenses 4:16-17 y 2
Tesalonicenses 2:1" (*El Cercano Advenimiento de Cristo* - The Approaching
Advent of Christ, p. 208). Creemos que esto es correcto, considerando que 1
Tesalonicenses 4:16-17 emplea muchos de los mismos elementos, y lenguaje
casi idéntico, a Mateo 24:29-31 — "el Hijo del Hombre viniendo en las
nubes del cielo, con poder y gran gloria, con gran voz de trompeta, y con
ángeles celestiales". Nos gusta como lo dice Reese: "Para las mentes
desprejuiciadas". Ciertamente, para las mentes desprejuiciadas, la correlación
es difícil de obviar.

[19] Muchos pretribulacionistas comentarán que este es un ejemplo sobre el
efecto "telescopio" — que este descanso viene con el regreso espiritual de
Cristo, no con Su regreso físico en la Segunda Venida, la que ellos dicen
ocurrirá para la batalla de Armagedón, y que es sólo el hábito de los profetas
ver dos eventos como por un telescopio, lo que los hace aparecer como si
fueran uno solo. Hay tres problemas con este argumento: (1) el efecto

Pablo confirma esta conclusión cuando describe a los ángeles viniendo "en llama de fuego, para dar retribución a los que no conocieron a Dios, ni obedecen al evangelio de nuestro Señor Jesucristo" (v. 8). La Biblia enseña que, después de que el Señor Jesús arrebate a Su Iglesia, juzgará al mundo impío e impenitente durante el Día del Señor. Esto es exactamente lo que Pablo describe aquí: reposo con Cristo, seguido de fuego y venganza sobre aquellos que no conocen a Dios y que no obedecen el evangelio.

En Tito 2:13 vemos otro vínculo entre el arrebatamiento y el retorno físico de Cristo; donde Pablo exhorta a los creyentes a vivir sobriamente, "aguardando la esperanza bienaventurada y la manifestación gloriosa de nuestro gran Dios y Salvador Jesucristo". Pablo claramente cree que cuando el Señor Jesús aparezca para arrebatar a Su Novia, Su aparición será física y literal. Santiago también evidencia la misma creencia: "Por tanto, hermanos, tened paciencia hasta la venida del Señor... Tened también vosotros paciencia, y afirmad vuestros corazones; porque la venida del Señor se acerca" (Stg. 5:7–9).

Una visión de la iglesia arrebatada

Aunque el Apocalipsis no describe el arrebatamiento, Juan nos da una breve visión de los primeros momentos de la Iglesia una vez que ha sido arrebatada al cielo. Inmediatamente después de que Juan describe los seis sellos y antes de que describa los juicios de las trompetas, el apóstol escribe:

> Después de esto miré, y he aquí una gran multitud, la cual nadie podía contar, de todas las naciones y tribus y pueblos y lenguas, que estaban delante del trono y en la

---

telescopio ocurrió en el Antiguo Testamento, no en el Nuevo Testamento, donde los "misterios" han sido revelados; (2) el efecto telescopio fue hecho por profetas, y aunque los escritos de Pablo tratan ciertos temas proféticos, él no fue un profeta en el sentido del Antiguo Testamento; y (3) el patrón bíblico es referirse consistentemente a la liberación de los creyentes de la tribulación ocurriendo al momento del regreso físico de Cristo. El patrón de la tribulación seguida por la liberación de los creyentes y el regreso físico de Cristo antes del derramamiento de la ira de Dios, es consistente sólo en la posición pre-ira.

presencia del Cordero, vestidos de ropas blancas, y con palmas en las manos; y clamaban a gran voz, diciendo: La salvación pertenece a nuestro Dios que está sentado en el trono, y al Cordero (Ap. 7:9–10).

¡Qué hermoso cuadro! Los hombres y las mujeres que componen la Iglesia, con sus nuevos cuerpos glorificados, están en la presencia de Dios adorándolo y glorificándolo. La referencia a la salvación en este pasaje es apropiada, no sólo porque Dios les ha dado la salvación de sus almas inmortales; si no, en este caso, porque Él también les ha dado la salvación de la primera muerte: la salvación de sus cuerpos. Esta visión es consistente con la promesa que Pablo nos da a todos los creyentes en 1 Tesalonicenses 5:9: "Porque no nos ha puesto Dios para ira, *sino para alcanzar salvación por medio de nuestro Señor Jesucristo*".

La multitud no representa solamente a los creyentes que murieron en algún momento de la historia anterior de la humanidad. Sabemos que esta es una visión de la Iglesia arrebatada porque el mismo Juan nos lo dice.

> Entonces uno de los ancianos habló, diciéndome: Estos que están vestidos de ropas blancas, ¿quiénes son, y de dónde han venido? Yo le dije: Señor, tú lo sabes. Y él me dijo: Estos son los que han salido de la gran tribulación, y han lavado sus ropas, y las han emblanquecido en la sangre del Cordero. Por esto están delante del trono de Dios, y le sirven día y noche en su templo; y el que está sentado sobre el trono extenderá su tabernáculo sobre ellos. Ya no tendrán hambre ni sed, y el sol no caerá más sobre ellos, ni calor alguno; porque el Cordero que está en medio del trono los pastoreará, y los guiará a fuentes de aguas de vida; y Dios engujará toda lágrima en los ojos de ellos (Ap. 7:13–17).

El hecho de que Cristo arrebatará a la Iglesia de la Gran Tribulación también responde uno de los enigmas propuestos por el Señor Jesús en la Profecía del Monte de los Olivos: "Y si aquellos días no fuesen acortados, nadie sería salvo; mas por causa de los escogidos, aquellos días serán acortados" (Mt.

24:22). ¿Qué es este acortamiento de días? Dios no acortará *físicamente* la duración del reinado del Anticristo, porque ya se ha establecido que será de 1,260 días. Lo que sucederá es que el Señor Jesús acortará la Gran Tribulación al arrebatar a Su Novia al cielo antes de que el tiempo establecido (de la Gran Tribulación) se cumpla.[20]

El Anticristo continuará persiguiendo a aquellos que se conviertan en creyentes después del arrebatamiento, pero una vez que Cristo arrebate a la Iglesia, el infame será distraído de su insano deseo de destruir al pueblo de Dios por la aparición de una miríada de langostas demoníacas que emergerán del abismo, por las montañas ardientes que caerán del cielo a la tierra, por el fenómeno de los ríos y los océanos convirtiéndose en sangre, y por las otras catástrofes que vendrán sobre la tierra durante el Día del Señor. Así las cosas, el Anticristo se verá obligado a postergar su obsesión para hacer frente al daño que sufrirá su reino mundial.

Los cuatro vientos

La mención de los cuatro vientos es evidencia adicional de que el arrebatamiento ocurrirá después de la apertura del sexto sello. En Mateo 24, después de describir los cataclismos cósmicos asociados con el sexto sello, el Señor Jesús dice: "Y enviará a sus ángeles con gran voz de trompeta, y juntarán a sus escogidos, *de los cuatro vientos, desde un extremo del cielo hasta el otro*". Esta frase, "de los cuatro vientos", nuevamente vincula el arrebatamiento con los eventos del sexto sello: "Después de esto [los cataclismos cósmicos del sexto sello] vi a cuatro ángeles de pie sobre los cuatro ángulos de la tierra, *que detenían los cuatro vientos de la tierra*, para que no soplase viento alguno sobre la tierra, ni sobre el mar, ni sobre ningún árbol" (Ap. 7:1).[21]

---

[20] Para más detalles sobre el tema, véase el apéndice B.

[21] Hay quienes argumentan que esta definición de los cuatro vientos es demasiado restringida. Señalan que esta es una frase general que podría tanto tener como no tener ninguna relevancia para vincularla con otros pasajes similares. Concedemos esto. Sin embargo, Dios usa esta frase, "los cuatro vientos", sólo nueve veces en la Biblia, todas ellas en un contexto profético (Mt. 24:31; Mr. 13:27; Ez. 37:9; Ap. 7:1; Jer. 49:36; Dn. 7:2; Dn. 11:4, y

Juan no sólo usa la misma frase "los cuatro vientos", sino que la usa en la misma secuencia de eventos:

Mateo 24
1. La persecución y el martirio del pueblo de Dios.
2. El sol se oscurece, la luna no da su resplandor y las estrellas caen del cielo.
3. Los cuatro vientos.
4. La reunión de los escogidos.

Apocalipsis 6–7
1. La persecución y el martirio del pueblo de Dios.
2. El sol se oscurece, la luna se vuelve como sangre y las estrellas caen del cielo.
3. Los cuatro vientos.
4. La gran multitud (la Iglesia) adorando al Señor en el cielo.

El momento en que toma lugar el regreso físico de Cristo y el arrebatamiento no es un misterio. Nunca lo fue. La evidencia acerca de cómo y cuando sucederán estos eventos está clara y generosamente distribuida a lo largo de la Escritura. La evidencia acerca del arrebatamiento pre-ira, el que acontece después de la apertura del sexto sello, no ha sido agotada aún.

Zac. 2:6). El poder de nuestro argumento es que, en este caso, la frase es empleada en el mismo contexto y en el mismo orden al de los eventos proféticos.

3

Los malos Fundamentos del Pretribulacionismo

Hay varias razones que demuestran que la teoría del arrebatamiento pretribulacional es falsa. La primera es que la Biblia claramente nos dice cuándo ocurre el arrebatamiento, y no puede ser pretribulacional. Otra razón es que el pretribulacionismo, tal como se enseña en las iglesias hoy en día, está basado en sólo un puñado de versículos, y cuando miramos más de cerca de estos versículos, vemos que ellos no sirven en realidad para enseñar el pretribulacionismo.

El pretribulacionismo descansa, principalmente, sobre tres fundamentos:

1. La ira de Dios es derramada durante los juicios de los siete sellos, las siete trompetas y las siete copas descritas en el Apocalipsis.
2. Este periodo es llamado "la Gran Tribulación".
3. El Señor Jesús arrebatará a Su Iglesia antes del derramamiento de la ira de Dios y, por lo tanto, antes de la Gran Tribulación.[22]

Aparte del hecho de que la Iglesia está exenta de la ira, no hay referencias bíblicas directas que apoyen estos puntos. Esto se debe a que son puras *inferencias*. La primera inferencia

---

[22] Como ya se ha dicho, estos puntos reflejan la interpretación popular del arrebatamiento, no el tratamiento erudito, el que es menos simple aunque llega a las mismas conclusiones. Breves análisis de estas interpretaciones aparecen en las notas a pie de página; análisis más detallados son incluidos en los apéndices de este libro.

es: como los juicios de los sellos, las trompetas y las copas traen tal turbación sobre la tierra, deben ser parte de la ira de Dios. En realidad, los sellos no son parte de la ira de Dios. Los sellos son parte de la ira del hombre — específicamente, la ira de un hombre: el Anticristo.[23]

---

[23] Hay algo más que fomenta esta posición. Es el fenómeno descrito por el abogado Philip Johnson en su libro *Darwin ante el Tribunal* [Darwin on Trial - Intervarsity Press, 1993], en el cual diseca la teoría de la evolución basándose en la manera en que se presentan los argumentos. Johnson dice que, en círculos científicos, la teoría de la evolución se asume como verdadera simplemente porque existe otra alternativa aceptable. Por lo tanto, la evidencia — desde restos fósiles a mecanismos genéticos — es investigada no con el propósito de descubrir si la evolución *pudo haber* ocurrido, sino con el propósito de descubrir *cómo ha ocurrido*. Esto, dice Johnson, es donde el error comienza: "Hay una diferencia importante entre ir a la evidencia empírica para comprobar una teoría dudosa comparándola con una alternativa plausible, e ir a la evidencia buscando confirmación para la única teoría que uno está dispuesto a tolerar" (p. 28). De hecho, la evidencia científica apoya de forma abrumadora la idea de la "creación especial", o la aparición espontánea de nuevas especies ya completamente desarrolladas. La genética, por ejemplo, muestra que hay límites biológicos a la cantidad de cambios que una especie puede experimentar, y los registros fósiles revelan que las características fundamentales de las especies es estasis (o falta de cambio significativo), aun después de millones de años. Los registros fósiles también fallan en revelar, a diferencia de lo Darwin hubiera querido, la abundancia de formas de vida transicionales que se requieren para confirmar su teoría. La lógica usada para fundamentar la evolución y los argumentos usados para fundamentar el arrebatamiento pretribulacional son asombrosamente similares. Tomemos las palabras de Johnson y apliquémoslas al arrebatamiento pretribulacional: "Hay una diferencia importante entre ir a la evidencia *bíblica* para comprobar una teoría dudosa comparándola con una alternativa plausible, e ir a la evidencia *bíblica* buscando confirmación para la única teoría que uno está dispuesto a tolerar". No hay versículos que proporcionen evidencia bíblica directa para fundamentar la creencia en el arrebatamiento pretribulacional. Aquellos versículos que proporcionan evidencia indirecta están fuera de su contexto o requieren ser redefinidos. Para los cristianos conservadores que creen que la Biblia es la infalible Palabra de Dios, la exégesis pretribulacionista basta para hacer dudosa toda su teoría. Como la única teoría que muchos están dispuestos a tolerar es la pretribulacionista, no les importa que carezca de evidencia bíblica. Johnson habla de una reunión entre matemáticos eminentes y científicos darvinistas en el Instituto Wistar en Filadelfia en 1967. Un matemático argumentó que era altamente improbable que el ojo pudiera haber evolucionado a causa de la acumulación de pequeñas mutaciones, como el darvinismo sugiere. Los darvinistas replicaron que "[el matemático] estaba haciendo ciencia al revés.

El segundo punto, que la Gran Tribulación se refiere a los sellos, las trompetas y las copas, también es una inferencia. Como hemos visto, la frase en sí misma no es bíblica; el Señor la usa para referirse a un muy especifico periodo que tomará lugar entre la abominación desoladora (la profanación del templo a manos del Anticristo) y los cataclismos cósmicos del sexto sello. Debido a que Daniel 9:27 nos dice que la abominación desoladora ocurre a la mitad de "la Tribulación", la Gran Tribulación no puede durar los siete años enteros. A lo mucho, puede durar sólo tres años y medio, y de hecho, dura menos que eso. La Gran Tribulación se relaciona únicamente con el quinto sello, el cual describe el martirio de los santos.

El tercer punto, que dice que el Señor Jesús regresará a arrebatar a Su Iglesia antes del derramamiento de su ira, *tiene base bíblica*. Sin embargo, la ira de Dios no coincide con el inicio de la Gran Tribulación. Como vimos en el capítulo anterior, la ira de Dios comienza *después* de la Gran Tribulación, y forma parte del Día del Señor.[24]

Que el arrebatamiento pretribulacional es pura inferencia es algo que los principales eruditos pretribulacionistas reconocen. En *La Pregunta Sobre el Arrebatamiento* [The Rapture Question], uno de los fundadores del

---

El hecho era que el ojo había evolucionado y, por lo tanto, las dificultades matemáticas eran sólo aparentes" (p. 38). De nuevo, llama la atención la similitud que esta manera de pensar tiene con el pretribulacionismo. "[Los que nos oponemos al pretribulacionismo] debemos estar interpretando la Biblia al revés; el hecho es que el pretribulacionismo es correcto y, por lo tanto, las dificultades bíblicas sólo deben ser aparentes". En ambos casos — el darvinismo y el pretribulacionismo —los proponentes prefieren vivir con una teoría edificada sobre malos fundamentos en vez de aceptar una conclusión que es filosóficamente incómoda. Muchos eruditos pretribulacionales han invertido una tremenda cantidad de tiempo y de energía estudiando los fundamentos del arrebatamiento pretribulacional. Sin embargo, humildemente sugerimos que si no hubieran conocido primero la teoría del arrebatamiento pretribulacional, es altamente improbable que hubieran llegado a ella por sí mismos (estudiando sólo lo que la Biblia enseña sobre el arrebatamiento).

[24] Algunos eruditos pretribulacionistas, sin embargo, sostienen que la Gran Tribulación comienza a la mitad de la Semana Septuagésima y se extiende hasta Armagedón. Esto la haría durar tres años y medio. Para un análisis del tema, véase el apéndice B.

pretribulacionismo, John Walvoord, admite: "Uno de los problemas que enfrenta tanto el pretribulacionismo como el postribulacionismo es el hecho de que su punto de vista es una inducción basada en hechos bíblicos en vez de en declaraciones explícitas de la Biblia". Además, en *El Retorno del Señor* [The Return of the Lord], Walvoord agrava el problema al admitir: "Una de las razones para la confusión que existe con relación a los eventos futuros es que se falla en analizar correctamente el propósito de Dios en la era presente. Algunos se acercan a la Biblia sin el método apropiado de interpretación" (p. 19). De igual manera, Thomas D. Ice, en la ampliamente respetada revista teológica *Biblioteca Sacra*, dice: "(situar) el momento en que ocurre el arrebatamiento depende más de la teología de uno que de la evidencia textual de los pasajes específicos".[25]

Esto puede responder una pregunta que quienes leen este libro podrían hacerse; esa pregunta es: "¿Por qué el autor siempre pone la frase 'la Tribulación' o 'el periodo Tribulacional' en comillas?" La respuesta es: Porque no existe tal cosa. El periodo de siete años que se extiende desde la apertura del primer sello hasta la Batalla de Armagedón, periodo que se conoce comúnmente como "la Tribulación", es en realidad la Semana Septuagésima de Daniel. "La Tribulación" es un simple apodo dado a este periodo. Sin embargo, como la Biblia se refiere a un periodo llamado "la tribulación" (Mt. 24:29), el cual es una versión abreviada de "la gran tribulación" (Mt. 24:21; Ap. 7:14), surge mucha confusión en torno al tema.

La semana septuagésima de Daniel

Para conocer cabalmente el momento en que ocurrirá el arrebatamiento, es necesario invertir un poco más de tiempo analizando la Semana Septuagésima. La frase proviene de Daniel 9:24, en donde Dios determina 70 semanas para tratar con el pueblo judío:

---

[25] John Walvoord, *La pregunta Sobre El Rapto* [The Rapture Question: Revised and Expanded Edition -The Zondervan Publishing House, 1979, p. 18]; John Walvoord, *El Regreso del Señor* [The Return of the Lord - Zondervan Publishing House, 1974]; Thomas D. Ice, *Biblioteca Sacra* [Dallas Theological Seminary, April-June 1990, p. 164].

Setenta semanas están determinadas sobre tu pueblo y sobre tu santa ciudad, para terminar la prevaricación, y poner fin al pecado, y expiar la iniquidad, para traer la justicia perdurable, y sellar la visión y la profecía, y ungir al Santo de los santos.

Los eruditos bíblicos concuerdan en que el término "semanas", basado en la palabra hebrea *shbuah*, significa "semanas de años", o una serie de periodos de siete años. Por esta razón, algunas versiones de la Biblia, como la *Version Nueva Internacional,* traducen *shbuah* como "sietes":

Setenta "sietes" están determinados sobre tu pueblo y sobre tu santa ciudad. Para terminar la prevaricación, para poner fin al pecado, para expiar la iniquidad, para traer la justicia perdurable, para sellar la visión y la profecía, y ungir al Santo de los santos.

En otras palabras, 70 semanas, o 70 "sietes" (un periodo de 490 años) es determinado por Dios para terminar lo que ha empezado. Los propósitos de Dios para Israel no terminaron cuando Israel rechazó a Cristo como el Mesías. Todavía esperan su cumplimiento.

Según la profecía de Daniel, el reloj profético de las 70 semanas comenzó a andar su curso cuando Esdras reconstruyó las murallas de Jerusalén (el 445 a.C.), y continuó hasta la venida del Señor Jesucristo, el Mesías.[26] Tristemente, Daniel predijo que al Mesías se le quitaría "la vida", y que esto lo haría Su mismo pueblo; entonces el reloj profético de Dios se detendría. El tiempo que habría entre el comienzo de las 70 semanas y la muerte del Mesías sería de 69 semanas, o 483 años. Cumpliendo la profecía de Daniel a la letra, el reloj profético de Dios se detuvo cuando el Señor Jesús fue crucificado (en el año 33 de nuestra era).

De uno de los peores momentos de la humanidad provino la manifestación más grande de la misericordia de Dios. Isaías profetizó que la muerte del Mesías resultaría la salvación de los

---

[26] Esdras 1–6; Daniel 9:25.

gentiles.[27] Este periodo, comúnmente llamado la Era de la Iglesia, durará hasta que el evangelio haya sido predicado a todas las naciones (Mt. 24:14). Después que esta profecía se haya cumplido, Dios volverá a centrar Su atención en Israel.

---

[27] Isaías 42:6, 49:6, 60:3. Algunos ven este paréntesis como "los tiempos de los gentiles" que mencionó el Señor Jesús en Lucas 21:24, y Pablo en Romanos 11:25. Aunque esto concuerda con el tema del evangelio como luz dada a los gentiles, no concuerda con las características finales de este tiempo, las cuales son: que Jerusalén ya no será hollada por los gentiles, y que el endurecimiento de los hijos de Israel será quitado. Marvin Rosenthal ha sugerido que los tiempos de los gentiles comenzaron, no con la crucifixión del Mesías, sino con el fin del gobierno de la línea real de David, lo cual ocurrió cuando el reino de Judá fue llevado en cautividad el 586 a.C. ("12 Mensajes sobre Daniel"—1A). En 2 Samuel 7:16, Dios le promete a David que su casa y su reino serán establecidos para siempre. El reino davídico cesó temporalmente cuando los asirios se llevaron a Israel al cautiverio el 722 a.C., primero; y luego cuando Judá fue llevada en cautiverio el 586 a.C.. Para cuando el Señor Jesús vino, los israelitas habían regresado a su tierra pero permanecían bajo el yugo extranjero, tal y como lo habían estado por seis siglos. Los israelitas esperaban ansiosamente a su Libertador, un hijo de la casa de David que una vez más los llevaría a sacudirse el yugo de la opresión y se sentaría en el trono. Cuando el Señor Jesús entró en Jerusalén al final de Su ministerio y la multitud gritó: "¡Hosana al Hijo de David! ¡Bendito el que viene en el nombre del Señor!" (Mt. 21:9), indicaban el derecho legítimo que el Señor Jesús tenía para gobernarlos. Si Israel hubiera aceptado al Señor Jesús como su Mesías, los tiempos de los gentiles habrían terminado. Pero los judíos no aceptaron al Señor Jesús, y Él fue crucificado, poniendo fin a la Semana 69. Hasta hoy, no ha habido ningún descendiente de David en el trono de Israel, ni lo habrá hasta que el Señor Jesús venga de nuevo. Cuando el Hijo de David toque tierra, recuperará a Jerusalén, en la cual pondrá Su trono, cumpliendo Lucas 21:24. Luego el endurecimiento de Israel será quitado, cumpliendo Romanos 11:25. Cuando Él venga, "todo ojo le verá, y los que le traspasaron" (Ap. 1:7) "y entonces lamentarán todas las tribus de la tierra" (Mt. 24:30). Si los tiempos de los gentiles terminan con el inicio de la Semana Septuagésima, como muchos proponen, entonces este patrón de cumplimiento se perdería; no habría ningún evento que precipitara estos cambios.

.

Semana 1: Comienza a andar el reloj profético de Dios		Semana 69: El Mesías muere y el reloj profético de Dios se detiene	Semana 70: Comienza a andar de nuevo el reloj profético de Dios

Reconstruir Jerusalén	Nac. de Jesús	Jesús Traicionado	Hoy	Anticristo Firma Pacto de 7 años	Armagedón
460 a.C.	año 0	32 a.C.	2000 a.C.	a.C.?	

69 Semanas	Era de la Iglesia	Semana 70

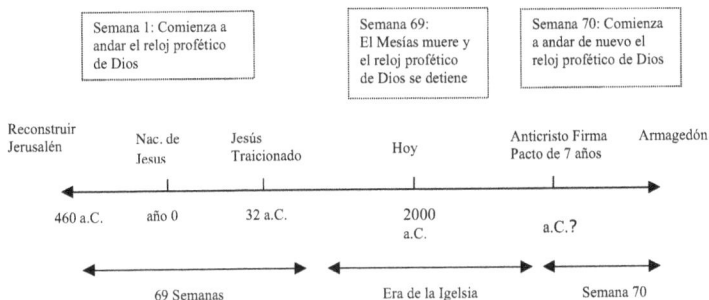

Hasta aquí, la Era de la Iglesia se ha extendido por cerca de 2,000 años; aunque el rápido cumplimiento de la profecía de los últimos tiempos indica que pronto podría llegar a su fin. Una vez que los propósitos de Dios se hayan realizado, el Anticristo confirmará un tratado de siete años con Israel y la atención de Dios se centrará de nuevo en esta nación. Cuando esto suceda, el reloj profético comenzará su cuenta regresiva (Dn. 9:27) hacia Armagedón.[28] Esta será la Semana Septuagésima de Daniel.

Hay dos señales proféticas relevantes a este tema. La primera es la señal es la firma del Anticristo del pacto de siete años con Israel (Dn. 9:27), la cual marca el comienzo de la Semana Septuagésima. Desde el momento en que esto ocurra, habrá una "semana" (o periodo de siete años) hasta que el Señor Jesús se manifieste con Su hueste celestial en Armagedón. A la mitad de esta semana, el Anticristo romperá su pacto con Israel, hará cesar los sacrificios en el templo (aún

---

[28] El cumplimiento de las 69 semanas fue presentado por Sir Robert Anderson en su obra de 1895 *El Príncipe que ha de Venir*. Grant Jeffrey da un resumen excelente de la obra de Anderson en su libro *Armagedón: Cita con el Destino* [Armageddon:Appointment With Destiny, pp. 27-30]. Los cálculos fueron hechos usando el antiguo calendario judío (que se basa en años de 360 días cada uno), el cual se usaba cuando se escribieron estas profecías. Cualquier intento de computar las fechas utilizando el calendario moderno de 365.25-días/año resultará en error.

por construir) y erigirá en él un ídolo de sí mismo para que sea adorado (Dn. 12:11). El Señor Jesús llamó a este evento "la abominación desoladora" (Mt. 24:15). El tiempo que transcurra entre la abominación desoladora y el fin de la Semana Septuagésima será de otros tres años y medio.[29] Esta cronología es aceptada por todos los eruditos bíblicos conservadores, sin importar la posición que tengan en cuanto al arrebatamiento.

Semana 70 de Daniel

El Anticristo se
presenta en el Templo

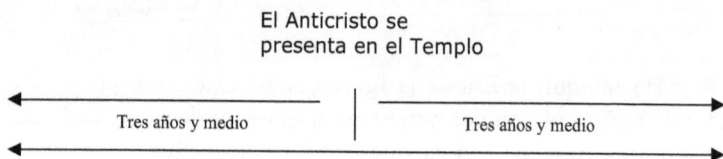

Tres años y medio   Tres años y medio

Debido a que el periodo que la mayoría llama "la Tribulación" es en realidad la Semana Septuagésima, desde este punto en adelante nos referiremos a este periodo de siete años como debe ser: la Semana Septuagésima (de Daniel).

Teniendo presente estos antecedentes, podemos regresar ahora a nuestro análisis de la Gran Tribulación.[30]

---

[29] Determinado usando el antiguo calendario judío, donde un año es igual a 360 días.

[30] Marvin Rosenthal da una excelente descripción de la relación de la Era de la Iglesia con las Semanas 69 y 70, y el impacto resultante en la interpretación de la profecía, en su serie de cintas "12 Mensajes sobre Daniel". A continuación, resumimos la presentación de Rosenthal: Hubo un periodo de 69 semanas —compuesto por un periodo de siete semanas, o 49 años, que comenzó con el decreto para reconstruir Jerusalén promulgado el 445 a.C., seguido por 62 semanas, o 434 años; lo que suma un total de 69 semanas o 483 años— hasta la crucifixión del Mesías. Entonces comenzó la Era de la Iglesia, que según Pablo fue desconocida en otras generaciones pero fue revelada a él por Dios. Pablo llamó a esta revelación un misterio; o sea, algo que estuvo siempre en el plan y el programa y el corazón y el propósito de Dios, pero que en Su soberanía, Él escogió no revelar en el Antiguo Testamento. Como resultado, los profetas del Antiguo Testamento hablaron de 69 Semanas y una Semana (totalizando 70 Semanas), pero no supieron que habría un intervalo (la Era de la Iglesia) entre las Semanas 69 y la 70. Vieron lo que hoy llamamos "el pasillo de la historia". Vieron dos cimas de

Definiendo "la gran tribulación"

La equivocada idea de que la Gran Tribulación incluye todos los eventos descritos en el Apocalipsis es el elemento principal del pretribulacionismo. En las interpretaciones más populares sobre el arrebatamiento, el razonamiento discurre así: Todo el periodo del juicio de Dios, el cual incluye los sellos, las trompetas y las copas, es un periodo de gran destrucción. El Señor Jesús lo llama "gran tribulación", pero la frase es a veces acortada a sólo "la Tribulación".[31] Puesto que no estamos destinados para ira, los creyentes deben ser arrebatados antes de que la Gran Tribulación comience.

Esto no es lo que la Biblia enseña. El término "Gran Tribulación" aparece por primera vez en Mateo 24:21, en la Profecía del Monte de los Olivos. Los apóstoles recién le han pedido al Señor que les identifique el "fin del siglo" y que les diga cuándo regresará Él. En respuesta, el Señor les da una lista de las muy específicas señales que precederán Su retorno:

---

montañas. La primera cima es la Primera Venida del Señor. Los profetas escribieron sobre el hecho de que un niño nacería. Escribieron sobre el hecho de que Su nombre sería Emanuel, "Dios con nosotros", y sobre el hecho de que nacería en Belén de Judea. En "el pasillo de la historia", los profetas también vieron la segunda cima de montaña, la Segunda Venida de Cristo, pero no entendieron que habría un intervalo entre ambas cimas. Así lo vio Isaías: "Porque un niño nos es nacido [la primera cima de montaña], hijo nos es dado [porque Él era el Hijo de preencarnado y preexistente de Dios]", luego hay una coma, "y el principado sobre su hombro", lo que se refiere a Su Segunda Venida. Así tenemos que en un solo versículo, pero separadas por una coma, Isaías menciona la Primera y la Segunda Venida, sin comprender el intervalo que habría entre las dos, porque era un misterio (1 P. 1:10-12). Hoy, tenemos una ventaja que los profetas del Antiguo Testamento no tuvieron. Vivimos en la Era de la Iglesia. Lo que Isaías escribió como profecía es historia para nosotros ("12 Mensajes sobre Daniel", casete 5-B, ©Zion's Hope).

[31] Como una interpretación literal de la Profecía del Monte de los Olivos sitúa el arrebatamiento después del sexto sello, algunos pretribulacionistas proponen que la Gran Tribulación dura desde la mitad de la Semana Septuagésima hasta su fin, o sea, tres años y medio. Esto los pone en la difícil situación de probar que la venida del Señor Jesús en las nubes con gran gloria —descripción que es la principal característica del arrebatamiento—, ocurre en realidad en Armagedón. La duración de la Gran Tribulación es discutida en detalle en el apéndice B.

Y estando él sentado en el monte de los Olivos, los discípulos se le acercaron aparte, diciendo: Dinos, ¿cuándo serán estas cosas, y qué señal habrá de tu venida, y del fin del siglo? Respondiendo Jesús, les dijo: Mirad que nadie os engañe. Porque vendrán muchos en mi nombre, diciendo: Yo soy el Cristo; y a muchos engañarán. Y oiréis de guerras y rumores de guerras; mirad que no os turbéis, porque es necesario que todo esto acontezca; pero aún no es el fin. Porque se levantará nación contra nación, y reino contra reino; y habrá pestes, y hambres, y terremotos en diferentes lugares. Y todo esto será principio de dolores (Mt. 24:3–8).

El Señor luego les dice a Sus discípulos que los juicios se intensificarán. Este será un periodo terrible: los creyentes serán muertos, los falsos cristos se multiplicarán y la anarquía abundará. Sin embargo, el Señor aclara que todos estos eventos ocurrirán *antes de Su regreso*:

Entonces os entregarán a tribulación, y os matarán, y seréis aborrecidos de todas las gentes por causa de mi nombre. Muchos tropezarán entonces, y se entregarán unos a otros, y unos a otros se aborrecerán. Y muchos falsos profetas se levantarán, y engañarán a muchos; y por haberse multiplicado la maldad, el amor de muchos se enfriará. Mas el que persevere hasta el fin, éste será salvo. Y será predicado este evangelio del reino en todo el mundo, para testimonio a todas las naciones; y entonces vendrá el fin (Mt. 24: 9–14).

En los versículos que siguen, el Señor describe al Anticristo, quien ha ascendido a la dominación mundial durante este periodo y ahora está en la cúspide de su poder. El Señor dice que el Anticristo se presentará en el templo de Jerusalén y se declarará a sí mismo Dios (o *como* Dios). Cuando esto suceda, el Señor advierte, entonces también ocurrirá la Gran Tribulación:

Por tanto, cuando veáis en el lugar santo la abominación desoladora de que habló el profeta Daniel (el que lee, entienda), entonces los que estén en Judea, huyan a los montes. El que esté en la azotea, no descienda para tomar algo de su casa; y el que esté en el campo, no vuelva atrás para tomar su capa. Mas ¡ay de las que estén encintas, y de las que críen en aquellos días! Orad, pues, que vuestra huida no sea en invierno ni en día de reposo; porque habrá entonces gran tribulación, cual no la ha habido desde el principio del mundo hasta ahora, ni la habrá (Mt. 24:15–21).

Es comprensible por qué el Señor no dio la señal de Su venida de inmediato. Escogió primero advertir a Sus seguidores de los peligros que vendrían; escogió primero prepararlos y fortalecerlos para que pudieran enfrentar estos difíciles tiempos. La preocupación del Señor era la de armar espiritualmente a Su pueblo contra el engaño. Tres veces, después de describir la Gran Tribulación, el Señor les advierte que no se dejen engañar:

Entonces, si alguno os dijere: Mirad, aquí está el Cristo, o mirad, allí está, no lo creáis. Porque se levantarán falsos Cristos, y falsos profetas, y harán grandes señales y prodigios, de tal manera que engañarán, si fuere posible, aun a los escogidos. Ya os lo he dicho antes. Así que, si os dijeren: Mirad, está en el desierto, no salgáis; o mirad, está en los aposentos, no lo creáis (Mt. 24:23–26).

Después de estos antecedentes, el Señor finalmente responde la pregunta de Sus discípulos:

Definiendo "la Gran Tribulación"
(Mt. 24:15-31)

Por tanto, cuando veáis en el lugar santo la abominación desoladora de que habló el profeta Daniel (el que lee, entienda), entonces los que estén en Judea, huyan a los montes. El que esté en la azotea, no descienda para tomar algo de su casa; y el que esté en el campo, no vuelva atrás para tomar su capa. Mas ¡ay de las que estén encintas, y de las que críen en aquellos días! Orad, pues, que vuestra huida no sea en invierno ni en día de reposo; **porque habrá entonces gran tribulación**, cual no la ha habido desde el principio del mundo hasta ahora, ni la habrá. Y si aquellos días no fuesen acortados, nadie sería salvo; mas por causa de los escogidos, aquellos días serán acortados. **Entonces, si alguno os dijere: Mirad, aquí está el Cristo, o mirad, allí está, no lo creáis.** Porque se levantarán falsos Cristos, y falsos profetas, y harán grandes señales y prodigios, de tal manera que engañarán, si fuere posible, aun a los escogidos. Ya os lo he dicho antes. Así que, si os dijeren: Mirad, está en el desierto, no salgáis; o mirad, está en los aposentos, no lo creáis. Porque como el relámpago que sale del oriente y se muestra hasta el occidente, así será también la venida del Hijo del Hombre. Porque dondequiera que estuviere el cuerpo muerto, allí se juntarán las águilas. **E inmediatamente después de la tribulación de aquellos días,** el sol se oscurecerá, y la luna no dará su resplandor, y las estrellas caerán del cielo, y las potencias de los cielos serán conmovidas. Entonces aparecerá la señal del Hijo del Hombre en el cielo; y entonces lamentarán todas las tribus de la tierra, y verán al Hijo del Hombre viniendo sobre las nubes del cielo, con poder y gran gloria. Y enviará sus ángeles con gran voz de trompeta, y juntarán a sus escogidos, de los cuatro vientos, desde un extremo del cielo hasta el otro. "

◄— Por Daniel 9:24 sabemos que esto ocurre a la mitad de la Semana 70ª.

◄— La Gran Tribulación comienza. Al compararla con el quinto sello del Apocalipsis muestra que se trata del mismo evento.

◄— Jesús advierte contra dejarse engañar— Él no vendrá cuando lo esperen. Dirige su mensaje a los creyentes.

◄— La Gran Tribulación termina antes o con los cataclismos cósmicos del sexto sello. Este periodo es intenso, pero es "acortado" por el rapto a causa de los escogidos. De otra forma," nadie sería salvo."

E inmediatamente después de la tribulación de aquellos días, el sol se oscurecerá, y la luna no dará su resplandor, y las estrellas caerán del cielo, y las potencias de los cielos serán conmovidas. Entonces aparecerá la señal del Hijo del Hombre en el cielo; y entonces lamentarán todas las tribus de la tierra, y verán al Hijo del Hombre viniendo sobre las nubes del cielo, con poder y gran gloria. Y enviará sus ángeles con gran voz de trompeta, y juntarán a sus escogidos, de los cuatro vientos, desde un extremo del cielo hasta el otro. (Mt. 24:29–31).

La frase "inmediatamente después" es my clara. La Gran Tribulación comenzará después de que el Anticristo se presente en el templo, y terminará antes (o al momento) de que ocurran los cataclismos cósmicos del sexto sello: "Miré cuando abrió el sexto sello, y he aquí hubo un gran terremoto; y el sol se puso negro como tela de cilicio, y la luna se volvió toda como sangre; y las estrellas del cielo cayeron sobre la tierra, como la higuera deja caer sus higos cuando es sacudida por un fuerte viento" (Ap. 6:12–13).

Esto presenta una gran dificultad para el pretribulacionismo. Daniel profetizó que el Anticristo se presentará en el templo a la mitad de la Semana Septuagésima, o tres años y medio después de que (con)firme el pacto con Israel. La declaración del Señor Jesús en Mateo 24:29, "después de la tribulación de aquellos días", pone un límite a la duración de esta tribulación: sólo hasta el sexto sello (recuérdese que 14 juicios — las siete trompetas y las siete copas — todavía están por venir). Por lo tanto, la Gran Tribulación *no* puede referirse a toda la Semana Septuagésima (ni siquiera a toda la segunda mitad de ella, como lo enseñan algunos pretribulacionistas) sino sólo a la porción que se extiende entre la mitad de ella y el sexto sello. [32]

---

[32] En su articulo, "Una Revisión al Arrebatamiento Pre-Ira de la Iglesia", Gerald Stanton argumenta que "el periodo tribulacional", el Día del Señor y la Gran Tribulación son esencialmente lo mismo, y critica cualquier intento de limitar la Gran Tribulación a periodo que se extiende entre la mitad de la Semana Septuagésima y los cataclismos cósmicos del sexto sello. Stanton escribe: "Estas descripciones tienen que ver con el contenido, no con la

La Semana 70 de Daniel

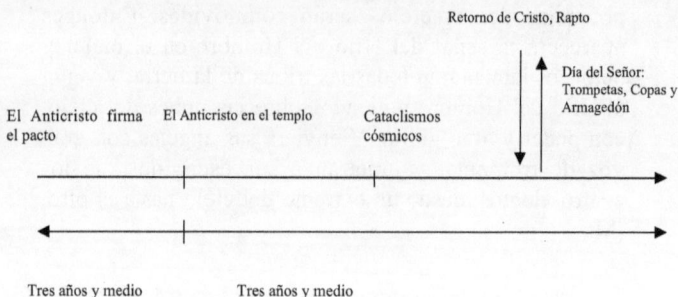

Retorno de Cristo, Rapto

El Anticristo firma el pacto   El Anticristo en el templo   Cataclismos cósmicos   Día del Señor: Trompetas, Copas y Armagedón

Tres años y medio   Tres años y medio

Cuando analizamos con atención cada una de estas premisas fundamentales del pretribulacionismo, resulta evidente que esta posición no se ajusta a la revelación Bíblica. La ira de Dios no es derramada durante los juicios de los sellos (para más sobre este tema, véase el capítulo 2, "¿Qué Dice la Biblia Sobre el Arrebatamiento" y el capítulo 4, "¿Cuándo Comienza la Ira de Dios?"), así que no hay ninguna razón para que la Iglesia sea arrebatada antes del primer sello. Ni siquiera la Gran Tribulación, que origina el clamor de los santos martirizados durante el quinto sello, es la ira de Dios, y además concluye antes de que ocurra el arrebatamiento.

Por lo tanto, la premisa que dice que: como el Señor Jesús arrebatará a Su iglesia antes del derramamiento de la ira de Dios, el arrebatamiento debe ocurrir antes de la Gran Tribulación; es una falsa premisa.

---

duración de este periodo, y ciertamente no designan el momento en que ocurre el arrebatamiento" (*Biblioteca Sacra*, enero-marzo 1991, Ibid., p. 97). No concordamos con él. Debido al repetido uso de palabras y frases como "entonces" e "inmediatamente después" a lo largo de Mateo 24, creemos que el significado obvio del texto es exactamente lo opuesto a lo que dice Stanton — el repetido uso de palabras y frases como "entonces" e "inmediatamente después" a lo largo de Mateo 24 indican duración.

54

4

¿Cuándo comienza la Ira de Dios?

El hecho de que el arrebatamiento precede la ira de Dios no está en discusión. Sobre este punto, la posición pretribulacional y la pre-ira concuerdan. Dios ha prometido que no nos ha destinado para ira, y que la Iglesia será arrebatada antes que Dios comience a derramarla sobre la tierra. ¿Cuándo comienza la ira de Dios? Si comienza con los sellos, como el pretribulacionismo enseña, entonces es imperativo que el arrebatamiento ocurra antes de la Semana Septuagésima. Si la ira de Dios comienza después, después de la mitad de la Semana Septuagésima, como la posición pre-ira enseña, entonces el pilar fundamental del pretribulacionismo se derrumba.

¿Cuándo comienza la ira de Dios? Como lo analizamos en el capítulo 2, la ira de Dios está contenida en el Día del Señor, y según Joel 2:31, el Día del Señor no comienza sino hasta después de que el sexto sello es abierto. Esto, en sí mismo, prueba que los juicios de los sellos no son la ira de Dios.[33] Pero, debido a que conocer el momento en que la ira de Dios comienza es crucial para saber cuándo ocurre el arrebatamiento, sería de mucha importancia que hubiera múltiples confirmaciones sobre este punto en la Biblia. Y, de hecho, las confirmaciones abundan.

---

[33] Muchos eruditos pretribulacionistas concuerdan en que el Día del Señor contiene a la ira de Dios. El asunto, entonces, es cuándo realmente comienza el Día del Señor. Para un análisis más detallado sobre este punto, véanse los apéndices A y B.

El uso del vocablo "ira"

La primera confirmación proviene del vocablo "ira". "Ira" se usa 13 veces en el Apocalipsis. En cada ocasión su origen es de las palabras griegas *orge* o *thumos*. Desde el inicio del Apocalipsis hasta la apertura del sexto sello, ambas palabras griegas están conspicuamente ausentes. Ninguna de las dos se usa al describir los eventos del primer sello (el surgimiento del Anticristo), el segundo sello (la guerra mundial desatada por el Anticristo), el tercer sello (la hambruna mundial), el cuarto sello (la proliferación de la muerte sobre la tierra), o, incluso, el quinto sello (el clamor de las almas de los mártires). La primera vez que la palabra "ira" aparece en el Apocalipsis 6:17, es justo después de la apertura del sexto sello:

> Y los reyes de la tierra, y los grandes, los ricos, los capitanes, los poderosos, y todo siervo y todo libre, se escondieron en las cuevas y entre las peñas de los montes; y decían a los montes y a las peñas: Caed sobre nosotros, y escondednos del rostro de aquel que está sentado sobre el trono, y de la ira del Cordero; porque el gran día de su ira ha llegado; ¿y quién podrá sostenerse en pie? (Ap. 6:15–17).

Después de este pasaje, la palabra "ira" se usa 12 veces.

Hay quienes argumentan que la frase, "su ira ha llegado" significa que la ira de Dios ya ha llegado y que los que se esconden en las cuevas y entre las peñas de los montes están sufriendo la ira de Dios, la cual comenzó algún tiempo antes, implicando que fue a la apertura del primer sello.

El tiempo verbal "ha llegado" puede tener dos significados en griego. El primero describe un evento que ya ha ocurrido. El segundo describe un evento que ocurrirá pronto. La lectura correcta depende del contexto. Puesto que ya hemos establecido que la ira de Dios está asociada al Día del Señor, y que el Día del Señor comienza después de la apertura del sexto sello, este pasaje nos dice que la ira de Dios es inminente, pero que todavía está en el futuro.[34]

El siguiente ejemplo ilustra este "inminente pero todavía futuro" uso de la frase *ha llegado*. Una joven solista de violín se ha estado preparando para su primer concierto. En la víspera del evento, ella está sentada tras bambalinas, precalentando y tratando de mantener sus nervios calmados mientras escucha el rumor del público. Repentinamente, el público calla, su estómago se tensa y sus padres le dan un fuerte abrazo. Con una sonrisa, su padre le dice: "Finalmente, la hora ha llegado". *Ha llegado* — su primer concierto como solista, a sólo unos minutos, pero todavía en el futuro.

Esta construcción verbal se usa varias veces en el Nuevo Testamento. La primera vez es en Marcos 14:41, cuando el Señor Jesús llama a Sus seguidores después de que han pasado la noche en el Jardín de Getsemaní, diciéndoles: "La hora *ha venido*; he aquí, el Hijo del Hombre es entregado en manos de los pecadores". El Señor se está refiriendo a Su crucifixión, la cual ocurrirá en el futuro cercano. Otro uso es el que se menciona en Apocalipsis 19:7, cuando Juan describe la destrucción de la futura Gran Ramera de Babilonia, diciendo: "Gocémonos y alegrémonos y démosle gloria; porque *han llegado* las bodas del Cordero, y su esposa se ha preparado". Nuevamente, esto se refiere a un evento inminente, pero que todavía está en el futuro. Mientras los poderosos de la tierra se ocultan en las cuevas y las peñas de los montes, Juan también utiliza la misma construcción verbal "Su ira *ha llegado*" para referirse a un evento inminente, pero que todavía está en el futuro.[35]

---

[34] Hay un debate acalorado entre los teólogos en cuanto a si el tiempo verbal "ha llegado", un tiempo aoristo, significa "ya ha llegado" o "está por llegar". Mientras más discusiones se escriben sobre el tema, es más evidente que la interpretación correcta no será determinada sólo por la gramática griega. La lectura correcta puede ser determinada definitivamente sólo por el contexto. Creemos que, cuando todos los versículos relevantes son tomados en cuenta, la posición correcta es la que dice que el tiempo verbal correcto es "está por llegar".

[35] Para una discusión más profunda sobre este tiempo verbal, véase el capítulo 12 del libro *El Arrebatamiento Pre-Ira de la Iglesia* de Marvin Rosenthal [*Pre-Wrath Rapture of the Church*].

Los pretribulacionistas arguyen que la lectura más natural del texto da la impresión opuesta, esto es: que la ira de Dios ya ha comenzado. Sin embargo, aún el erudito pretribulacionista Dr. Renald Showers asegura que la frase, "el gran día de su ira ha llegado" no se puede usar de esta forma debido a que es una observación hecha por los no salvos:

> Es importante destacar que son los no regenerados (quienes estarán vivos sobre la tierra cuando se abra el sexto sello) quienes dicen: "El gran día de su ira ha llegado" (v.17). No es el apóstol Juan quien dice esto; él simplemente está registrando lo que los no salvos dicen. Esta declaración de los no salvos revela su conclusión a la luz de la sorprendente expresión de la ira de Dios, la cual ellos experimentarán junto con el sexto sello. También es importante destacar esta declaración y conclusión de los no salvos porque ellos a menudo llegan a conclusiones equivocadas en relación a las obras de Dios.[36]

Aunque el Dr. Showers cree que el sexto sello *es* la ira de Dios, no lo hace sustentándose en este versículo. Por lo tanto, es relevante su opinión respecto a la incapacidad de los no regenerados para sacar las conclusiones correctas sobre las actividades de Dios.[37]

Además, es importante destacar que los poderosos de la tierra no claman: "la ira de Dios ha llegado". Ellos claman: "el gran *día* de su ira ha llegado". Esta distinción es importante. Antes, en este libro, definimos el Día del Señor como un período terrible cuando la justa ira de Dios será derramada sobre los impíos e incrédulos. Sofonías lo identifica como "Día de ira aquel día" (Sof. 1:15) e Isaías lo llama "el día del ardor de su ira" (Is. 13:13). Joel nos da las señales que precederán este Día: "El sol se convertirá en tinieblas, y la luna en sangre,

---

[36] *Maranata! Oh Señor, Ven!* [*Maranatha! Oh Lord, Come!*, p. 120].

[37] Nótese (1) que la ira de Dios ocurre como parte del Día del Señor; (2) y según Joel 2:31, el Día del Señor no comienza sino hasta después de la apertura del sexto sello; y (3) la Gran Tribulación, la cual coincide con el quinto sello, ocurre *antes de este tiempo*. Por lo tanto, una vez más, la Gran Tribulación *no es parte de la ira de Dios*.

antes que venga el día grande y espantoso de Jehová" (Joel 2:31) — el sexto sello.

En Apocalipsis 6:17, vemos a los poderosos clamando: "el gran día de su ira ha llegado". Considerando que el mundo está ahora en la cúspide del Día del Señor, ¿podría ser que su clamor "el gran día de su ira" sea sinónimo del Día del Señor? ¿Podría ser que lo que ellos están clamando en realidad es: "El Día del Señor ha llegado?" Es lo más probable. Si es así, el clamor: "el gran día de su ira ha llegado", no significa que los hombres de la tierra están experimentando la ira de Dios; significa que ellos reconocen que están por entrar en ese período terrible — el Día del Señor — en el cual la ira de Dios será derramada.

Los diferentes servicios que prestan los ángeles

Hay varias otras confirmaciones de que los sellos no son la ira de Dios. Por ejemplo, las diferentes formas en la que los juicios de los sellos, de las trompetas y de las copas serán administrados. A través de la Biblia, los ángeles sirven como los mensajeros de Dios, como Sus agentes en la tierra para ejecutar Su voluntad. En los juicios de los seis sellos, el servicio de los ángeles como agentes administradores está ausente:

> Vi cuando el Cordero abrió uno de los sellos, y oí a uno de los cuatro seres vivientes decir como con voz de trueno: Ven y mira. Y miré, y he aquí un caballo blanco; y el que lo montaba tenía un arco; y le fue dada una corona, y salió venciendo, y para vencer.

> Cuando abrió el segundo sello, oí al segundo ser viviente, que decía: Ven y mira. Y salió otro caballo, bermejo; y al que lo montaba le fue dado poder de quitar de la tierra la paz, y que se matasen unos a otros; y se le dio una gran espada.

> Cuando abrió el tercer sello, oí al tercer ser viviente, que decía: Ven y mira. Y miré, y he aquí un caballo negro; y el que lo montaba tenía una balanza en su mano. Y oí una voz en medio de los cuatro seres vivientes, que

decía: Dos libras de trigo por un denario, y seis libras de cebada por un denario; pero no dañes ni el aceite ni el vino. (Ap. 6:1–6)

Tres sellos más siguen a los ya citados: la muerte de la cuarta parte de los habitantes de la tierra; la persecución y el martirio de judíos y cristianos a manos del Anticristo; y los cataclismos cósmicos que precederán inmediatamente el regreso de Cristo. La acción en estos versículos es *pasiva*: "y le fue dada una corona"; "y al que lo montaba le fue dado poder de quitar de la tierra la paz"; y "el que lo montaba tenía una balanza en su mano". En todos estos casos, los eventos *no son* resultados directos de una acción realizada por los ángeles de Dios. Por lo tanto, estos eventos tampoco son resultado directo de la intervención activa de Dios, aun cuando han sido permitidos y diseñados por Él como parte de Su plan perfecto.[38]

Cambio al día del Señor

Al comenzar con los juicios de las trompetas, sin embargo, el texto cambia. En este punto, el Señor comienza a interferir activamente en los eventos mundiales a través de Sus ángeles mensajeros. Esto es lo que esperaríamos puesto que las trompetas son parte del "día grande y espantoso de Jehová" (Joel 2:31).

Este cambio se describe en detalle en Apocalipsis 8:

Cuando abrió el séptimo sello, se hizo silencio en el cielo como por media hora. Y vi a los ángeles que estaban en pie ante Dios; y se les dieron siete trompetas... Y el ángel tomó el incensario, y lo llenó del fuego del altar, y lo arrojó a la tierra; y hubo truenos, y

---

[38] Una de las críticas contra la posición pre-ira es que niega la presencia de la mano de Dios en los juicios de los sellos para justificar que estos no son parte de Su ira. *No* sugerimos tal cosa. El texto deja en claro que el Señor Jesús es quien personalmente rompe los sellos, y, por lo tanto, Él es directamente responsable de las consecuencias. Sin embargo, el hecho de que el Señor Jesús sea el responsable de romper los sellos no hace que estos sean parte de Su *ira*.

voces, y relámpagos, y un terremoto. Y los siete ángeles que tenían las siete trompetas se dispusieron a tocarlas (Ap. 8:1–6).

El Día del Señor ha comenzado.

En este punto, en contraste con los sellos, los cuales fueron *contemplados* por los ángeles, los juicios de las trompetas son resultado de la *intervención directa y activa* de los ángeles:

> Cuando abrió el séptimo sello, se hizo silencio en el cielo como por media hora. Y vi a los ángeles que estaban en pie ante Dios; y se les dieron siete trompetas...
>
> El primer ángel tocó la trompeta, y hubo granizo y fuego mezclados con sangre, que fueron lanzados sobre la tierra; y la tercera parte de los árboles se quemó, y se quemó toda la hierba.
>
> El segundo ángel tocó la trompeta, y como una gran montaña ardiendo en fuego fue precipitada al mar; y la tercera parte del mar se convirtió en sangre. Y murió la tercera parte de los seres vivientes que estaban en el mar, y la tercera parte de las naves fue destruida.
>
> El tercer ángel tocó la trompeta, y cayó del cielo una gran estrella, ardiendo como una antorcha, y cayó sobre la tercera parte de los ríos, y sobre las fuentes de las aguas.... (Ap. 8:1–10)

Tres trompetas más siguen a las ya citadas: el oscurecimiento de la tercera parte del sol, la luna y las estrellas; las langostas que emergen del pozo del abismo; y la liberación de los ángeles que matan a un tercio de la humanidad. La secuencia es la misma en cada juicio: el ángel toca la trompeta y el juicio viene a continuación.

Secuencia paralela

Vemos la misma secuencia durante los juicios de las copas:

Oí una gran voz que decía desde el templo a los siete ángeles: Id y derramad sobre la tierra las siete copas de la ira de Dios.

Fue el primero, y derramó su copa sobre la tierra, y vino una úlcera maligna y pestilente sobre los hombres que tenían la marca de la bestia, y que adoraban su imagen.

El segundo ángel derramó su copa sobre el mar, y éste se convirtió en sangre como de muerto; y murió todo ser vivo que había en el mar.

El tercer ángel derramó su copa sobre los ríos, y sobre las fuentes de las aguas, y se convirtieron en sangre (Ap. 16:1–4).

Cuatro otras copas más siguen a las ya citadas: el sol quema a los hombres; el trono de la bestia se cubre de tinieblas y los hombres se muerden las lenguas de dolor; el río Eufrates se seca; y el terremoto sin precedentes en toda la tierra. Todos estos juicios son también administrados por los ángeles.

A diferencia de los juicios de los sellos, los juicios que conforman el Día del Señor son de diferente clase. Mientras que los juicios de los sellos son contemplados pasivamente por las criaturas vivientes, los juicios de las trompetas y de las copas son resultado de la *intervención directa y activa* de los ángeles de Dios. De nuevo, esto nos lleva a la misma conclusión: las trompetas y las copas son parte de la venganza y de la ira de Dios que es derramada sobre la tierra durante el Día del Señor — los juicios de los sellos no son parte de este Día.[39]

---

[39] La diferencia entre la voluntad activa y la voluntad pasiva de Dios es debatida argumentando que las cuatro criaturas vivientes, las que a menudo son traducidas como "querubines", están involucradas en la administración de los sellos. Sin embargo, estas criaturas no son las que *causan* los juicios de los sellos. La apertura de los sellos *permite* que los eventos ocurran. Las criaturas vivientes simplemente hacen que Juan contemple los eventos que toman lugar a raíz de la apertura de los sellos. No concordamos con aquellos que ponen a los sellos en la misma categoría que las trompetas y las copas.

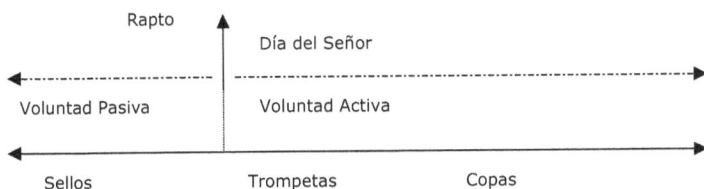

El elemento sobrenatural

Hay todavía otro elemento que confirma que los juicios de los sellos no son parte de la ira de Dios. Esto tiene que ver, no sólo en cómo son administrados los juicios de los sellos, sino en lo que contienen. Aunque el periodo de los sellos se caracterizará por ser de gran turbación y dolor, estos juicios serán eventos naturales: guerra, persecución y hambrunas. Es sólo durante los cataclismos cósmicos del sexto sello que las personas comprenderán que algo sobrenatural está ocurriendo.

Las trompetas y las copas, por otro parte, contienen elementos sobrenaturales que no se encuentran en los sellos: agua convirtiéndose en sangre, montañas ardientes, fuego y azufre cayendo desde el cielo, etc. Estos juicios no son solamente mayores en severidad que los sellos, sino que sólo pueden ser el resultado de la intervención sobrenatural del Creador:

> ... Y hubo granizo y fuego mezclados con sangre...y la tercera parte del mar se convirtió en sangre...Y la tercera parte de las aguas se convirtió en ajenjo...y fue herida la tercera parte del sol, y la tercera parte de la luna, y la tercera parte de las estrellas...y subió humo del pozo [del abismo] como humo de un gran horno... y vino una úlcera maligna y pestilente sobre los hombres que tenían la marca de la bestia, y que adoraban su imagen... el mar...se convirtió en sangre como de muerto; y murió todo ser vivo que había en el mar... los ríos...y...las fuentes de las aguas...se convirtieron en sangre...Y los hombres e quemaron con el gran calor...Entonces hubo

relámpagos y voces y truenos, y un gran temblor de tierra, un terremoto tan grande, cual no lo hubo jamás desde que los hombres han estado sobre la tierra (Ap. 8, 9, 16)

Será difícil, si no imposible, calificar estos eventos como fenómenos naturales.

Los mártires del quinto sello

Todavía hay otra razón por la que los sellos no pueden ser la ira de Dios. Considérese este pasaje del quinto sello:

> Cuando abrió el quinto sello, vi bajo el altar las almas de los que habían sido muertos por causa de la palabra de Dios y por el testimonio que tenían. Y clamaban a gran voz, diciendo: ¿Hasta cuándo, Señor, santo y verdadero, no juzgas y vengas nuestra sangre en los que moran en la tierra? Y se les dieron vestiduras blancas, y se les dijo que descansasen todavía un poco de tiempo, hasta que se completara el número de sus consiervos y sus hermanos, que también habían de ser muertos como ellos (Ap. 6:9–11).

Este pasaje nos dice que un número predeterminado de creyentes serán martirizados durante el quinto sello, y que Dios no vengará sus muertes hasta que esa cantidad se haya alcanzado. Si Dios, como lo ha prometido, no derramará Su ira sobre los creyentes, entonces el quinto sello (y por lo tanto todos los sellos anteriores) no puede ser parte de la ira de Dios.[40]

---

[40] En su libro, *El Arrebatamiento Pre-Ira de la Iglesia: ¿Es Bíblico?* (BF Press, Langhorne, PA, 1991), el Dr. Paul Karleen, basándose en Lucas 21:23, un relato paralelo a la profecía del Señor Jesús registrada en Mateo 24, dice que los juicios de los sellos son la ira de Dios. Véase el comentario sobre este versículo más adelante en este capítulo. John A. McLean trata de situar a los sellos dentro de la ira de Dios, citando la similitud que los juicios de los sellos tienen con los cuatro juicios que Dios promete enviar sobre Su pueblo en "los días postreros" — guerra, hambre, pestes y bestias. En su artículo "Otra Mirada al Arrebatamiento PreIra de la Iglesia", McLean, citando Ezequiel 14:21, Levítico 26:22-26, Deuteronomio 28:21-26, Jeremías 15:2-4, y Ezequiel 5:12-17, argumenta que estos juicios son indicaciones de la ira de

¿La ira de quién?

Y, sin embargo, Lucas 21:23 declara que la Gran Tribulación es un periodo de "ira sobre este pueblo". Si la Gran Tribulación no es la ira de Dios, ¿entonces la ira de quién es? Es la ira del Anticristo, quien es dirigido por Satanás (Ap.13:2). En Apocalipsis 12:7–12 se nos dice que habrá guerra en el cielo a la mitad de la Semana Septuagésima y que Satanás ("el dragón") será arrojado a la tierra. "Y fue lanzado fuera el gran dragón, la serpiente antigua, que se llama diablo y Satanás, el cual engaña al mundo entero; fue arrojado a la tierra, y sus ángeles fueron arrojados con él" (v.9). En este punto, los ángeles exclaman: "¡Ay de los moradores de la tierra y del mar! Porque el diablo ha descendido a vosotros *con gran ira*, sabiendo que tiene poco tiempo".

Con su furia encendida, Satanás perseguirá a los hijos de Israel: "la mujer" (Ap. 12:13). Pero estos judíos escaparán de esta persecución escondiéndose en el desierto, en un lugar preparado para ellos por Dios(v. 14). Entonces, Satanás (a través de su marioneta, el Anticristo) dirigirá su furia hacia el resto de la descendencia de la mujer, los que "tienen el testimonio de Jesucristo" (v. 17).

Esta secuencia es mencionada al inicio de este capítulo: "Y la mujer huyó al desierto, donde tiene lugar preparado por Dios, para que allí la sustenten por mil doscientos días" (v. 6). Este periodo, también llamado como "un tiempo, y tiempos, y la mitad de un tiempo" (v. 14), es a referencia a los últimos tres años y medio de la Semana Septuagésima. Esto sitúa la persecución inmediatamente después de la abominación desoladora, durante la Gran Tribulación:

> Por tanto, cuando veáis en el lugar santo la abominación
> desoladora de que habló el profeta Daniel (el que lee,

Dios (*Bibliotheca Sacra*, Oct-Dec 1991, p. 393). Sin embargo, "los días postreros" también incluye a las trompetas y las copas, juicios que la incrédula Israel también tendrá que experimentar después de que los judíos creyentes (como parte de la Iglesia) hayan sido arrebatados. Puesto que el misterio de la Iglesia no había sido revelado todavía cuando estos profetas escribieron, esta distinción no habría sido clara.

entienda), entonces los que estén en Judea, huyan a los montes. El que esté en la azotea, no descienda para tomar algo de su casa; y el que esté en el campo, no vuelva atrás para tomar su capa... porque habrá entonces gran tribulación, cual no la ha habido desde el principio del mundo hasta ahora, ni la habrá (Mt. 24:15–18, 21).

Recuérdese que Satanás ha sido recién arrojado del cielo y está furioso. El Anticristo, un alma no regenerada, se convierte en su agente para intentar erradicar de sobre la faz de la tierra al pueblo de Dios: "También se le dio [al Anticristo] boca que hablaba grandes cosas y blasfemias... Y se le permitió hacer guerra contra los santos, y vencerlos. También se le dio autoridad sobre toda tribu, pueblo, lengua y nación. Y la adoraron todos los moradores de la tierra cuyos nombres no estaban escritos en el libro de la vida del Cordero" (Ap. 13:5, 7–8).

Aún cuando este será un tiempo de "gran calamidad en la tierra, e ira sobre este pueblo" (Lc. 21:23), no será la ira de Dios. Es la ira del hombre siendo dirigido por Satanás. En Apocalipsis 6, los santos mártires testifican acerca de que el Anticristo, y no Dios, es el autor de sus muertes: "¿Hasta cuándo, Señor, santo y verdadero, no juzgas y vengas nuestra sangre en los que moran en la tierra?" (v. 10). ¿Cómo pueden apelar a Dios por venganza si Él ha sido el autor de sus muertes a través de Su ira? El hecho de que claman por venganza es evidencia de que el juicio de Dios sobre los impíos aún no ha comenzado a derramarse.

Este importante punto es sintetizado por Marvin Rosenthal:

"En cada instancia en que la gran tribulación es mencionada en un contexto profético, siempre se refiere a la persecución de los elegidos de Dios a manos de los impíos, nunca a la ira de Dios siendo dirigida contra la humanidad. Proféticamente, por lo tanto, la Gran

Tribulación trata de la ira del hombre contra el hombre, no la ira de Dios contra el hombre".[41]

El tiempo de la siega final

Si la ira de Dios está contenida en el Día del Señor, ¿comienza inmediatamente, con las trompetas? No. La ira de Dios estará presente durante los juicios de las trompetas como ha estado presente desde la caída del hombre. El texto describe la ira final de Dios, la ira final de Dios de *los últimos tiempos*, como contenida en los juicios de las copas.[42] ¿Cuál, entonces, es el propósito de las trompetas? ¿Por qué hay otro periodo de espera?

Las trompetas serán parte de la siega final. Puede ser difícil para la mente natural imaginar que, después de todas estas señales, Dios todavía esperará que las personas se arrepientan. Sin embargo, "El Señor no retarda su promesa, según algunos la tienen por tardanza, sino que es paciente para con nosotros, no queriendo que ninguno perezca, sino que todos procedan al arrepentimiento" (2 P. 3:9). Verdaderamente Dios es misericordioso; Él es más paciente de lo que ningún ser humano puede entender.

Aunque el juicio de Dios sobre el mundo impío ya habrá comenzado, el periodo de los juicios de las trompetas también se caracterizará por ser un periodo de evangelismo sin precedentes. Además del ministerio de aquello que conocerán al Señor después del arrebatamiento, habrá otras tres fuerzas sobrenaturales diseminando la Palabra de Dios.

---

[41] *El Arrebatamiento Pre-Ira de la Iglesia* [*The Pre-Wrath Rapture of the Church*, p. 105].

[42] Aunque en este libro propugnamos que la ira final de Dios, la de los últimos tiempos, comienza con los juicios de las copas y no antes, muchos proponentes clásicos de la posición pre-ira propugnan que la ira de Dios comienza al iniciarse el Día del Señor. Lo hacen basándose en la comparación que el Señor hace entre el inicio del Día del Señor y el inicio del Diluvio en los días de Noé. Una vez que Noé entró en el arca, el juicio de Dios comenzó inmediatamente. De igual manera, una vez que la Iglesia sea arrebatada, la ira de Dios comenzará inmediatamente. Ninguna de las dos posiciones afecta el momento en que el arrebatamiento toma lugar. En cualquier caso, el arrebatamiento está ligado al inicio del Día del Señor y, por lo tanto, ocurre antes de la ira de Dios.

La primera fuerza serán los 144.000 judíos que Dios preservará según Su promesa después del arrebatamiento de la Iglesia:

> Vi también a otro ángel que subía de donde sale el sol, y tenía el sello del Dios vivo; y clamó a gran voz a los cuatro ángeles, a quienes se les había dado el poder de hacer daño a la tierra y al mar, diciendo: No hagáis daño a la tierra, ni al mar, ni a los árboles, hasta que hayamos sellado en sus frentes a los siervos de nuestro Dios. Y oí el número de los sellados: ciento cuarenta y cuatro mil sellados de todas las tribus de los hijos de Israel (Ap. 7:2–4).

La segunda fuerza serán los dos testigos con poderes sobrenaturales, semejantes a los que caracterizaron a Elías y Moisés, que Dios designará para que prediquen junto al Muro de los Lamentos, en Jerusalén:

> Y daré a mis dos testigos que profeticen por mil doscientos sesenta días, vestidos de cilicio.... Si alguno quiere dañarlos, sale fuego de la boca de ellos, y devora a sus enemigos; y si alguno quiere hacerles daño, debe morir él de la misma manera. Estos tienen poder para cerrar el cielo, a fin de que no llueva en los días de su profecía; y tienen poder sobre las aguas para convertirlas en sangre, y para herir la tierra con toda plaga, cuantas veces quieran (Ap. 11:3–6).

La tercera fuerza, una vez que los juicios de las trompetas hayan comenzado, será un ángel enviado por Dios para que predique el evangelio a todos los pueblos de la tierra:

> Vi volar en medio del cielo a otro ángel, que tenía el evangelio eterno para predicarlo a los moradores de la tierra, a toda nación, tribu, lengua y pueblo, diciendo a gran voz: Temed a Dios, y dadle gloria, porque la hora de su juicio ha llegado; y adorad a aquel que hizo el cielo y la tierra, el mar y las fuentes de las aguas. Otro ángel le siguió, diciendo: Ha caído, ha caído Babilonia, la gran ciudad, porque ha hecho beber a todas las

naciones del vino del furor de su fornicación. Y el tercer ángel le siguió, diciendo a gran voz: Si alguno adora a la bestia y a su imagen, y recibe la marca en su frente o en su mano, el también beberá del vino de la ira de Dios, que ha sido vaciado puro en el cáliz de su ira; y será atormentado con fuego y azufre delante de los santos ángeles y del Cordero (Ap. 14:6–10).

Durante los juicios de las trompetas, todas las excusas desaparecerán. Habrá sólo dos poderes sobrenaturales presentes en la tierra en este tiempo: el Dios verdadero, Creador del cielo y de la tierra; y Satanás, encarnado en el Anticristo. Así las cosas, los habitantes del mundo forzosamente deberán elegir a quien adorar. O eligen al Anticristo y pierden sus almas, o eligen al verdadero Señor del cielo y de la tierra a riesgo de perder sus vidas.[43]

Pero aún en esto hay esperanza. Aquellos que renuncian a sus vidas por mantener su fe ganarán el cielo por toda la eternidad. Este cuadro glorioso aparece en Apocalipsis 15. Así como hemos visto a la Iglesia arrebatada en el cielo inmediatamente después de los juicios de los sellos, en este capítulo vemos a los nuevos santos en el cielo inmediatamente después de los juicios de las trompetas, adorando al Rey:

---

[43] Hay quienes rechazan la idea de que el señor Jesús estará aquí durante el Día del Señor. Lo hacen basándose en el pensamiento de que el Anticristo no podría estar reinando al mismo tiempo que el Señor está en la tierra. ¿Por qué no? Considérese la duración del primer ministerio de Cristo. Caminó en esta tierra por más de 33 años mientras Su pueblo sufría bajo la tiranía del yugo romano. Esta fue una de las razones por la que los judíos lo rechazaron como a su Mesías. Ellos estaban cansados de la opresión terrenal y querían que su Mesías les trajera ahora el reino físico de Dios. No entendieron que el Señor Jesús quería liberarlos *espiritualmente* primero y establecer Su reino en sus corazones. La semejanza entre la Primera y la Segunda Venida del Señor es notoria. Para Su Segunda Venida, el mundo estará sufriendo bajo la opresión del reino del Anticristo, aunque esta opresión será mucho más severa que la que experimentó el pueblo judío bajo el yugo romano. Al igual que en Su Primera Venida, Cristo será totalmente capaz de liberar a los creyentes de sus penurias y circunstancias terrenales, lo cual no significa que lo hará. En cambio, preferirá liberarlos del yugo del pecado a través de Su sangre derramada en la cruz.

Vi en el cielo otra señal, grande y admirable: siete ángeles que tenían las siete plagas postreras; porque en ellas se consumaba la ira de Dios. Vi también como un mar de vidrio mezclado con fuego; y a los que han alcanzado la victoria sobre la bestia y su imagen, y su marca y el número de su nombre, en pie sobre el mar de vidrio, con las arpas de Dios. Y cantan el cántico de Moisés siervo de Dios, y el cántico del Cordero, diciendo: Grandes y maravillosas son tus obras, Señor Todopoderoso; justos y verdaderos son tus caminos, Rey de los santos (Ap. 15:1–3).

De nuevo, ¡qué hermoso cuadro de los redimidos glorificando al Rey! ¡Qué alivio y esperanza les dará esta imagen a aquellos que tengan que enfrentar el martirio en aquellos días finales!

Otro vistazo a las trompetas

Es importante mantener en mente que, aunque las trompetas son parte de los juicios de Dios durante el Día del Señor, ellas no contienen la ira final de Dios, la ira de Dios de los últimos tiempos. Las trompetas, al igual que los juicios de los sellos, preceden la verdadera furia de Dios.

Al comienzo de los juicios de las trompetas, la ira de Dios es inminente pero inmediata. Muchos recibirán al Señor Jesucristo como Salvador después del arrebatamiento, y Dios tampoco derramará Su ira sobre estos creyentes post-arrebatamiento, como no la derramó sobre los creyentes pre-arrebatamiento. Es apropiado, entonces, que la palabra "ira" no se asocie con los juicios de las trompetas como no se asocia con los juicios de los sellos. La palabra "ira" no se usa cuando la vegetación es quemada por el fuego y el granizo mezclados con sangre. No se usa cuando la tercera parte del mar y los ríos se vuelven sangre. No se usa cuando la tercera parte de los astros del cielo es oscurecida. No se usa cuando el enjambre de langostas emerge del pozo del abismo para matar a la tercera parte de los hombres.

La única vez que se usa la palabra "ira" es después del juicio de la sexta trompeta y antes de la séptima, justo antes del inicio de los juicios de las copas. Aquí, Juan, de nuevo utiliza la frase: "Tu ira ha venido". "Y se airaron las naciones, y tu ira *ha venido*, y el tiempo de juzgar a los muertos, y de dar el galardón a tus siervos los profetas, [y] a los santos" (Ap. 11:18).

De nuevo, como en Apocalipsis 6:17, la ira de Dios es un evento inminente, pero *aún futuro*.[44]

Comparación de "Tu Ira Ha Venido"

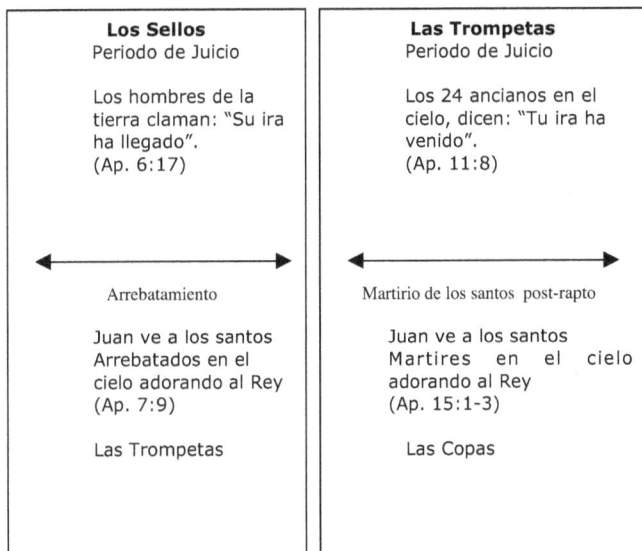

Los Sellos	Las Trompetas
Periodo de Juicio	Periodo de Juicio
Los hombres de la tierra claman: "Su ira ha llegado". (Ap. 6:17)	Los 24 ancianos en el cielo, dicen: "Tu ira ha venido". (Ap. 11:8)
Arrebatamiento	Martirio de los santos post-rapto
Juan ve a los santos Arrebatados en el cielo adorando al Rey (Ap. 7:9)	Juan ve a los santos Martires en el cielo adorando al Rey (Ap. 15:1-3)
Las Trompetas	Las Copas

Y ahora, la ira de Dios

Es apropiado que la ira de Dios esté contenida sólo en los juicios de las copas porque, para este tiempo, ya todos los

---

[44] Esto lo confirma el hecho de que aunque la frase "Tu ira ha venido" es similar a Apocalipsis 6:17, no es idéntica. Durante el sexto sello, cuando los poderosos gritan: "el gran día de su ira ha llegado", están anunciando la llegada del Día del Señor, el cual contiene a las trompetas y a las copas. En este pasaje, los 24 ancianos, introducidos en Apocalipsis 5, dicen: "Y se airaron las naciones, y tu ira ha venido". Hay una distinción importante. Mientras el día de la ira de Dios *contiene* la ira de Dios, este día, en sí mismo, no es enteramente la ira de Dios. Es sólo ahora, con los juicios de las copas, que la ira de Dios ha llegado.

creyentes habrán sido arrebatados, martirizados, o protegidos. Así, los únicos expuestos a ella sobre la tierra serán aquellos que no pueden ya arrepentirse. Entonces no habrá nada que impida que sea derramada la ira final de un Dios misericordioso y paciente.[45]

Juan describe la preparación que se efectúa en el cielo mientras Dios se apresta para este tiempo final y terrible:

> Salió otro ángel del templo que está en el cielo, teniendo también una hoz aguda. Y salió del altar otro ángel, que tenía poder sobre el fuego, y llamó a gran voz al que tenía la hoz aguda, diciendo: Mete tu hoz aguda, y vendimia los racimos de la tierra, porque sus uvas están maduras. Y el ángel arrojó su hoz en la tierra, y vendimió la viña de la tierra, y echó las uvas en el gran lagar de la ira de Dios (Ap. 14:17–19).

La ira de Dios ha llegado, finalmente. La Escritura describe cuatro veces la llegada de este evento en los ocho

---

[45] ¿Por qué debe existir este periodo durante los juicios de las trompetas? ¿No habrá también conversiones a Cristo durante los juicios de las copas? No es probable. Apocalipsis 14:10-11 nos dice que si alguno adora a la bestia (el Anticristo) y a su imagen, y recibe su marca en la frente o en la mano: "el también beberá del vino de la ira de Dios, que ha sido vaciado puro en el cáliz de su ira; y será atormentado con fuego y azufre delante de los santos ángeles y del Cordero". Para los creyentes, hay gran incentivo a la fidelidad. Pero para los incrédulos, no hay tal incentivo. Si reciben la marca, sabrán que están escogiendo al Anticristo sobre el Señor Jesucristo, pero el poder engañoso que cubre la tierra (2 Ts. 2:11) les hará creer que el Anticristo es capaz de protegerlos. En algún punto, probablemente al comienzo de los juicios de las trompetas, deben elegir entre el Señor Jesús como Mesías y o el falso dios. Si eligen al Anticristo, no podrán volver atrás ni arrepentirse nunca más. Para cuando ocurre el juicio de la cuarta copa, vemos que esta decisión ya ha sido tomada: *...y blasfemaron el nombre de Dios, que tiene poder sobre estas plagas, y no se arrepintieron para darle gloria* (Ap. 16:9). Y mientras las aguas son convertidas en sangre, el ángel de las aguas clama: *Justo eres tú, oh Señor, el que eres y que eras, el Santo, porque has juzgado estas cosas. Por cuanto derramaron la sangre de los santos y de los profetas, también tú les has dado de beber sangre; pues lo merecen* (Ap. 16:5-6). Y otro ángel clamó desde el altar: Ciertamente, *Señor Dios Todopoderoso, tus juicios son verdaderos y justos* (Ap. 16:7). Estos versículos nos indican claramente que, para cuando el tiempo de los juicios de las copas llegue, la decisión a favor de Cristo o del Anticristo ya habrá sido tomada.

versículos del capítulo 15 y en el primer versículo del capítulo 16:

> Vi en el cielo otra señal, grande y admirable: siete ángeles que tenían las siete plagas postreras; porque en ellas se consumaba la ira de Dios (Ap. 15:1).[46]

Definiendo la Ira de Dios

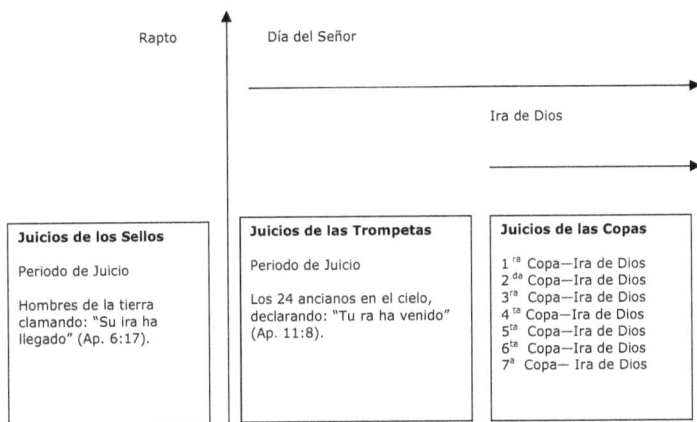

Juicios de los Sellos	Juicios de las Trompetas	Juicios de las Copas
Periodo de Juicio	Periodo de Juicio	1ra Copa—Ira de Dios
		2da Copa—Ira de Dios
Hombres de la tierra clamando: "Su ira ha llegado" (Ap. 6:17).	Los 24 ancianos en el cielo, declarando: "Tu ra ha venido" (Ap. 11:8).	3ra Copa—Ira de Dios
		4ta Copa—Ira de Dios
		5ta Copa—Ira de Dios
		6ta Copa—Ira de Dios
		7ª Copa— Ira de Dios

Y uno de los cuatro seres vivientes dio a los siete ángeles siete copas de oro, llenas de la ira de Dios, que vive por los siglos de los siglos (Ap. 15:7).

---

[46] Si la ira de Dios comienza con los juicios de las copas, ¿por qué ángeles usan la frase "porque en ellas *se consumaba* la ira de Dios"? ¿No significa esto que la ira de Dios ya ha comenzado? En su sentido más técnico, la respuesta es sí. La Escritura deja en claro que la ira de Dios no ha esperado por la Semana Septuagésima para derramar Su ira. A lo largo del Antiguo Testamento, Dios derramó Su ira sobre la incrédula y rebelde Israel (Ex. 15:7; Ex. 22:24; Nm. 11:33; Nm. 16:46), y hoy en día, la ira de Dios continua pendiendo sobre las cabezas de todos los incrédulos (Jn. 3:36; Ef. 5:6; Col. 3:6). El Día de la ira del Señor no será el primer derramamiento de Su ira, aunque será el último. El Día de Su Ira consumará la ira que ha estado pendiendo sobre las cabezas de todos los impíos todo este tiempo, pero que ha sido misericordiosamente retenida de ser derramada en toda su fuerza hasta ahora.

Oí una gran voz que decía desde el templo a los siete ángeles: "Id y derramad sobre la tierra las siete copas de la ira de Dios" (Ap. 16:1).

En este punto no hay duda de que los siguientes sucesos ocurren como parte de la ira de Dios:

> Fue el primero, y derramó su copa sobre la tierra, y vino una úlcera maligna y pestilente sobre los hombres que tenían la marca de la bestia, y que adoraban su imagen.

> El segundo ángel derramó su copa sobre el mar, y éste se convirtió en sangre como de muerto; y murió todo ser vivo que había en el mar.

> El tercer ángel derramó su copa sobre los ríos, y sobre las fuentes de las aguas, y se convirtieron en sangre (Ap. 16:2–4).

Cuatro otros juicios están por venir: el sol quema a los hombres; el trono de la bestia se cubre de tinieblas y los hombres se muerden las lenguas de dolor; el río Eufrates se seca; y el terremoto sin precedentes en toda la tierra. Apocalipsis 19 registra entonces la manifestación del Señor Jesús en Armagedón, cabalgando sobre un caballo blanco con el título Rey de Reyes y Señor de señores escrito sobre Su muslo.

Esta es la razón por la que, cuando la séptima trompeta es tocada, Juan menciona voces en el cielo, clamando: "Los reinos del mundo han venido a ser de nuestro Señor y de su Cristo; y él reinará por los siglos de los siglos" (Ap. 11:15). Aunque el Señor Jesús regresó a la tierra antes de la apertura del séptimo sello, no es sino hasta que Él derrama Su ira que toda autoridad y poder terrenal es destruido.

Más elementos que confirman la ira de Dios

Hay más pruebas sobre el hecho de que la ira de Dios está contenida sólo en las copas. Entre estas, considérese la frase: "y de dar el galardón a tus siervos los profetas, [y] a los santos". Esta declaración hace surgir la siguiente pregunta:

¿Galardonar a los profetas y a los santos, por qué? Lo cual nos lleva de vuelta al quinto sello:

> Cuando abrió el quinto sello, vi bajo el altar las almas de los que habían sido muertos por causa de la palabra de Dios y por el testimonio que tenían. Y clamaban a gran voz, diciendo: ¿Hasta cuándo, Señor, santo y verdadero, no juzgas y vengas nuestra sangre en los que moran en la tierra? Y se les dieron vestiduras blancas, y se les dijo que descansasen todavía un poco de tiempo, hasta que se completara el número de sus consiervos y sus hermanos, que también habían de ser muertos como ellos (Ap. 6:9–11).

Antes señalamos que si estos santos están clamando a Dios que los vengue por sus muertes, Él no puede ser el autor de ellas a través del derramamiento de Su ira. Por lo tanto, si al final de los juicios de las trompetas la venganza de Dios todavía no toma lugar, las trompetas no pueden ser parte de Su ira. En vez de eso, los juicios de las trompetas representan un periodo de salvación para los 144.000 y muchos otros que serán salvos durante este tiempo. Aunque algunos de estos creyentes serán protegidos durante el resto de la Semana Septuagésima (Ap. 12:6), la Escritura enseña que muchos morirán víctimas de la furia del Anticristo.

Una vez que se haya completado esta persecución, la oración de los mártires será respondida. Dios vengará sus muertes, y nuestro paciente Salvador finalmente derramará Su ira.

> Y se airaron las naciones, y tu ira *ha venido,* y el tiempo de juzgar a los muertos, *y de dar el galardón a tus siervos los profetas,* [y] *a los santos* (Ap. 11:18).

Protección en medio de la ira

¿Significa esto que todos los que lleguen a tener fe en Cristo serán asesinados? No. La Biblia nos dice que algunos de los que lleguen a tener fe en Cristo durante la Semana Septuagésima permanecerán con vida y poblarán la tierra durante el Milenio. Los únicos creyentes que el Nuevo

Testamento describe como sobrevivientes de este tiempo terrible son los que componen el remanente fiel de Israel ("Y luego todo Israel será salvo"— Ro. 11:26), quienes serán protegidos por Dios en el desierto hasta el fin de la Semana Septuagésima. Sin embargo, muchos pasajes del Antiguo Testamento nos dicen que algunos gentiles sobrevivirán también. En particular, estas profecías describen cómo, durante el Milenio, los pueblos de "las naciones" vendrán a adorar al templo de Jerusalén. Para que esto pueda ocurrir, es necesario que algunos gentiles sobrevivan a la Semana Septuagésima.

Aun cuando cierto número de creyentes vivirá en la tierra durante loes juicios de las copas, Dios permanecerá fiel a Su promesa: "Porque no nos ha puesto Dios para ira, sino para alcanzar salvación por medio de nuestro Señor Jesucristo" - 1 Ts. 5:9).[47] Considérese cómo protegió el Señor a los hebreos durante las plagas de Egipto. Cuando los egipcios fueron castigados con furúnculos, moscas y ranas, los hebreos y sus ganados permanecieron intactos. Cuando el Ángel del Señor (el Señor Jesucristo en Su forma pre-encarnada) pasó durante la noche para tomar la vida de los primogénitos, los hijos de los incrédulos egipcios murieron, pero los hijos de los hebreos que habían marcado los dinteles de sus puertas con la sangre del Cordero pascual siguieron con vida.

Este principio de protección en medio de la ira también se encuentra en los escritos de los profetas. Por ejemplo, Isaías dice: "Anda, pueblo mío, entra en tus aposentos, cierra tras ti tus puertas; escóndete un poquito, por un momento, en tanto que pasa la indignación. Porque he aquí que Jehová sale de su lugar para castigar al morador de la tierra por su maldad contra

---

[47] Douglas Moo escribe: "Los juicios y la ira de Dios son claramente selectivos. Las langostas demoniacas de la quinta trompeta reciben la orden de dañar 'solamente a los hombres que no tuviesen el sello de Dios en sus frentes' (Ap. 9:4), mientras que la primera copa es derramada solamente sobre 'los hombres que tenían la marca de la bestia, y que adoraban su imagen' (Ap. 1:2). Y de un número de los receptores de las plagas se dice que se negaron a arrepentirse (Ap. 9:20-21; 16:9, 11) — una indicación de que sólo los incrédulos son afectados por ellas". [*Tres Posiciones Acerca del Arrebatamiento — Three Views on the Rapture*, p. 175.]

él" (Is. 26:20–21).[48] Y en Ezequiel 14:12–20, el profeta describe la tierra de Israel durante los juicios — hambre, pestes, espada y bestias salvajes — enviados por Dios: "Hijo de hombre, cuando la tierra pecare contra mí rebelándose pérfidamente, y extendiere yo mi mano sobre ella, y le quebrantare el sustento, y enviare en ella hambre, y cortare de ella hombre y bestias, si estuvieren en medio de ella estos tres varones, Noé, Daniel y Job, *ellos por su justicia librarían únicamente sus propias vidas*" (vs. 13-14).

Dios puede proteger a Su pueblo de muchas formas durante tiempos de juicio e ira. Durante los últimos tiempos, esta protección puede materializarse de una de las siguientes maneras: por medio del arrebatamiento, por medio del martirio, o por medio de protección sobrenatural. Aparentemente, Dios usará las tres formas en los últimos tiempos. Esto no significa que todos los creyentes escaparán de la muerte durante la Semana Septuagésima. Claramente, estos serán tiempos peligrosos. Todo lo que podemos decir es que cada uno de los creyentes genuinos seremos librados de la ira de Dios.

---

[48] Douglas Moo señala que el contexto de este pasaje suena muy parecido al Día del Señor, pero aún si no lo es, el principio de protección a través de la ira ha sido establecido. En este caso, la Escritura nos dice que una multitud de judíos — y probablemente también cristianos — se esconderán en el desierto, donde será protegidos por tres años y medio (Ap. 12:6). Es probable que también hayan otras formas de protección: "Se dice frecuentemente que los creyentes son protegidos divinamente de estos juicios. Se pueden citar dos textos característicos. En Apocalipsis 14:9-10, el ángel proclama: 'Si alguno adora a la bestia o a su imagen, y recibe la marca en su frente o en su mano, él también beberá del vino de la ira de Dios, que ha sido vaciado puro en el cáliz de su ira La naturaleza condicional de esta advertencia ('si') demuestra que la ira aquí es infligida sobre los incrédulos. El hecho de que los creyentes de la tribulación, quienesquiera que ellos sean, serán guardados de la ira de Dios, es indicado también en Apocalipsis 18:4, donde el pueblo de Dios recibe la orden de *salir* del sistema Babilónico 'para que no seáis partícipes de sus pecados, ni recibáis parte de sus plagas'". [*Tres Posiciones Acerca del Arrebatamiento*: *Three Views on the Rapture*, p. 89].

5

¿Pasará la Iglesia por la Gran Tribulación?

Uno de los argumentos que se usan para sostener la doctrina del arrebatamiento pretribulacional es el que afirma que la Iglesia no pasará por la Gran Tribulación. Y para que la Iglesia no pase por la Gran Tribulación su arrebatamiento debe ocurrir antes de que esta comience. Hay mucho que decir sobre esta posición, pero primero examinemos lo que las Escrituras nos dicen en su claro lenguaje sobre el tema.

La primera vez que se usa la expresión la "gran tribulación" es en Mateo 24. Este capítulo comienza con la pregunta de los discípulos del Señor Jesús: "Dinos, ¿cuándo serán estas cosas, y qué señal habrá de tu venida, y del fin del siglo?" (v. 3). En respuesta, el Señor Jesús les dice que habrá guerras y rumores de guerras, que nación se levantará contra nación y reino contra reino, y que habrán hambrunas, pestes y terremotos en diferentes lugares. Luego describe la abominación desoladora en el templo de Jerusalén, lo cual ocurre a la mitad de la Semana Septuagésima. Entonces el Señor dice:

> Porque habrá entonces gran tribulación, cual no la
> ha habido desde el principio del mundo hasta ahora,
> ni la habrá (v. 21)

A esta declaración le sigue la orden de huir de Jerusalén, porque es cuando comenzará la persecución. El Señor Jesús continúa diciendo:

E inmediatamente después de la tribulación de aquellos días, el sol se oscurecerá, y la luna no dará su resplandor, y las estrellas caerán del cielo, y las potencias de los cielos serán conmovidas. Entonces aparecerá la señal del Hijo del Hombre en el cielo; y entonces lamentarán todas las tribus de la tierra, y verán al Hijo del Hombre viniendo sobre las nubes del cielo, con poder y gran gloria. (vs. 29-30)

En Su respuesta a los discípulos —la futura Iglesia del Nuevo Testamento— vemos el siguiente orden: el comienzo de la Semana Septuagésima, la Gran Tribulación, la venida del Señor Jesús gloria y majestad, y el arrebatamiento de la Iglesia. El significado obvio de este pasaje, entonces, es que la Iglesia pasará por la Gran Tribulación.

Durante el ministerio del apóstol Pedro, el regreso del Señor también fue un tema recurrente. En 1 Pedro 4, vemos la misma secuencia de eventos. Pedro escribe:

Mas el fin de todas las cosas se acerca; sed, pues, sobrios, y velad en oración... Amados, no os sorprendáis del fuego de prueba que os ha sobrevenido, como si alguna cosa extraña os aconteciese, sino gozaos por cuanto sois participantes de los padecimientos de Cristo, para que también en la revelación de su gloria os gocéis con gran alegría... Pero si alguno padece como cristiano, no se avergüence, sino glorifique a Dios por ello. Porque es tiempo de que el juicio comience por la casa de Dios; y si primero comienza por nosotros, ¿cuál será el fin de aquellos que no obedecen al evangelio de Dios? (1 P. 4: 7, 12–13, 16–17)

Aquí vemos que Pedro sabía que la Iglesia vivía en los últimos tiempos ("el fin de todas las cosas se acerca"), y como una Iglesia de los últimos tiempos los cristianos debía esperar pasar por el fuego de prueba. Y este no es cualquier fuego de prueba, sino *el* fuego de prueba — la prueba específica preordenada por Dios. Una vez que los cristianos pasaran por esta prueba, Pedro les asegura que verían el regreso del Mesías: "para que también en la revelación de su gloria os gocéis con gran alegría". Este patrón concuerda con el dado por el Señor Jesús en Mateo 24 — el comienzo de los últimos tiempos, la Gran Tribulación, luego la aparición de Cristo en las nubes con poder y gran gloria.

Este concepto también es mencionado por Pedro, cuando escribe:

> En lo cual [la esperanza viva que tienen los creyentes por medio de la resurrección del Señor Jesucristo] vosotros os alegráis, aunque ahora por un poco de tiempo, si es necesario, tengáis que ser afligidos en diversas pruebas, para que sometida a prueba vuestra fe, mucho más preciosa que el oro, el cual aunque perecedero se prueba con fuego, sea hallada en alabanza, gloria y honra cuando sea manifestado Jesucristo (1 P. 1: 6–7).

A diferencia de lo que comúnmente se asevera — que la Gran Tribulación es sólo para la incrédula Israel — Pedro consistentemente se refiere a esta prueba como parte del plan soberano y santo de Dios para la Iglesia. Nótese que Pedro dice: "Porque es tiempo de que el juicio comience por la casa de Dios; y si *primero comienza por nosotros…*" Aunque Dios va a usar este tiempo para tratar con la incrédula Israel, la tarea de prueba y depuración la va a comenzar en casa, con Sus propios hijos.

¿La profecía es sólo para Israel?

A pesar de la clara enseñanza de las Escrituras, muchos tercamente se apegan a la creencia de que la Iglesia no pasará por la Gran Tribulación argumentando que esta es una prueba específica para, y exclusiva de, la nación de Israel. El razonamiento es el siguiente:

1. La profecía de Daniel sobre las Setenta Semanas fue dada a la nación de Israel. Como la Iglesia no fue parte de las primeras sesenta y nueve Semanas, tampoco será parte de la Semana Septuagésima.[49]

---

[49] La idea de que ciertas partes de la Escritura relativas a la Semana Septuagésima son aplicables sólo a Israel y no a la Iglesia proviene del

2. Cuando el Señor Jesús dio la Profecía del Monte de los Olivos, la Iglesia del Nuevo Testamento no se había establecido aún. Por lo tanto, los contenidos de la profecía del Señor Jesús (y por ende los pasajes correspondientes en el Apocalipsis) se aplican sólo a Israel, no a la Iglesia.

Ambos argumentos son por implicación, puesto que no se fundamentan en ningún pasaje directo de las Escrituras. Al contrario, el significado obvio de las Escrituras es que la Iglesia *pasará por* la Gran Tribulación. El argumento de que "la Semana Septuagésima es sólo para Israel" descansa sobre razonamientos inductivos que no soportan es escrutinio bíblico.

Comencemos con el argumento que dice que la Iglesia no puede ser parte de la Semana Septuagésima porque tampoco fue parte de las primeras sesenta y nueve semanas. Esta posición crea una ruptura entre los tratos de Dios con la Iglesia y Sus tratos con Israel que no se ven en la Escritura. Dios siempre ha tenido planes separados para los judíos y para los gentiles, para creyentes y para incrédulos, pero estos tratos nunca han operado independientemente. Cuando Moisés sacó al pueblo de Israel de Egipto, Dios tenía un plan para los judíos: llevarlos a la tierra prometida para hacer de ellos un

---

dispensacionalismo. El dispensacionalismo es una estructura teológica para interpretar la Biblia que divide la historia de la humanidad en "dispensaciones", o periodos históricos (que se excluyen mutuamente) en los que Dios ha usado diferentes métodos para gobernar a la humanidad. Sin embargo, la Biblia no nos dice en ninguna parte que Dios ha creado tales dispensaciones. El dispensacionalismo es producto de una inducción basada en observaciones hechas por los teólogos sobre las actividades de Dios. Estas observaciones luego se transformaron en un sistema teológico rígido que, como no es de extrañar, ha creado errores e inconsistencias cuando se aplica dogmáticamente a la Palabra de Dios. [Tradicionalmente, el dispensacionalismo es dividido en siete períodos. Este es el d. que aquí llamamos "una estructura teológica inventada por el hombre". Hay, sin embargo, un d. bíblico que se divide de forma natural en cuatro períodos. El primero es "desde Adán hasta Moisés" (Ro. 5:14). El segundo es "todos los profetas y la ley profetizaron hasta Juan" (Mt. 11:13; Lc. 16:16). El tercero es desde la primera venida de Cristo hasta su segunda venida (Hch. 15:14-18; Ef. 3:1-12). El cuarto período es desde la venida de Cristo hasta el fin del reino (1 Co. 15:24-26; Ap. 20). - *Nota del traductor.*]

81

pueblo peculiar para Su gloria. Pero Dios también tenía un plan para los egipcios: juzgarlos por su soberbia e idolatría. Como vemos, estos planes no se excluían mutuamente. Dios no sólo usó a los judíos para juzgar a los egipcios, sino que usó a los judíos para bendecir a los egipcios que se unieron a la multitud que deseaba servir al Dios verdadero. Dios también usó a los egipcios para bendecir a los judíos cuando los primeros les dieron a los segundos el oro, la plata y otros tesoros de su nación que Israel luego usaría para construir el tabernáculo en el desierto.

Los propósitos de Dios durante el período de los Jueces fueron similarmente indistintos. El propósito de Dios para los judíos era el de disciplinarlos y hacer que rompieran con la idolatría para entregarles la tierra que les había prometido. El propósito de Dios para los gentiles era el de juzgarlos por su idolatría y eventualmente guiarlos a un conocimiento de Él por medio de la fe. Dios usó a las naciones paganas para disciplinar a Israel y a Israel para disciplinar a las naciones paganas. Al mismo tiempo, usó a Israel para bendecir a las naciones paganas por medio de la revelación de Su persona y Palabra, a través de las cuales muchos gentiles llegaron a ser participantes de las bendiciones de la salvación. Rut y la prostituta Rahab incluso llegaron a ser ancestros de Cristo.

Este es el mismo patrón que opera en las sesenta y nueve Semanas. Incluso cuando Israel rechazó a su Mesías, no estaba haciendo otra cosa que cumplir las profecías de Dios que hablaban de que Él bendeciría a las naciones gentiles dándoles a conocer el Evangelio (Gn. 12:3). A cambio, el programa de Dios para la Iglesia fue usado para bendecir a los judíos provocándolos a celo (Ro. 10:19) y permitiéndoles volver a Él tras aceptar el Evangelio. A través de la obra evangelística de la Iglesia, que incluye a cristianos judíos, muchos judíos han llegado a la salvación ofrecida por su Mesías.

Simplemente no hay ninguna razón explícita, bíblica, que requiera que la Iglesia tenga que ser removida de la tierra antes de que comience la Semana Septuagésima. El que Dios use a la Semana Septuagésima para completar Su plan perfecto para los gentiles de ninguna forma le impide cumplir Su plan perfecto para Israel. En vez de eso, la realización simultánea de ambos propósitos es lo que deberíamos esperar. Y eso sin mencionar que hay razones de peso que demandan que la Iglesia esté aquí durante la primera parte de la Semana Septuagésima.

¿A quién se estaba dirigiendo el Señor Jesús?

El otro argumento que se esgrime para sacar a la Iglesia de la tierra antes del comienzo de la Semana Septuagésima proviene de la Profecía del Monte de los Olivos, la cual proporciona la mayor cantidad de detalles sobre los eventos que ocurrirán durante este período. Debido a que la Iglesia era una entidad desconocida para la audiencia a la que el Señor Jesús se dirigió, todo el contexto de Su profecía debe aplicarse sólo a Israel.

Grant Jeffrey es uno de los estudiosos de la profecía que promueve ésta posición. Él escribe:

> Es fácil olvidar que, en este punto, antes de la crucifixión de nuestro Señor y de la venida del Espíritu Santo para Pentecostés, no había tal cosa que se llamara una Iglesia cristiana .... Uno de los errores clásicos de interpretación es tomar esta conversación, entre Cristo y sus discípulos judíos, concerniente al reino Mesiánico, y colocarla dentro de la realidad de la Iglesia Cristiana, la cual no comienza a existir sino hasta después que los judíos rechazaron a Cristo y Dios sopló aliento de vida en el cuerpo de creyentes reunidos para Pentecostés. Como Cristo no menciona a la Iglesia a sus discípulos en esta conversación, la interpretación obvia es que Israel es el destinatario principal de la profecía de Mateo 24.[50]

Aunque concordamos en que los efectos más intensos del reinado del Anticristo serán sentidos por los judíos que vivan en y alrededor de Jerusalén durante la Semana Septuagésima, también sostenemos que es un error asumir que los cristianos fueron excluidos de esta profecía. Aunque la audiencia no

---

[50] *Armagedón: Cita Con El Destino [Armageddon: Appointment With Destiny*, p. 171]. Es digno de mencionar que la necesidad de quitar la Profecía del Monte de los Olivos del futuro profético de la Iglesia no hace otra cosa que destacar cuán evidente es el paralelo entre Mt. 24:31 y los otros pasajes (1 Ts. 4:16–17 y 1 Co. 15:51–52) que tratan sobre el arrebatamiento.

estaba al tanto de la futura formación del Cuerpo de Cristo, el Señor Jesús ciertamente lo estaba. Repetidamente el Señor se refirió a misterios tales como el envío del Espíritu Santo, la crucifixión y el reino espiritual de Dios, los que no fueron entendidos por los creyentes judíos ni gentiles sino hasta mucho después.

También es importante recordar que los discípulos a los que se dirigió el Señor Jesús eran *los mismos discípulos que llegarían a ser los fundadores de la Iglesia en Pentecostés*. Si le hablamos a una niña — digamos que de seis años — sobre los muchos misterios de transformarse en mujer, lo más probable es que ella nos mirara con una expresión en su rostro que reflejara no haber entendido ni una palabra de lo que le acabamos de decir. Pero una vez que comience a florecer en la mujer que llegará a ser, comenzará también a entender (y a recordar) lo que le dijimos acerca del tema. Algo similar pasa con la profecía del Señor Jesús en el Monte de los Olivos. Él les habló de estos misterios a Sus discípulos, quienes aún no conformaban — pero pronto conformarían — la Iglesia del Nuevo Testamento. El Señor les habló acerca de grandes misterios, acerca de cosas que ellos sólo entenderían cuando comenzaran a florecer en la Iglesia que llegarían a ser. Sugerir que esta profecía es para Israel y no para la Iglesia, es inadmisible.

Escribe el Dr. Gleason Archer, profesor del Antiguo Testamento en la Escuela de la Divina Trinidad:

> Si los apóstoles y discípulos que [estuvieron presentes al momento de la Profecía del Monte de los Olivos y quienes después] constituyeron la iglesia cristiana tras el descenso del Espíritu Santo el Día de Pentecostés, no eran los verdaderos miembros o representantes de la iglesia cristiana, ¿entonces quiénes lo eran? Aparte de los dos libros escritos por Lucas, todo el Nuevo Testamento fue escrito por creyentes judíos. Durante los primeros cinco años de existencia de la iglesia cristiana, durante los cuales varios miles de creyentes se añadieron a las filas, era muy difícil encontrar un no-judío entre la multitud. Todas las otras admoniciones y advertencias dirigidas a los Doce fueron, incuestionablemente, para

ellos, y encontraron cumplimiento y/o aplicación posteriormente en sus carreras. ¿Cómo podría ser posible que sólo la Profecía del Monte de los Olivos, y solamente ella, fuera una excepción a esta regla? ... Una interpretación semejante viola completamente el principio de lectura/escritura literal o normal que prevalece en el relato gramático-histórico de la Biblia... Si hemos de entender el lenguaje en su uso normal, y tomamos las palabras de la Profecía del Monte de los Olivos en su significado común y obvio, no tenemos otra opción que entender el mensaje como siendo dirigido a los representantes de la iglesia cristiana, es decir, a los mismos apóstoles.[51]

El hecho de que la Profecía del Monte de los Olivos es relevante para la Iglesia salta a la vista también en el hecho de que el Señor Jesús dirige el mensaje utilizando el pronombre personal "vosotros". Cuando *veías* la abominación desoladora (v.15), *vosotros* estad preparados (v.44). Claramente, el Señor se estaba refiriendo a los discípulos en sus futuras identidades como miembros de la Iglesia, no se estaba refiriendo a ellos en sus identidades como judíos del Antiguo Testamento — esta identidad la estaban comenzando a dejar atrás.

El Dr. Douglas Moo, profesor asistente del Nuevo Testamento en la Escuela de la Divina Trinidad, explica:[52]

---

[51] *Tres Posiciones Acerca del Arrebatamiento* [*Three Views on the Rapture*, p. 123].

[52] Douglas Moo es citado varias veces en este libro, y los estudiantes del postribulacionismo lo reconocerán como un ardiente proponente de esa posición. Sus argumentos son útiles porque tanto la posición pre-ira como la postribulacional toman los versículos sobre el arrebatamiento citados en 1 Corintios 15 y 1 y 2 Tesalonicenses como el mismo evento descrito en Mateo 24:31; ambas posiciones, también, creen que la Iglesia pasará por la Gran Tribulación. Donde el postribulacionismo y la posición pre-ira difieren es en el momento en termina la Gran Tribulación. Esto conduce a conclusiones muy diferentes sobre el periodo de tiempo que la Iglesia deberá estar presente durante la Semana Septuagésima. La posición pre-ira ve a la Iglesia en la tierra hasta la apertura del sexto sello; el postribulacionismo la ve en la tierra hasta poco antes del Armagedón. Así que, aunque Moo es citado en este libro, la referencia hecha a sus escritos deben entenderse en el contexto en que aparecen aquí.

Mateo 24:15–28 claramente describe la segunda mitad de la Semana Septuagésima: el Anticristo se ha presentado en el templo (v. 15), se está experimentando la más grande tribulación jamás sufrida en la historia de la humanidad (v. 21), y la venida de Cristo está por ocurrir (vs. 26–28). Pero el pronombre personal en plural ("vosotros") continúa usándose a través de estos versículos. En otras palabras, si la iglesia está incluida en la primera parte de la profecía por medio del uso del pronombre personal en plural "vosotros", difícilmente puede ser excluida de la segunda parte.[53]

No sólo esto, el defensor de la postura pre-ira Robert Van Kampen señala que esta misma profecía es precedida y seguida por referencias a la Iglesia:

"Tú eres Pedro, y sobre esta roca edificaré mi *iglesia*" (Mt. 16:18); "Si [un creyente que no quiere arrepentirse] no los oyere a ellos, dilo a la *iglesia*; y si no oyere a la *iglesia*, tenle por gentil y publicano" (Mt. 18:17); y en Sus instrucciones en cuanto a la Santa Cena, las que no podían tener relevancia para nadie que fuera parte de la *iglesia* (Mt. 26:26–30).

Van Kampen pregunta: "¿Cómo es posible, entonces, que se decida rechazar la Profecía del Monte de los Olivos, haciéndola aplicable sólo a Israel, cuando todo lo que se enseña en el contexto general de dicha profecía tiene que ver directamente con la iglesia?"[54]

Van Kampen refuerza este punto citando Mateo 28:19–20, en donde el Señor Jesús les da a los discípulos la Gran Comisión: "Por tanto, id, y haced discípulos a todas las naciones, bautizándolos en el nombre del Padre, y del Hijo, y del Espíritu Santo; enseñándoles que guarden *todas las cosas que os he mandado*". Van Kampen luego pregunta: "¿Qué quiere decir '*todas las cosas que os he mandado*' si no incluye

---

[53] *Tres Posiciones Acerca del Arrebatamiento* [*Three Views on the Rapture*, p. 165].
[54] *El Rapto, Respuestas claras y sencillas para una pregunta difícil* [*The Rapture Question Answered: Plain and Simple*, p. 101-2].

86

todo lo que Él enseñó en ese evangelio en particular — el evangelio de Mateo?" Van Kampen también señala las palabras de Pablo en 1 Timoteo 6:3: "Si alguno enseña otra cosa, y *no se conforma a las sanas palabras de nuestro Señor Jesucristo*, y a la doctrina que es conforme a la piedad...". Ni el Señor Jesús ni Pablo hicieron una selección. Todas las palabras del Señor Jesús se aplican a la Iglesia.[55]

También es digno de mencionar que cuando el Señor Jesús hizo una referencia directa a Daniel 11:31 — al decir: "Por tanto, cuando veáis en el lugar santo la abominación desoladora" —, Él no aplicó la frase típicamente judía de Daniel "tiempo de angustia [para Jacob]" a la Gran Tribulación, la cual [Él] describe unos versículos después. Si la Gran Tribulación es solamente para Israel, ¿por qué el Señor Jesús no usó ésta bien conocida expresión judía?

Las cartas a las iglesias

Para determinar si la Profecía del Monte de los Olivos es sólo para Israel, debemos también considerar las cartas a las siete iglesias mencionadas en Apocalipsis 2 y 3. El Señor Jesús les ordena a cinco de las siete iglesias que se arrepientan de sus pecados y las exhorta a que sean vencedoras. A la iglesia perseguida (Esmirna), el Señor le dice que sea fiel hasta la muerte y será vencedora; y a la iglesia ferviente (Filadelfia) le promete protegerla de la hora de la prueba. La pregunta obvia que surge tras la lectura de Apocalipsis 2 y 3 es "¿Qué deben vencer las iglesias?" y "¿Cuál es la prueba de la que guardará el Señor a la iglesia de Filadelfia?" Luego de un breve intervalo, el Señor Jesús responde ambas preguntas al describir

---

[55] En *El Rapto*, Van Kampen también presenta una prueba interesante que se puede hacer en relación a la venida del Señor Jesús descrita en la Profecía del Monte de los Olivos. La idea es que los pretribulacionistas lean Mateo 24:27-40, pasaje que ellos afirman que se refiere a Armagedón, no al arrebatamiento. Luego se les debe preguntar si el pretribulacionismo permite ponerle fechas al momento en que el arrebatamiento debe ocurrir. Casi inevitablemente, los pretribulacionistas responderán citando Mateo 24:36: "del día y la hora nadie sabe", versículo que es tomado exactamente del mismo pasaje que los pretribulacionistas dicen se refiere a Armagedón. "¡Decídanse por uno u otro!", desafía Van Kampen (*El Rapto - The Rapture Question Answered*, p. 107).

los juicios de los sellos. Como las cartas a las iglesias preceden la descripción de los sellos, la lectura natural del texto es que estas iglesias tendrán que pasar por los juicios de los sellos.

Hay todavía más evidencia que demuestra que la Iglesia entrará a la Semana Septuagésima. La iglesia transigente (Pérgamo) es advertida en cuanto a que si no se arrepiente, el Señor Jesús vendrá a ella "pronto", lo cual es una referencia a Su Segunda Venida. La iglesia corrupta (Tiatira) es amenazada con ser arrojada "en gran tribulación" si no se arrepiente, siendo esta una referencia a la Gran Tribulación. A la iglesia muerta (Sardis), el Señor Jesús le dice: "Pues si no velas, vendré sobre ti como ladrón, y no sabrás a qué hora vendré sobre ti" (Ap. 3:3), lo que es una clara referencia a 1 Tesalonicenses 5:2: "Porque vosotros sabéis perfectamente que el día del Señor vendrá así como ladrón en la noche".

Todas estas referencias a los últimos tiempos, junto con la admonición del Señor Jesús a arrepentirse y vencer, demuestran que las cartas a las siete iglesias de Apocalipsis 2 y 3 no estaban siendo dirigidas sólo a esas iglesias del primer siglo, si no que están siendo dirigidas también, en forma especial (profética), a todas las iglesias que entrarán un día a la Semana Septuagésima y que tendrán que sufrir los rigores de la Gran Tribulación.

Comparando versículos que tratan sobre el arrebatamiento

Aquellos que aún no se convencen de que la Iglesia pasará por la Gran Tribulación, deben considerar que la Biblia la menciona justo antes de referirse al arrebatamiento. A continuación de la descripción de la Gran Tribulación que hace en Mateo 24:21, el Señor Jesús agrega:

> E inmediatamente después de la tribulación de aquellos días, el sol se oscurecerá, y la luna no dará su resplandor, y las estrellas caerán del cielo, y las potencias de los cielos serán conmovidas. Entonces aparecerá la señal del Hijo del Hombre en el cielo; y entonces lamentarán todas las tribus de la tierra, y verán al Hijo del Hombre viniendo sobre las nubes del cielo,

con poder y gran gloria. Y enviará sus ángeles con gran voz de trompeta, y juntarán a sus escogidos, de los cuatro vientos, desde un extremo del cielo hasta el otro (Mt. 24:29-31).

Sabemos que el Señor está aquí describiendo el arrebatamiento porque este evento es el mismo mencionado en 1 Corintios 15:52: "En un momento, en un abrir y cerrar de ojos, a la final trompeta; porque se tocará la trompeta, y los muertos serán resucitados incorruptibles, y nosotros seremos transformados"; y en 1 Tesalonicenses 4:16-17: "Porque el Señor mismo con voz de mando, con voz de arcángel, y con trompeta de Dios, descenderá del cielo; y los muertos en Cristo resucitarán primero. Luego nosotros los que vivimos, los que hayamos quedado, seremos arrebatados juntamente con ellos en las nubes para recibir al Señor en el aire".

Algunos pretribulacionistas toman el término "sus escogidos" usado en Mateo 24:31 como evidencia de que la Gran Tribulación es sólo para Israel, ya que Israel es llamado "el pueblo escogido por Dios" (Dt. 14:2). Sin embargo, Pablo repetidamente utiliza el término "escogidos" para referirse tanto a creyentes judíos como gentiles (Ro. 8:33; Col 3:12).[56] Los gentiles son hechos parte de la "raíz" judía al momento de la salvación ("has sido injertado... has sido hecho participante de la raíz y de la rica savia del olivo", Ro. 11:17). Como ramas injertadas en el olivo, los cristianos no estamos excluidos de la Gran Tribulación, puesto que está será para el pueblo de Dios.[57]

---

[56] Aunque a los pretribulacionistas les gustaría presentar un frente unido, sugiriendo que todos ellos concuerdan en que el vocablo "escogidos" en este contexto no puede incluir a la Iglesia, la realidad es diferente. Incluso John Walvoord admite que "los pretribulacionistas están un poco confundidos sobre el tema" (*El Rapto - The Rapture Question, Revised and Updated*, p. 59).

[57] Douglas Moo también señala: "Una segunda razón para creer que la Profecía del Monte de los Olivos es para la iglesia proviene del uso del término "escogidos". La palabra describe a aquellos que están en la tierra durante los eventos descritos en la Profecía y por lo tanto presumiblemente denota a quienes se dirige el mensaje (Mt. 24:22, 24, 31). Esta palabra, que denota a los escogidos por Dios a través de la gracia, se usa consistentemente en el Nuevo Testamento para referirse a los miembros de la *iglesia*; no hay un solo versículo en el cual se indique que hay una restricción en mente"

En la descripción que nos da Juan del martirio de los creyentes, las palabras utilizadas demuestran que estos mártires son creyentes en Cristo, y no judíos incrédulos: "Cuando abrió el quinto sello, vi bajo el altar las almas de los que habían sido muertos por causa de la palabra de Dios y por el testimonio que tenían" (Ap. 6:9). No estamos bajo el Antiguo Pacto, así que "la palabra de Dios" y "el testimonio" mencionado aquí debe ser una referencia al Nuevo Pacto. Estos mártires son creyentes que han sido asesinados por ser fieles a Cristo en medio de cruenta persecución.[58]

Más evidencia del Apocalipsis

Hay mas evidencia que confirma que la Iglesia pasará por la Gran Tribulación. Apocalipsis 13:7–10 describe el reino del Anticristo y su poder para hacer la guerra y vencer a los santos: "Y se le permitió hacer guerra contra los santos, y vencerlos. También se le dio autoridad sobre toda tribu, pueblo, lengua y nación .... *Aquí está la paciencia y la fe de los santos*".[59]

(*Tres Posiciones Acerca del Arrebatamiento - Three Views on the Rapture*, p. 194).

[58] Aquellos que sostienen que Mateo 24 se aplica sólo a Israel deberían responder la siguiente pregunta: ¿Deberíamos también desechar todo el Antiguo Testamento, ya que fue escrito para una audiencia judía? Esto significaría desechar libros como Joel, Zacarías e Isaías, los cuales contienen algunos de los más importantes pasajes sobre los últimos tiempos. Además, si desechamos Mateo 24, también deberíamos desechar pasajes como 1 Co. 15:52 y 1 Ts. 4:16-5:8 — los cuales son el corazón de la doctrina del arrebatamiento de la iglesia — ya que mencionan los mismos eventos e incluso usan las mismas palabras? En un contexto más amplio, deberíamos también desechar todo el contenido de Mateo, Marcos, Lucas y Juan — y todas las enseñanzas del Señor con ellos — ya que estos libros narran eventos que ocurrieron antes de la formación de la Iglesia. ¿Cómo pueden, los que usan el dispensacionalismo para sostener el pretribulacionismo, decidir cuáles libros de la Biblia deben aceptarse y cuáles deben rechazarse? Esto debiera hacernos pensar si ellos están usando en realidad lo que se podría llamar "dispensacionalismo selectivo", o dispensacionalismo sólo en el contexto del arrebatamiento. Si este es el caso, basta para hacer que la posición sea sospechosa.

[59] En este punto, los teólogos dispensacionalistas protestarían, diciendo: "Pero los santos de la Semana Septuagésima no son los santos de la Iglesia. Ellos son 'los santos de la Semana Septuagésima'". No hay una sola palabra

¿Dónde se ha mencionado antes la paciencia y la fe de los santos? Cuando Pablo se gloría de los Tesalonicenses por su fidelidad:

> …Por tanto, que nosotros mismos nos gloriamos de vosotros en las iglesias de Dios, por *vuestra paciencia y fe en todas vuestras persecuciones y tribulaciones que soportáis.* Esto es demostración del justo juicio de Dios, para que seáis tenidos por dignos del reino de Dios, por el cual asimismo padecéis. Porque es justo delante de Dios pagar con tribulación a los que os atribulan, y a vosotros que sois atribulados, daros reposo con nosotros, cuando se manifieste el Señor Jesús desde el cielo con los ángeles de su poder (2 Ts. 1:4–7).

La simple combinación de "paciencia" y "fe" de los santos podría no ser una convincente correlación hasta que vemos que, en este mismo pasaje, Pablo promete que esta paciencia y esta fe serán premiadas con algo muy especial: "daros reposo con nosotros, cuando se manifieste el Señor Jesús desde el cielo con los ángeles de su poder" (v. 7). Para la generación que viva durante los últimos tiempos, este "reposo" será el arrebatamiento.

La relación entre la Gran Tribulación y el arrebatamiento se puede ver también en Apocalipsis 13, donde leemos que al Anticristo le será dado poder sobre "*toda tribu, pueblo, lengua y nación*", y vencerá a los santos. Se le otorga este poder por 42 meses, a partir de la mitad de la Semana Septuagésima, la cual marca también el inicio de la Gran Tribulación. En Mateo 24, después de la Gran Tribulación vienen los cataclismos cósmicos y la reunión de los escogidos. En el Apocalipsis, después del martirio de los santos vienen los cataclismos cósmicos y la visión de la Iglesia en el cielo (ya arrebatada — Ap. 7:9-17). ¿Quiénes son estos? "[la] gran multitud, la cual

---

en la Biblia que apoye la sugerencia de que estos santos no son parte de la Iglesia. El dispensacionalismo se usa ampliamente para sostener el pretribulacionismo y, por ende, la interpretación de este pasaje. Pero si se deja de lado esta estructura artificial, cualquiera que lea el Nuevo Testamento de principio a fin leerá el vocablo "santos" como teniendo el mismo significado en todos los libros.

nadie podía contar, de *todas las naciones y tribus y pueblos y lenguas*... que han salido de la gran tribulación".[60]

La Iglesia pasará por la Gran Tribulación, pero esta persecución a manos del Anticristo será acortada por el arrebatamiento (Mt. 24:22).

---

[60] Para eludir la conclusión que dice que esta es la Iglesia arrebatada, muchos pretribulacionistas sugieren que una mejor lectura de este pasaje sería "los que están saliendo de la gran tribulación", en vez de "los que han salido de la gran tribulación". Al hacer que esta "salida" esté todavía tomando lugar en vez de aceptar que ya ha ocurrido, se elimina la necesidad de identificar al arrebatamiento como el evento que la precipitó. Así, "los que salen" son identificados como mártires/santos de la Semana Septuagésima, una nueva dispensación de creyentes que ha nacido después que la Iglesia ha sido arrebatada. Robert Van Kampen, sin embargo, ha señalado que esta frase es un participio, no un verbo, y que el tiempo denotado en la frase en griego lo fija el verbo del contexto. En este caso, los verbos "han lavado" y "han emblanquecido" están ambos en tiempo pasado, refiriéndose a un evento que ya ha sido completado ante los ojos de los espectadores. "El punto es que son estos verbos, no el participio, los que nos dicen el momento en que ocurrió el evento descrito. En este caso, el participio de presente se emplea gráficamente para describir un evento pasado, algo que ha acabado de suceder. Esta también es la razón por la que uno de los ancianos se refiere a esta gran multitud como habiendo llegado ya. 'Estos que están vestidos con ropas blancas, ¿quiénes son, y de dónde han venido [*elthon*]?'— siendo este verbo, *elthon,* el tiempo pasado del verbo en griego 'venir'. Seguramente si el anciano hubiera estado observando a una multitud que iba en continuo aumento, el tiempo pasado del verbo 'venir' no se habría utilizado. Más bien, habría preguntado: '¿Quiénes son, y de dónde están *viniendo*?' Pero la pregunta no se plantea así...Por consiguiente ... vemos que esta multitud incontable representa a los 'muertos en Cristo' resucitados, y a los santos arrebatados 'en pie alrededor del trono [de Dios]'" (*El Rapto - The Rapture Question Answered*, p. 160).

| Gran Tribulación | → | Cataclismos Cósmicos | → | Rapto |

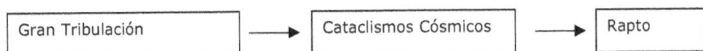

Apocalipsis 6:9 – 7:14

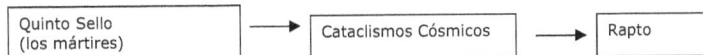

| Quinto Sello (los mártires) | → | Cataclismos Cósmicos | → | Rapto |

También vemos esta persecución en Apocalipsis 12:13–17:

Y cuando vio el dragón [Satanás, quien controla al Anticristo] que había sido arrojado a la tierra, persiguió a la mujer que había dado a luz al hijo varón [Israel, por medio de la cual vino el Señor Jesucristo, el Salvador]. Y se le dieron a la mujer las dos alas de la gran águila, para que volase de delante de la serpiente al desierto, a su lugar, donde es sustentada por un tiempo, y tiempos, y la mitad de un tiempo [tres años y medio, los que colocan este evento a la mitad de la Semana Septuagésima]…. Entonces el dragón se llenó de ira contra la mujer; y se fue a hacer guerra contra el resto de la descendencia de ella, los que guardan los mandamientos de Dios y tienen el testimonio de Jesucristo.

El Anticristo inicia su persecución en y alrededor de Jerusalén (Mt. 24:16), pero cuando los judíos huyen al desierto, él centra su atención en el resto de las espinas en su costado, los verdaderos creyentes que forman parte de la Iglesia del Señor Jesucristo.

Sacando los dolores de la semana septuagésima

Hay otros puntos necesitan aclararse aquí. Algunos pretribulacionistas tratan de descalificar nuestra posición diciendo que el surgimiento de los falsos cristos, las guerras y los rumores de guerras y las hambrunas descritas como parte del "principio de dolores" (Mt. 24:8), no ocurren durante la Semana Septuagésima. Tampoco correlacionan estos eventos con los juicios de los sellos. En vez de eso, los definen como características de un período de declinación moral y espiritual que precederá a la Semana Septuagésima. En la mayoría de los casos, los pretribulacionistas sostienen que este es el periodo en el que vivimos hoy en día. Ellos sitúan el comienzo de la Semana Septuagésima con la abominación desoladora (Mt. 24:15), y creen que la venida en gloria del Señor Jesús descrita en Mateo 24:30 es Armagedón. Por lo tanto, razonan, la Gran Tribulación debe durar siete años.

Esta posición crea varias dificultades. Primero, los eventos de Mateo se correlacionan tan perfectamente con los seis sellos del Apocalipsis que resulta forzado argüir que no son los mismos (véase capítulo 10). Segundo, situar el inicio de la Semana Septuagésima *después* de que el Anticristo se presenta en el templo de Jerusalén contradice Daniel 9:27, que dice que este evento ocurre a la mitad de la Semana. Tercero, este razonamiento sitúa el arrebatamiento al final de la Semana Septuagésima, no al comienzo de ella, lo cual es exactamente lo opuesto de lo que los pretribulacionistas tratan de probar. Cuarto, esta posición requiere que el Señor no mencione el arrebatamiento — la esperanza bienaventurada de todos los creyentes (Ti. 2:13) — cuando los discípulos le preguntan cuándo va [Él] a regresar. Y quinto, sitúa el inicio del Día del Señor antes de los cataclismos cósmicos del sexto sello, lo cual contradice Joel 2:31.[61]

El fin del siglo

Hay una última dificultad importante para nuestra discusión. La posición pretribulacionista sitúa mal el fin del siglo. Para que el pretribulacionismo funcione, sus defensores deben hacer que "el fin del siglo" coincida con el regreso del

---

[61] Algunos pretribulacionistas salvan este obstáculo creando dos días del Señor: uno amplio, el cual ellos dicen se refiere a toda la Semana Septuagésima; y uno más angosto, el cual ellos dicen se refiere específicamente al día en que el Señor Jesús se manifiesta con la hueste angélica en Armagedón. Esta posición ilustra el patrón consistente de redefinir las palabras para hacerlas decir lo que un punto de vista predeterminado quiere que digan. Para una análisis más detallado sobre estos dos Día(s) del Señor, véase el apéndice A.

Señor Jesús para el Armagedón, no para el arrebatamiento. Este argumento proviene de Mateo 24:6–14, en donde el Señor Jesús continuamente le recuerda a Su audiencia que "aún no es el fin":

> Y oiréis de guerras y rumores de guerras; mirad que no os turbéis, porque es necesario que todo esto acontezca; pero aún no es el fin. Porque se levantará nación contra nación, y reino contra reino; y habrá pestes, y hambres, y terremotos en diferentes lugares. Y todo esto será principio de dolores. Entonces os entregarán a tribulación, y os matarán, y seréis aborrecidos de todas las gentes por causa de mi nombre. Muchos tropezarán entonces, y se entregarán unos a otros, y unos a otros se aborrecerán. Y muchos falsos profetas se levantarán, y engañarán a muchos; y por haberse multiplicado la maldad, el amor de muchos se enfriará. Mas el que persevere hasta el fin, éste será salvo. Y será predicado este evangelio del reino en todo el mundo, para testimonio a todas las naciones; y entonces vendrá el fin.

Según este razonamiento, si el arrebatamiento es pretribulacional, y si, al momento del arrebatamiento aún no es el fin, "el fin del siglo" debe ocurrir al regreso físico del Señor Jesús a Armagedón. Sin embargo, el Señor Jesús enseña que el fin del siglo ocurre con Su regreso físico a la tierra como Rey conquistador; y según Joel 2:31, Mateo 24:29-30 y Apocalipsis 6:12–13, este regreso (y por lo tanto, "el fin del siglo") ocurre tras la apertura del sexto sello y antes del Día del Señor:

> El sol se convertirá en tinieblas, y la luna en sangre, antes que venga el día grande y espantoso de Jehová (Joel 2:31).

> E inmediatamente después de la tribulación de aquellos días, el sol se oscurecerá, y la luna no dará su resplandor, y las estrellas caerán del cielo, y las potencias de los cielos serán conmovidas. Entonces aparecerá la señal del Hijo del Hombre en el cielo; y entonces lamentarán todas las tribus de la tierra (Mt. 24:29-30)

Fin del Siglo

Tres años y medio

T r e s años y medio

| | | | | | |

Sellos 1. 2. 3.   Anticristo en el templo   Sello 6   Sello 7: el Día del Señor
                   Sello 5: la Gran
                   Tribulación

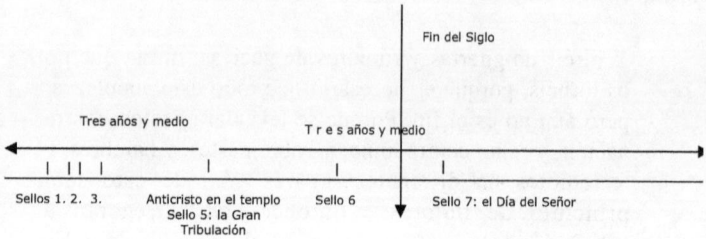

Miré cuando abrió el sexto sello, y he aquí un gran
terremoto; y el sol se puso negro como tela de cilicio, y
la luna se volvió toda como sangre; y las estrellas del
cielo cayeron sobre la tierra, como la higuera deja caer
sus higos cuando es sacudida por un fuerte viento (Ap.
6:12–13).

Esto es exactamente lo que el Señor Jesús les dice a los
discípulos en Mateo 24. En el versículo 3, los discípulos del
Señor le preguntan: "Dinos, ¿cuándo serán estas cosas, y *qué
señal habrá de tu venida, y del fin del siglo?*" Después de
describir el principio de dolores, la abominación desoladora y
la Gran Tribulación, el Señor Jesús responde la pregunta de los
discípulos en los versículos 30-31:

> Entonces aparecerá la señal del Hijo del Hombre en el
> cielo; y entonces lamentarán todas las tribus de la tierra,
> y verán al Hijo del Hombre viniendo sobre las nubes del
> cielo, con poder y gran gloria. Y enviará sus ángeles con
> gran voz de trompeta, y juntarán a sus escogidos, de los
> cuatro vientos, desde un extremo del cielo hasta el otro.

Los discípulos hicieron una pregunta directa y el Señor
Jesús les da una respuesta directa. Su regreso, y por lo tanto el
fin del siglo, tomará lugar después de la Gran Tribulación y de
los cataclismos cósmicos del sexto sello.

Confirmación adicional

Mateo 28 da confirmación adicional acerca de que el fin del siglo no puede ocurrir en Armagedón, como afirman los pretribulacionistas. En este capítulo el Señor Jesús les dice a los discípulos que su ministerio (el de ellos) se extendería hasta "el fin del siglo" (Mt. 28:18–20). Si "el fin del siglo" ocurre en Armagedón, entonces, según el argumento de los pretribulacionistas, se necesitaría que la Iglesia permaneciera en la tierra hasta el Armagedón. De hecho, ambos pasajes (Mt. 24 y 28) sitúan el fin del siglo cuando Cristo regrese para el arrebatamiento.

6

¿Qué hay acerca de la Inminencia?

En casi cada discusión acerca del arrebatamiento, el tema de la inminencia surge. El término "inminencia" (o inminente) describe la actitud expectante que la iglesia primitiva tenía en relación al retorno de Cristo. En ninguna parte de la Escritura, sin embargo, se encuentra el término "inminente". Este es un término adoptado por los eruditos para describir la gozosa actitud de los apóstoles hacia el regreso del Salvador.[62] Durante el último siglo, los eruditos pretribulacionales comenzaron a definir el regreso inminente de Cristo como un evento que sucedería en cualquier momento, sin aviso. Esta definición se usa frecuentemente para apoyar la enseñanza de que no hay un evento, o una serie de eventos, que deban ocurrir de antemano.

La distinción entre inminencia como una actitud expectante e inminencia como un regreso en "cualquier momento" es importante. Si es cierto que el regreso del Señor Jesús no es precedido por ningún evento, o por ninguna serie de eventos, entonces un arrebatamiento pretribulacional es la única opción posible. Si, por otro lado, la Biblia no habla de un

---

[62] Gary Vaterlaus, profesor de educación bíblica e investigación del Ministerio Sola Scriptura, en una correspondencia personal conmigo, dice: "En la Vulgata Latina de Jerónimo, encontramos la palabra 'inminente'. Este es el verso: 'Pero con respecto a la venida de nuestro Señor Jesucristo, y nuestra reunión con él, os rogamos, hermanos, que no os dejéis mover fácilmente de vuestro modo de pensar, ni os conturbéis, ni por espíritu, ni por palabra, ni por carta como si fuera nuestra, en el sentido de que el día del Señor está cerca' (2 Ts. 2:1–2). La Vulgata Latina dice: 'en el sentido de que el día del Señor es inminente'. En otras palabras, la única vez que se usa la palabra 'inminente', es para decir que el regreso del Señor *no* es inminente".

regreso en "cualquier momento", entonces uno de los más importantes argumentos para presentar un arrebatamiento . pretribulacional, desaparece. Siendo así, no es sorprendente que la interpretación de "en cualquier momento" haya llegado a ser crucial para — y, de hecho, sinónima de — la doctrina pretribulacional.

¿Es el regreso del Señor Jesús inminente?

No hay duda de que la doctrina de la inminencia, en el sentido de la expectación, se encuentra en el Nuevo Testamento. La idea de la inminencia se encuentra en pasajes tales como "aguardando la esperanza bienaventurada y la manifestación gloriosa de nuestro gran Dios y Salvador Jesucristo" (Tit. 2:13), "esperando la manifestación de nuestro Señor Jesucristo" (1 Co. 1:7), y "Por lo tanto, no durmamos como los demás, sino velemos y seamos sobrios" (1 Ts. 5:6). Todos estos pasajes sugieren un estilo de vida de alerta máxima y de preparación para la venida del Señor.

Pero, ¿significa esto que el Señor puede aparecer en cualquier momento? No hay un solo versículo en la Escritura que diga eso. De hecho, si lo hubiera, contradeciría la lista de señales que el Señor Jesús nos da a los creyentes para ayudarnos a discernir cuándo su Segunda Venida se está acercando. En Mateo 24, por ejemplo, Jesús nos dice que Su venida estará precedida por la predicación de Su evangelio a todas las naciones, por la manifestación de la abominación de desolación mencionada por el profeta Daniel [la profanación del templo por el Anticristo], por la Gran Tribulación, y por los cataclismos cósmicos del sexto sello del Apocalipsis.

Inmediatamente después de describir Su manifestación en gloria, Jesús repite la importancia de estas señales dando la parábola de la higuera. "De la higuera aprended la parábola: Cuando su rama ya está tierna, y brotan las hojas, sabéis que el verano está cerca. Así también vosotros, cuando veáis todas estas cosas, conoced que está cerca, a las puertas" (vv. 32–33). "Cuando veáis todas estas cosas". ¿Qué cosas? Todas las cosas que Él ya mencionó: el principio de dolores, la predicación del evangelio a todas las naciones, la abominación de desolación, la Gran Tribulación, y los cataclismos cósmicos del sexto sello del Apocalipsis.

Pablo repite una de estas precondiciones en 2 Tesalonicenses 2:3–4: "Nadie os engañe en ninguna manera; porque no vendrá sin que antes venga la apostasía, y se manifieste el hombre de pecado, el hijo de perdición, el cual se opone y se levanta contra todo lo que se llama Dios o es objeto de culto; tanto que se sienta en el templo de Dios como Dios, haciéndose pasar por Dios".

Los proponentes del pretribulacionismo quieren hacernos creer que "aguardar" por algo requiere que este algo sea un evento que ocurrirá en cualquier momento. Este no es el caso. Los niños aguardan por las vacaciones de verano apenas terminan las de invierno, y esperan por el próximo cumpleaños cuando recién han acabado de celebrar uno. Los adultos aguardan por eventos que están bien lejos en el futuro, como conocer a sus parejas, jubilarse, o recibir respuestas a sus oraciones — todo esto podría verse como inminente, también. ¿Puede el hecho de que muchas cosas tengan que pasar entre la espera y el cumplimiento de algo anular la expectación? De ninguna forma. En ninguna parte la Escritura dice que la expectación requiere un cumplimiento "inminente". De hecho, al describir Su plan para los tiempos del fin, Dios le dice al profeta Habacuc: "Aunque la visión tardará aún por un tiempo, mas se apresura hacia el fin, y no mentirá; *aunque tardare, espéralo*, porque sin duda vendrá, no tardará" (Hab. 2:3). En este contexto, el cumplimiento de esta promesa es aún futuro, sin embargo se le dice a Habacuc que debe esperar.

Douglas Moo confirma esta lógica. Él destaca que ninguna de las palabras utilizadas para describir la cercanía de la *parousia*, o la expectación por ella de parte del creyente, requiere de la "inminencia" de la que hablan los pretribulacionistas:

> "Esperar" (se aplica a la *parousia* en Lc. 12:36; Tit. 2:13; Jud. 21), es el verbo usado por Pablo refiriéndose al anhelo expectante por la resurrección de los justos e injustos (Hch. 24:15) — aunque la última no ocurre sino hasta después del Milenio. "Esperando" (usado en referencia a la *parousia* en 1 Co. 1:7) puede referirse al

gemido de la creación por su liberación (Ro. 8:19), liberación que sólo ocurrirá después de la tribulación. "Espera", usada por Santiago en referencia a la *parousia* en su epístola (5:7), aunque la analogía en el contexto es la de un labrador que espera por el fruto de la tierra — lo cual, ciertamente, no ocurre en "¡cualquier momento!" "Esperar" (cf. Mt. 24:50; Lc. 12:46 en referencia a la Segunda Venida) es el verbo que también usa Pedro para exhortar a los creyentes a "esperar" cielos nuevos y tierra nueva (2 P. 3:12–14). "Estar cerca" es la otra forma utilizada para referirse a la *parousia* en numerosos textos en relación a la fiestas judías y a las estaciones del año (ej., Jn. 2:13, Mt. 21:34) — y estas, obviamente, no son eventos que ocurran en forma "inminente". Muchos otros términos, "velad"; "vigilad"; "sed sobrios"; "aguardar", se usan para exhortar a los creyentes a cultivar una actitud de alerta espiritual y de rectitud moral a la luz de la segunda venida, pero no dicen nada en cuanto al tiempo en que esta ocurrirá.[63]

¿Qué hay acerca del regreso inesperado del Señor Jesús?

Pero, ¿qué pasa con las advertencias en cuanto a que las personas no estarán preparadas para la venida del Señor? ¿No significa esto que el arrebatamiento podría ocurrir en cualquier momento? El apoyo para esta interpretación pretribulacional proviene de pasajes como Mateo 24:36 y 1 Tesalonicenses 5:1–2:

Pero del día y la hora nadie sabe, ni aún los ángeles de los cielos, sino sólo mi Padre .... Porque como en los días antes del diluvio estaban comiendo y bebiendo, casándose y dándose en casamiento, hasta el día en que Noé entró en el arca, y no entendieron hasta que vino el diluvio y se los llevó a todos, así será también la venida del Hijo del Hombre (Mt. 24:36–39)

Pero acerca de los tiempos y las ocasiones, no tenéis necesidad, hermanos, de que yo os escriba. Porque

---

[63] *Tres Posiciones Acerca del Arrebatamiento* – [*Three Views on the Rapture*, p. 208].

101

vosotros sabéis perfectamente que el día del Señor vendrá así como ladrón en la noche (1 Ts. 5: 1–2).

En la superficie, estos pasajes parecen enseñar que tanto los creyentes como los incrédulos serán tomados por sorpresa en Su venida; pero una lectura más minuciosa muestra que este no es el caso. En 1 Tesalonicenses 5:2, Pablo escribe: "Porque vosotros sabéis perfectamente que el día del Señor vendrá así como ladrón en la noche", pero dos versículos más adelante, clarifica la idea para los creyentes: *"Mas vosotros, hermanos, no estáis en tinieblas, para que aquel día os sorprenda como ladrón"* (v. 4). En su contexto, este pasaje nos dice que la venida de Cristo debería sorprender *sólo a los incrédulos del mundo*. Muchos de los que proponen el regreso "en cualquier momento" de Cristo citan el primer verso de este pasaje, e ignoran el segundo.

Los proponentes pretribulacionales arguyen que es imposible que la Escritura enseñe que los creyentes deban esperar a Cristo y velar por Su venida, sin enseñar también que Él vendrá en cualquier momento. Pero esto es exactamente los que la Escritura enseña. En Lucas 21:28, después de describir la abominación de desolación, la Gran Tribulación, y los cataclismos cósmicos, el Señor Jesús dice: "Cuando estas cosas comiencen a suceder, *erguíos y levantad vuestra cabeza, porque vuestra redención está cerca".*[64] Aunque los creyentes

---

[64] Una de las formas en que los eruditos pretribulacionales utilizan los cataclismos cósmicos como marcas proféticas es argumentando que ocurren más de una vez en la historia. En su crítica al libro de Rosenthal, *El Rapto Pre-Ira de la Iglesia* [*The Pre-Wrath Rapture of the Church*], Gerald Stanton menciona la declaración del autor de que sólo hay un grupo de cataclismos cósmicos: "Pero eso difícilmente puede ser dogmatizado, porque la predicha Tribulación no se limitará a una sola manifestación de poder cósmico, lo que hace que el argumento de Rosenthal sea, al menos, incierto" (*Biblioteca Sacra*, p. 100). Sin embargo, la serie de cataclismos cósmicos mencionados en Mateo 24 y en Apocalipsis 6 no son *cualquier* disturbio cósmico. Ellos son muy *específicos*, y son usados en una combinación única sólo para describir el comienzo del Día del Señor. Además, cada vez que son mencionados, son mencionados todos juntos y en el mismo orden — el sol se oscurece, la luna no da su resplandor y se vuelve roja como sangre, y las estrellas caen del cielo. Los otros cataclismos cósmicos, tales como la caída

debiéramos vivir siempre prestos y en constante vigilancia, el Señor se refiere claramente a una serie de eventos sobrenaturales únicos (Lc. 21:25–26; Mt. 24:29; Mr. 13:24–25) que harán que los creyentes esperemos — con literal expectación – Su manifestación. Este es el mismo nivel de expectación que tendríamos si oyéramos los pasos de la persona esperada en el pasillo, o su forma de poner la llave en la cerradura de la puerta.

La señal del Hijo del Hombre

Además de estos claros eventos proféticos, la Biblia nos dice que habrá un inequívoco evento final que coronará el regreso de Cristo. En Mateo, el mismo Señor Jesús la llama "la señal del Hijo del Hombre" (v. 30). Aunque no sabemos exactamente cuál será esta señal, el Señor nos da una clave al decir que será "como el relámpago que sale del oriente y se muestra hasta el occidente, así será también la venida del Hijo del Hombre" (v. 27). Los creyentes sabrán de qué se trata cuando la vean. Las señales de Dios no son ambiguas — entonces entenderemos.

El Señor nos dará varios indicadores que nos señalarán la cercanía de Su venida. Nos dará la señal del pacto de siete años que el Anticristo confirmará con Israel, la abominación de desolación, los juicios de los cinco primeros sellos del Apocalipsis — incluida la Gran Tribulación — , los cataclismos cósmicos del sexto sello, y, finalmente, esta inequívoca señal. Cuando el sol se convierta en tinieblas y la luna en sangre (Hch. 2:20), miles de creyentes por todo el

---

de las estrellas (Ap. 8:10), el tercio del sol, la luna y las estrellas oscureciéndose (Ap. 8:12), el calor calcinante del sol (Ap.. 16:8), no siguen este patrón. Ellos son mencionados como disturbios individuales o, como en el caso de Ap. 8:12, contienen detalles que los hacen significativamente diferentes de este evento cataclísmico triple. Es interesante que, antes en el mismo artículo, Stanton critica a Rosenthal por ignorar la semejanza de palabras que hay entre Isaías 2:19 y Apocalipsis 6:15, que dicen que los impíos se esconderán en las cavernas de las peñas y en las aberturas de la tierra como "un hecho demasiado específico como para ser ignorado " (p. 98), sin embargo la combinación única del sol y la luna oscureciéndose, y de las estrellas cayendo no le parece lo suficientemente específica como para tomarla seriamenfe.

mundo mirarán hacia el cielo como por común acuerdo. Y cuando la señal del Hijo del Hombre resplandezca de oriente a occidente, nuestros corazones saltarán dentro de nuestros pechos — "¡Aquí viene!" El Día del Señor sorprenderá como un ladrón en la noche *sólo a los incrédulos del mundo*.

Que los creyentes sabrán cuando el tiempo de Su venida esté cerca no entra en conflicto con la enseñanza del Señor en cuanto a que "del día y de la hora nadie sabe". Jesús dice que sólo en ese momento nuestra redención "está cerca". Habrá un período en que los creyentes podremos anticipar, aunque no calcular, cuándo el Señor regresará.

Como en los días de Noé

Otro pasaje citado a menudo para apoyar el regreso "en cualquier momento" de Cristo es Mateo 24:29-31, en el que el Señor compara Su segunda venida con los días de Noé. En este pasaje, el Señor Jesús advierte:

> Porque como en los días antes del diluvio estaban comiendo y bebiendo, casándose y dándose en casamiento, hasta el día en que Noé entró en el arca, y no entendieron hasta que vino el diluvio y se los llevó a todos, así será también la venida del Hijo del Hombre. Entonces estarán dos en el campo; el uno será tomado, y el otro será dejado. Dos mujeres estarán moliendo en un molino; la una será tomada, y la otra será dejada. Velad, pues, porque no sabéis a qué hora ha de venir vuestro Señor (Mt. 24:38–42).

Los proponentes de la posición pretribulacional usan este pasaje como supuesta evidencia de que el Señor no puede regresar durante los juicios de los sellos, ni durante ninguna otra parte de la Semana Septuagésima, porque al momento de Su aparición las personas mencionadas están viviendo vidas normales, no están pereciendo por causa de las guerras, las pestilencias ni la persecución. Esto es evidencia, según ellos, de que Su venida será sorpresiva.

No es así. Primero, no hay ninguna mención de vida despreocupada, sino sólo se menciona que las personas continúan viviendo como suelen hacerlo. Segundo, en el tiempo de Noé, ¿quiénes estaban comiendo y bebiendo despreocupadamente como si el mundo fuera a durar para siempre? ¿Quiénes se estaban casando y dándose en casamiento como si el juicio de Dios no estuviese por venir? Noé y su familia estaban ocupados construyendo el arca, sabiendo que pronto un día, en el transcurso de sus vidas, Dios destruiría a los habitantes de la tierra. Noé, en particular, estaba predicando, llamando a sus vecinos al arrepentirse y a volverse al único Dios verdadero (2 P. 2:5).

En los días de Noé, el juicio de Dios no estaba reservado para un día distante, aguardando el momento el momento preciso de un futuro incierto. Dios no le dijo a Noé que construyera el arca *en caso* de que el fin viniera antes de que él muriera. Dios le dijo que el diluvio ocurriría pronto:

> Dijo, pues, Dios a Noé: He decidido el fin de todo ser, porque la tierra está llena de violencia a causa de ellos; y he aquí que yo los destruiré con la tierra. Hazte un arca de madera de gofer; harás aposentos en el arca, y la calafatearás con brea por dentro y por fuera... Y he aquí que yo traigo un diluvio de aguas sobre la tierra, para destruir toda carne en que haya espíritu de vida debajo del cielo; todo lo que hay en la tierra morirá. Mas estableceré mi pacto contigo, y entrarás en el arca tú, tus hijos, tu mujer, y las mujeres de tus hijos contigo ..". (Gn. 6:13–14, 17–18).

El Señor Jesús les dio una promesa similar a los creyentes que presenciarán el comienzo de los eventos de los últimos tiempos:

> De la higuera aprended la parábola: cuando ya su rama está tierna, y brotan las hojas, sabéis que el verano está cerca. Así también vosotros, cuando veáis todas estas cosas, conoced que está cerca, a las puertas. De cierto os digo, que no pasará esta generación hasta que todo esto acontezca (Mt. 24:32–33).

Así como Noé trabajó varios años construyendo el arca, la Iglesia debe trabajar predicando el evangelio antes y durante los juicios de los sellos. Jesús dijo: "Y será predicado este evangelio del reino en todo el mundo, para testimonio a todas las naciones; y entonces vendrá el fin" (Mt. 24:14). Desde el día en que el Anticristo firme el pacto con Israel, y ponga así en marcha la Semana Septuagésima, sabremos a ciencia cierta que el regreso del Señor está "a las puertas". Y mientras vemos caer los juicios de los sellos, debemos trabajar más vehementemente, como Noé lo hizo en medio de un mundo incapaz de ver su propia destrucción.

En el día del diluvio, Dios mismo cerró la puerta del arca antes de que la lluvia comenzará a caer (Gn. 7:16). De igual forma, el mismo Señor Jesús arrebatará a Su Iglesia antes de que el día de la ira de Dios caiga sobre el mundo. ¿Qué habrán sentido las personas al comprender, mientras permanecían de pie afuera del arca, observando la lluvia caer, que Noé había estado en lo correcto durante todo ese tiempo? ¿Cuánto más desfallecerán los corazones de los incrédulos cuando vean al Señor Jesús viniendo en las nubes del cielo, y vean el rapto de los creyentes, y comprendan que ellos han sido dejados atrás? El Señor Jesús dice: "y entonces lamentarán todas las tribus de la tierra" (Mt. 24:30).

Ciegos a la verdad

¿Qué hay acerca del carácter despreocupado que insinúa el "comiendo y bebiendo, casándose y dándose en casamiento?" Una vez más, los pretribulacionistas usan este pasaje para decir que el arrebatamiento debe ocurrir antes de la apertura de los sellos, porque la gente descrita aquí está realizando actividades comunes y corrientes, de cada día. Ellos arguyen que nada de esto se estaría realizando si hubiera señales que precedieran el retorno del Señor. Pasan por alto que la descripción dada aquí es de la vida diaria de los incrédulos, los que según la Biblia han sido cegados a causa de la dureza de sus corazones:

> De oído oiréis, y no entenderéis; y viendo veréis, y no percibiréis. Porque el corazón de este pueblo se ha engrosado, y con los oídos oyen pesadamente, y han cerrado sus ojos; para que vean con los ojos; y oigan con

los oídos, y con el corazón entiendan, y se conviertan, y yo los sane (Mt. 13:14, 15).

Pero si nuestro evangelio está aún encubierto, entre los que se pierden está encubierto; en los cuales el dios de este siglo cegó el entendimeinto de los incrédulos, para que no les resplandezca la luz del evangelio de la gloria de Cristo, el cual es la imagen de Dios (2 Cr. 4:3–4).

Esto es especialmente cierto cuando consideramos que el arrebatamiento ocurrirá después de la apertura de los seis primeros sellos, los cuales, de no ser por su intensidad, podrían ser explicados como fenómenos naturales. Actualmente, somos testigos de una matanza sin precedentes a causa de la limpieza étnica y de las guerras civiles y "santas" que se están librando en diversas partes del mundo. En los países del Tercer Mundo, los cadáveres famélicos de los desnutridos se amontonan en las calles de las ciudades. En la última década ha habido tantos incendios, diluvios, huracanes y terremotos que los titulares de las noticias, tales como "sin precedentes" y "nunca antes", difícilmente reciben una segunda mirada. Cuando escuchamos acerca de enfermedades nuevas, mortales e incurables, o de anormalidades asesinas que pasman a los científicos, lo consideramos *normal*. Así, de igual forma, el mundo incrédulo se aprestará a racionalizar los juicios de los sellos, considerándolos fenómenos naturales *normales*.

¿No creían los discípulos en la inminencia?

Uno de los argumentos favoritos de los pretribulacionistas para enseñar el regreso "en cualquier momento de Cristo" es el que dice que los discípulos y los padres de la iglesia creían que Jesús volvería en cualquier momento. Dicen que cuando Pablo usa frases como "esperando la manifestación de nuestro Señor Jesucristo" (1 Co. 1:7) y "aguardando la esperanza bienaventurada y la manifestación gloriosa de nuestro gran Dios y Salvador Jesucristo" (Tit. 2:13), el apóstol no pone condiciones. Por lo tanto, debe estar enseñando que Cristo puede regresar en cualquier momento, y que todos los creyentes – como lo hicieron los apóstoles –

debieran estar esperándolo siempre.

Esta enseñanza tiene varios problemas. Primero, es peligroso basar una enseñanza en inferencias. En ninguna parte la Escritura dice que Jesús podría regresar inadvertidamente. Recordemos que el término "inminente" es un término descriptivo aplicado por teólogos modernos y no aparece mencionado en la Biblia. La doctrina de la inminencia no fue acuñada sino hasta la Conferencia Niágara de la Biblia, a fines del 1800. Aún entonces había gran división en cuanto a lo que el término "inminente" en realidad significaba. Los pretribulacionistas sostuvieron que significaba "en cualquier tiempo", mientras que otros decían que significaba "dentro de cualquier generación", pero no necesariamente en cualquier momento, puesto que muchas señales proféticas deben cumplirse primero.

Los eruditos pretribulacionistas ganan apoyo para su interpretación asegurando que la enseñanza del arrebatamiento "en cualquier momento" aparece mencionado en los antiguos escritos de la Iglesia. Una mirada objetiva a esos escritos, sin embargo, muestra que tal aseveración es incorrecta. Escritores tales como Justino Mártir, Tertuliano, Ireneo, y otros padres de la iglesia de los siglos primero, segundo y tercero enseñaron inequívocamente que la Iglesia sufriría la persecución del Anticristo. Consideremos las siguientes declaraciones: "... El hombre de apostasía, quien se atreverá a ejecutar obras impías contra nosotros, los cristianos" (Mártir); "...Las herejías del tiempo presente no desgarrarán menos a la iglesia con sus pervertidas doctrinas que el Anticristo, cuando la persiga en aquel día con crueles ataques" (Tertuliano); y "...ahora, en cuanto a la tribulación de la persecución que está por sobrevenirle a la Iglesia de parte del adversario..." (Hipólito).

El hecho de que los padres de la iglesia esperaban que esta entrara a la Semana Septuagésima no puede ser más obvio.

Simplemente imposible
No sólo la Escritura *no* enseña que la venida de Cristo ocurrirá en "cualquier momento", sino que habría sido imposible que muchas de las profecías de los últimos tiempos se cumplieran antes de los tiempos modernos. Por ejemplo, el

Señor Jesús nos dice que el evangelio debe ser predicado a todas las naciones antes de que venga el fin (Mt. 24:14). Para cuando dio esta profecía, era físicamente imposible que la naciente Iglesia llevara el evangelio a cada nación de la tierra.

Hay otras profecías que no podrían haberse cumplido tampoco en el tiempo de la iglesia primitiva. Juan nos dice que el Anticristo, que ejercerá su autoridad "sobre toda tribu, pueblo, lengua y nación" (Ap. 13:7) y que "todos…, pequeños y grandes, ricos y pobres, libres y esclavos, se les pusiese una marca en la mano derecha, o en la frente; y que ninguno pudiese comprar ni vender, sino el que tuviese la marca o el nombre de la bestia, o el número de su nombre" (Ap. 13:16,17). ¿Cómo podría un gobierno, incluso uno tan poderoso como el antiguo Imperio Romano, haber impedido que, en todo el mundo, "ninguno pudiese comprar ni vender, sino el que tuviese la marca o el nombre de la bestia, o el número de su nombre"? Roma nunca poseyó ni el poder ni la tecnología para cumplir esta profecía. Roma ni siquiera supo que en su tiempo existían otras civilizaciones tan avanzadas como la suya en Centro y Sudamérica. Ninguna generación en la historia de la humanidad ha presenciado jamás el surgimiento de un poder político y militar que pudiera cumplir esta profecía, hasta ahora.

¿Se equivocó la Biblia al enseñarle a los creyentes a través de los siglos que debían esperar por el regreso del Señor? No. Pablo nunca dijo que Jesús podía volver en cualquier momento. Lo único que él dijo fue que los creyentes debíamos mantener siempre un *estilo de vida* expectante. Este estilo de vida es uno caracterizado por la esperanza, centrado en las cosas celestiales, no en las terrenas; un catalizador para el evangelismo y la vida santa. Es este estilo de vida el que nos recuerda que somos extranjeros y advenedizos aquí, y que deberíamos estar mirando siempre hacia el cielo, anhelando estar con Cristo en nuestro hogar eterno. Esta es la voluntad de Dios para los creyentes de todas las épocas.

¿Destruye la posición pre-ira la inminencia?

En este libro, sugerimos que el arrebatamiento pre-ira debiera actuar, por su propia naturaleza, como un catalizador para la vida santa. Algunos preguntarán: "¿Cómo un arrebatamiento posterior al sexto sello podría actuar como un catalizador? ¿No actuaría, más bien, como un catalizador para la complacencia? Después de todo, si es verdad que ciertos eventos específicos deben ocurrir antes de que el Señor Jesús pueda regresar, ¿cuál es el apuro?" En cualquier otra generación anterior a la nuestra, esas protestas serían plausibles. Pero nosotros vivimos en un tiempo en el cual casi podemos oír los cascos de los caballos del Apocalipsis. Esto debiera darle a nuestra generación un sentido especial de urgencia. Como vigías en la torre, debiéramos estar gritando: "¡Despierten! ¡Despierten!" Lejos de fomentar la complacencia, el conocimiento del arrebatamiento pre-ira nos revela el verdadero significado de lo que es inminente. Debiéramos vivir esperando ansiosamente por Él cada momento de nuestras vidas, preparándonos en santidad para Su regreso, cultivando el fruto del Espíritu y creciendo en madurez espiritual.

Según el *Pequeño Larousse*, la palabra *inminente* significa "Que amenaza o está para suceder prontamente". Debido a la naturaleza de los días en los que vivimos, el regreso físico de Cristo es semejante a esa definición. De hecho, podemos decir que Su regreso amenaza más con ocurrir ahora que hace 1.000 años atrás, o que aún 100 años atrás. Su venida es casi palpable.[65] Hace 100 años atrás no teníamos forma de saber lo que estaba ocurriendo en países que están al otro lado del mundo. El Anticristo podría haber hecho su aparición en Jerusalén, podría haber confirmado el pacto de siete años e iniciado la Semana Septuagésima, y nadie más allá del Medio Oriente se habría enterado de ello. Sólo cuando Cristo apareciera en el cielo y la Iglesia fuera transformada en millones de cuerpos glorificados podrían aquellos en el otro lado del mundo enterarse de lo que estaba pasando.

Vivimos en un tiempo único. Por medio de la televisión satelital y la Internet, hoy podemos ver cómo la historia de la humanidad se desarrolla momento a momento. Noche tras noche en las noticias, vemos a los países del Medio Oriente alinearse exactamente como los profetas lo profetizaron 4.000 años atrás. Gracias a los avances modernos en transporte, telecomunicaciones, impresión y traducción, podemos literalmente contar el número de las naciones que faltan para completar la Gran Comisión. Mientras observamos el cumplimiento ante nuestros propios ojos de cientos de las profecías del Antiguo y Nuevo Testamento, la sensación de inminencia debiera ser más claro en nuestra generación.

Cada día, al despertar, debiéramos esperar por el regreso del Señor Jesús. No que los cielos se vayan a abrir — no aún — , pero Su venida está cerca. Después de décadas de contemplar a Israel luchar a brazo partido por mantener su posición en medio del peligroso vecindario árabe, cualquier día podríamos ver la confirmación del pacto de siete años que marcará el inicio de la Semana Septuagésima. Cualquier día, podríamos enterarnos de que los principales bancos mundiales se han unido para compartir la información que hará posible la creación de un sistema que dejará obsoleto el dinero contante y sonante en cosa de días, abriendo la puerta para la instauración de la marca de la bestia. Cada día vemos el tira y afloja político que gatillará la invasión de Israel y que preparará el camino para la batalla de Armagedón.

¿Pone la posición pre-ira en peligro la doctrina de la inminencia? ¡Lejos de hacer tal cosa, por primera vez en la historia de la Iglesia estamos experimentando lo que en verdad significa la palabra inminencia![66]

---

[65] Esta era la posición del teólogo Robert Gundry, quien "estaba persuadido de que la terminología del Nuevo Testamento acerca del velar y vigilar justificaba una actitud de expectación por el retorno de Cristo, pero no una creencia en la (definición pretribulacional de) inminencia" [*Tres Posiciones Acerca del Arrebatamiento – Three Views on the Rapture*, Ibid., p. 40].

[66] Robert Van Kampen cita una antigua obra canónica como base para la postura pre-ira: La *Didache* o *La Enseñanza del Señor por medio de los Doce Apóstoles*, fechada entre el 70 y el 140 d. C. "La *Didache* no ve el Discurso del Monte de los Olivos como una referencia a la batalla de Armagedón, sino como una referencia a la segunda venida de Cristo: '...no sabéis la hora en que nuestro Señor vendrá', cuando 'los que permanecen en su fe serán salvados [librados]' de 'el engañador del mundo', del 'fuego de la prueba...pero los que permanecen en su fe serán salvados [librados] ... entonces se manifestarán las señales de la verdad ... la señal que se extiende en el cielo...el toque de la trompeta la ...la resurrección de los muertos...el Señor viniendo en las nubes del cielo'. Los primeros cristianos creían que esta era la enseñanza personal de Cristo dada a la iglesia por Sus discípulos.

Si esto es verdad o no, es irrelevante. Pero para que el documento fuera aceptado, como de hecho lo fue por los primeros seguidores de Jesús y Sus discípulos, la enseñanza del libro debe haber sido consecuente con los recuerdos y el entendimiento que tenían de la enseñanza de Cristo. Es evidente que la iglesia primitiva creía que en el Discurso del Monte de los Olivos de Cristo se refería al arrebatamiento de la iglesia. Y con la misma claridad pensaban también que esta enseñanza específica era lo suficientemente importante para ser compartida con los nuevos. La *Didache* es la prueba palpable de que lo fue" [*El Rapto, Respuestas claras y sencillas para una pregunta difícil - The Rapture Question Answered: Plain and Simple*, pp. 191-2].

7

La Identidad del que Detiene (O, ¿Verá la iglesia al Anticristo?)

Un argumento comúnmente utilizado a favor del arrebatamiento pretribulacional es que el Anticristo no puede recibir el poder hasta que el Espíritu Santo haya sido removido de la tierra, lo que ocurre al momento del rapto de la Iglesia. Una vez que la influencia restrictiva del Espíritu Santo es quitada, el Anticristo queda en libertad para confirmar el pacto de siete años con Israel, lo que da inicio a la Semana Septuagésima. Según este razonamiento, la Iglesia debe ser arrebatada antes de la Semana Septuagésima.

Este argumento proviene de la admonición dada por Pablo en 2 Tesalonicenses. 2:3–8: "Nadie os engañe en ninguna manera; porque no vendrá sin que antes venga la apostasía, y se manifieste el hombre de pecado, el hijo de perdición, el cual se opone y se levanta contra todo lo que se llama Dios o es objeto de culto; tanto que se sienta en el templo de Dios como Dios, haciéndose pasar por Dios. ¿No os acordáis que cuando yo estaba todavía con vosotros, os decía esto? Y ahora *vosotros sabéis lo que lo detiene*, a fin de que a su debido tiempo se manifieste. Porque ya está en acción el misterio de la iniquidad; sólo que hay *quien al presente lo detiene, hasta que él a su vez sea quitado de en medio*. Y entonces se manifestará aquel inicuo...."

Los pretribulacionistas leen las dos últimas oraciones de esta forma: "Porque ya está en acción el misterio de la iniquidad; sólo que hay quien [el Espíritu Santo] al presente lo detiene, hasta que él a su vez sea quitado de en medio [al

13

arrebatamiento]. Y entonces se manifestará aquel inicuo..." En algunas Biblias, "Quien" aparece en mayúscula, implicando que es el Espíritu Santo el detenedor especificado en el texto griego.

Si el Espíritu Santo es el detenedor, el argumento pretribulacional sería irrefutable; pero no es así.[67] Primero, el trabajo del Espíritu Santo no es detener al pecado. Su trabajo es convencer de pecado. La Biblia nos dice que el Espíritu Santo enseña, convence, conforta, intercede, guía, fortalece, santifica y regenera (Jn. 16:8,13; Jn. 14:26; Jn. 16:13; Ro. 8:26; Ro. 15:16; Jn. 3:5); pero en ninguna parte nos dice que él detiene el pecado.[68] Como hijos de Dios, nacidos de Su Espíritu, es nuestra responsabilidad *resistir* al pecado sometiéndonos a Él. Si su tarea fuera detener al pecado, estaría violando nuestro libre albedrío.

Además, lo que está en vista aquí no es la habilidad del creyente para resistir al pecado. Este pasaje está describiendo una fuerza externa de iniquidad y al detenedor como el que detiene a esta fuerza externa — una función jamás atribuida al Espíritu Santo. *La Versión Amplificada* traduce de esta forma este pasaje: "Porque el misterio de iniquidad — ese principio

---

[67] John Walvoord está entre aquellos prominentes eruditos pretribulacionales que identifican al detenedor como el Espíritu Santo. En *La Pregunta Acerca del Rapto*, dice: "La principal prueba textual concerniente al retorno del Espíritu Santo al cielo se encuentra en 2 Ts. 2:6-8, en conexión con el inicuo..." (p. 78). Sin embargo, varias líneas después admite: "Expositores de todas las tendencias han tenido una dura tarea tratando de identificar a este detenedor". Una página después, admite que la exégesis de las palabras claves del pasaje son "poco decisivas". Aunque los eruditos pretribulacionistas quisieran presentarse como teniendo un caso sólido, admiten que no lo tienen.

[68] Según la teología dispensacional, el Espíritu Santo detiene el pecado a través de Su presencia, que opera como un "factor gobernador" en la administración de Dios sobre los seres humanos, aun cuando las Escrituras no dicen tal cosa. Una de las pruebas textuales citadas frequentemente es Gen. 6:3, "No contenderá mi espíritu con el hombre para siempre", lo cual es claramente ir más allá de lo que el texto dice. Ya que este versículo concluye inmediatamente con "mas serán sus días ciento veinte años", una conclusión más razonable es que Dios está escogiendo retardar Su juicio sobre la humanidad impía esa cantidad de tiempo. Y, ciertamente, al cumplirse dicho plazo el Diluvio ocurrió.

oculto de rebeldía contra la autoridad constituida — ya está trabajando en el mundo, [pero está siendo] detenido sólo hasta que el detenedor sea quitado de en medio". De manera similar, *La Nueva Versión Internacional* dice: "Es cierto que el misterio de la maldad ya está ejerciendo su poder; pero falta que sea quitado de en medio el que ahora lo detiene".

Tercero, el Espíritu Santo no puede ser el detenedor porque Él no puede ser removido de la tierra sin causar una contradicción bíblica. El Señor Jesús dijo que Él nos enviaría un Ayudador, el Espíritu Santo, quien comfortaría y enseñaría a todos los creyentes. "Cristo nos redimió... para que en Cristo Jesús la bendición de Abraham alcanzase a los gentiles, a fin de que por la fe recibiésemos la promesa del Espíritu" (Gá. 3:13, 14). Esta promesa no es sólo para los creyentes que vivan antes del arrebatamiento; es una promesa para *todos* los creyentes: "Pero a cada uno le es dada la manifestación del Espíritu para provecho" (1 Co.12:7). Para que la Biblia continúe sin tener contradicciones, después del rapto el Espíritu debe permanecer aquí.[69]

¿Salvación sin el Espíritu?

La Escritura es muy clara en cuanto a que habrá gente salva después del arrebatamiento. Esto incluye a la nación de Israel, que finalmente acepta a Jesús como su Mesías. De hecho, las escrituras sugieren que habrá una explosión de evangelismo durante la Semana Septuagésima (Mal. 4:5–6; Ez. 37:1–14, Ro. 11:26, Ap. 14:6; Ap. 15:2–4). La remoción del Espíritu Santo haría que esto fuera imposible porque, como Gleason Archer ha señalado, aparte de la influencia del Espíritu Santo no puede haber tal fenomenal conversión:

---

[69] La referencia a todos los creyentes es significativa porque refuta el argumento pretribulacional de que esta promesa es sólo para la dispensación de la Iglesia, una distinción que nunca se hace en la Escritura. John Walvoord, quien repetidamente critica a los postribulacionistas por "argumentar desde el silencio", usa este mismo argumento para fundamentar su posición, escribiendo que "ni Gundry ni nadie más puede probar que el bautismo del Espíritu, que conforma a la Iglesia, se ve durante la Tribulation" (*La Pregunta Acerca del Rapto* [*The Rapture Question*, p. 243]).

"Puesto que ningún pecador puede ser traído al arrepentimiento, a la fe, y al sometimiento al señorío de Cristo al menos que sea por el poder del Espíritu Santo, es totalmente inconcebible que durante una era en que el Espíritu Santo ha sido removido, pueda ocurrir una conversión, mucho menos numerosas conversiones !"[70]

Muchos pretribulacionistas han tratado de reconciliar la remoción del Espíritu Santo al momento del rapto con la subsecuente explosión de evangelismo sugiriendo que el Espíritu Santo no es removido totalmente, sino parcialmente. Este es un extraño argumento, considerando que el Espíritu Santo es una persona, no una entidad cuantitativa que pueda ser dividida. Sugerir que Él es removido sólo lo suficiente para permitir el surgimiento del Anticristo pero no lo suficiente para impedir que haya conversiones, es tan absurdo que es sorprendente que destacados eruditos lo sugieran.[71]

Otra forma en que los pretribulacionistas tratan que sortear estos problemas es sugiriendo que el detenedor no es el Espíritu Santo sino la Iglesia. La remoción de la Iglesia permitirá que el hombre de pecado se manifieste. Este es otro argumento extrañísimo, considerando que, a través de la Biblia, la Iglesia — la Novia de Cristo — es identificada con pronombre femenino. Mientras que en 2 Tesalonicenses 2:8, el detenedor es masculino.

¿Quién es el Detenedor?

Si el detenedor no es el Espíritu Santo, ¿quién es? Probablemente, es Miguel, el Arcángel, quien es identificado como el protector [detenedor] histórico de Israel. Esta identificación es dada en Daniel 10:13–21, cuando se le da a Daniel una visión de lo que ocurrirá en los últimos días. En el

---

[70] *Tres Posiciones Acerca del Arrebatamiento [Three Views on the Rapture*, p. 128].

[71] John Walvoord está entre los pretribulacionistas que sugieren esto. Él escribe: "Los pretribulacionistas concuerdan en que la remoción del Espíritu no es completa, porque ek Espíritu Santo aún es omnipresente y aún realiza cierta restricción, como el libro de Apocalipsis lo aclara cuando habla de la protección de los 144. 000" (*La Pregunta Acerca del Rapto [The Rapture Question*, p. 243]).

116

versículo 13, el ángel enviado a Daniel le explica por qué ha tardó en llegar a entregarle la visión: estaba luchando con el "príncipe de Persia" (fuerzas demoníacas) "pero he aquí, Miguel, uno de los principales príncipes, vino para ayudarme". Luego, en el versículo 21, el ángel dice: "Ninguno me ayuda contra ellos, sino Miguel vuestro príncipe".

El verbo "ayudar" es traducido "holdeth" en la versión Rey Jaime (King James). Según la *Concordancia Exhaustiva Strong*, este verbo, *chazaq*, significa "sujetar, restringir, o conquistar". Es decir, Miguel es identificado como el príncipe del pueblo hebreo que *sujeta, restringe o conquista*. En su serie sobre el Apocalipsis en casetes, Marvin Rosenthal destaca: "Cuando Pablo habla del detenedor en 2 Tesalonisences, está casi citando del libro de Daniel, el cual él debe haber conocido muy bien".[72]

Identificación adicional de Miguel como el detenedor es dada en Daniel 11, en donde el profeta describe la ascensión al poder del Anticristo, su profanación del templo judío y la abolición de los sacrificios judíos. Daniel luego describe la terrible persecución que el Anticristo desatará contra el pueblo de Dios y los exhorta a permanecer firmes, todo lo cual es consistente con la secuencia de los eventos descritos en Mateo 24 y Apocalipsis 6.

Es entonces que Miguel se levanta:

> En aquel tiempo se levantará Miguel, el gran príncipe que está de parte de los hijos de tu pueblo; y será tiempo de angustia, cual nunca fue desde que hubo gente hasta entonces; pero en aquel tiempo será libertado tu pueblo, todos los que se hallen escritos en el libro (Dn. 12:1).

La frase "se levantará Miguel" salta a la vista. Él *se levanta*. ¿Qué significa esto? En castellano significa literalmente eso, levantarse, como el acto contrario a sentarse. Pero la palabra hebrea *amad* tiene poco que ver con la posición horizontal o vertical del cuerpo. Puede tener varios

---

[72] "12 Mensajes sobre Daniel", casete (© Zion's Hope).

significados, incluyendo "designar, levantar, cesar, confirmar, continuar, habitar, soportar, establecer y abandonar".

Marvin Rosenthal comenta:

Hablando de aquel que detiene al Anticristo, Pablo dice: "sólo que hay quien al presente lo detiene, hasta que él a su vez sea quitado de en medio" (2 Ts. 2:7). La palabra detener significa restringir, y la frase quitado de en medio significa hacerse a un lado. Por lo tanto, el que tiene la tarea de detener al Anticristo se hará a un lado; esto es, ya no estará más entre el Anticristo y aquellos a los que el Anticristo está persiguiendo.

...Además, Daniel ya ha dicho que Miguel se levantará durante un "tiempo de angustia, cual nunca fue desde que hubo gente hasta entonces". El tiempo de angustia sin precedente puede referirse sólo a la Gran Tribulación. Puesto que se le dice a Daniel que esta gran angustia se relaciona con su pueblo — y su pueblo es el pueblo judío — esto sólo puede ser una referencia al "tiempo de angustia para Jacob" (Jer. 30:7), que es sinónimo de la Gran Tribulación. Es en este tiempo que el arcángel Miguel se levantará.

Pero, ¿qué significa la palabra hebrea (amad) que aquí se traduce levantarse? Rashi, uno de los eruditos más grandes de Israel ... entendió que levantarse significa literalmente estarse quieto. El significado, según uno de los eruditos más grandes de Israel, sería permanecer inactivo o hacerse a un lado. Miguel, el guardián de Israel, ha luchado antes por la nación (Dn. 10:13, 21), pero ahora este "que está de parte de los hijos de tu pueblo" se levantará para quedarse quieto o hacerse a un lado. Es decir, no ayudará; no detendrá más; no será más una fuerza restrictiva.

El Midrash, comentando sobre este verso, dice: 'El Santo, bendito sea Él, dijo a Miguel: "¿Estás callado? No defiendes a mis hijos".[73]

---

[73] *El Arrebatamiento Pre-Ira de la Iglesia* [*Pre-Wrath Rapture of the Church*, pp. 257-8].

Aunque los efectos más intensos de la Gran Tribulación los sufrirán los judíos que viven en y alrededor de Jerusalén, es importante recordar que los creyentes gentiles somos ramas de "olivo silvestre" (Ro. 11:17) injertadas en el olivo original, Israel. Y como "participantes de la raíz y de la rica savia del olivo", los creyentes no estaremos libres sufrir la persecución que vendrá sobre el pueblo de Dios.

¿Deberíamos esperar ver al Anticristo?

Tener un entendimiento bien fundado de la identidad del detenedor mencionado en 2 Tesalonisences nos ayuda a responder otra pregunta que suscita la posición pre-ira: Si debemos esperar que el Anticristo se manifieste como una de las señales de los últimos tiempos, ¿por qué ninguno de los escritores del Nuevo Testamento nos lo dice claramente? De hecho, tres de ellos lo dicen:

Mateo, registra las palabras del Señor Jesús en Mateo 24:

> Por tanto, *cuando veáis en el lugar santo la abominación desoladora de que habló el profeta Daniel...* entonces los que estén en Judea, huyan a los montes... porque habrá entonces gran tribulación, cual no la ha habido desde el principio del mundo hasta ahora, ni la habrá... Entonces aparecerá la señal del Hijo del Hombre en el cielo; y entonces lamentarán todas las tribus de la tierra, y verán al Hijo del Hombre viniendo sobre las nubes del cielo, con poder y gran gloria.... (vs. 15–30)

Marcos, registra las palabras del Señor Jesús en Marcos 13:

> *Pero cuando veáis la abominación desoladora de que habló el profeta Daniel, puesta donde no debe estar* ... entonces los que estén en Judea huyan a los montes... porque aquellos días serán de tribulación cual nunca ha habido desde el principio de la creación que Dios creó, hasta este tiempo, ni la habrá...

Entonces verán al Hijo del Hombre, que vendrá en las nubes con gran poder y gloria (vs. 14–26).

Y Pablo en 2 Tesalonicenses:

Nadie os engañe en ninguna manera; porque no vendrá [el día del Señor] *sin que antes venga la apostasía, y se manifieste el hombre de pecado*, el hijo de perdición, el cual se opone y se levanta contra todo lo que se llama Dios o es objeto de culto; tanto que se sienta en el templo de Dios como Dios, haciéndose pasar por Dios [la abominación desoladora].... (2 Ts. 2:3–4).

8

'Te Guardaré de la Hora'

Es principalmente por medio de la aflicción que el corazón del hombre es purificado, y que sus pensamientos son bien encaminados. La prosperidad intoxica la imaginación, hace que la mente se preocupe sólo del presente, produce confianza y exaltación; e induce, al que disfruta de abundancia y honores, a olvidar la mano que le brindó todo esto. Raramente nos damos cuenta de nuestra imbecilidad con otro medio que no sea la aflicción; es ella la que nos enseña cuán poca seguridad y tranquilidad nos pueden dar nuestras adquisiciones, y cuán necesario es que supeditemos a un poder superior aquellas bendiciones que en la sensualidad del éxito consideramos como logros ganados con nuestra astucia y coraje.

—Samuel Johnson (1709–1784)

Muchos aceptan el pretribulacionismo, a pesar de su falta de fundamento bíblico, basándose en este versículo: "Por cuanto has guardado la palabra de mi paciencia, yo también te guardaré de la hora de la prueba que ha de venir sobre el mundo entero, para probar a los que moran sobre la tierra" (Ap. 3:10). ¿Cómo podemos pasar por los juicios de los sellos, protestan, cuando Dios ha prometido guardarnos de ellos? Es evidente que Dios nos arrebatará antes del comienzo de la Semana Septuagésima.

Hay cinco razones por las que este argumento es inadmisible:

1. El Señor ha prometido guardar a todos los creyentes sólo de Su *ira* — los juicios de las copas que son parte del Día del Señor — no de los periodos de prueba o tribulación.

2. El Señor le hace esta promesa: "te guardaré de la hora de la prueba", sólo a *una* iglesia — la iglesia fiel, la Iglesia de Filadelfia —, no a las seis iglesias mencionadas en el Apocalipsis.

3. La "hora de la prueba" no abarca toda la Semana Septuagésima, sino sólo el periodo de los seis sellos.

4. El verbo griego "guardar" no significa necesariamente "quitar", como los pretribulacionistas sugieren.

5. Hay razones que demandan que la Iglesia esté presente durante los sellos de los juicios: la necesidad de experimentar la amante y purificadora presencia de Dios como testimonio al mundo incrédulo.

Entonces, ¿qué significa "te guardaré de la hora de la prueba"? Las fallas del pretribulacionismo surgen continuamente a causa de la inexactitud en la definición de los términos. Ya hemos visto cuán equivocada puede ser la definición de la ira de Dios y la Gran Tribulación. "Te guardaré de la hora de la prueba" es otro ejemplo del mismo error.

Una segunda mirada a 'te guardaré'

Démosle una segunda mirada a la frase. Los pretribulacionistas dicen que "te guardaré de la hora de la prueba" significa que Dios guardará a Sus hijos de este terrible tiempo de persecución quitándolos físicamente de la tierra. Pero la palabra griega que se usa aquí para "guardar", *tereo*, no significa "quitar". Significa "guardar de pérdida o daño poniendo atención sobre el objeto a cuidar", y proviene de la raíz *teros*, que significa "vigilar".[74] No hay nada en esta

---

[74] *Concordancia Exhaustiva Strong.*

definición que implique "quitar", y sin embargo esto es exactamente lo que dicen los pretribulacionistas que pasará.

De hecho, muchas versiones bíblicas no traducen esta frase "te guardaré de la hora de la prueba". La *Nueva Biblia Americana* la traduce "te salvaré de"; *La Biblia Viva* la traduce "te protegeré de"; y *La Biblia Amplificada* la traduce "te mantendré seguro de". En sus notas al margen, *La Versión Nueva Internacional* explica: "El griego para esta frase puede significar tanto 'te guardaré de sufrir' comoo 'te guardaré de pasar por'".

En cualquier caso, no significa "quitar".[75]

Es interesante que según el *Diccionario Oxford de Inglés*, el verbo "guardar" data del año 1.000 d. C. El sentido original habría sido "sujetar con las manos, y poner atención; guardar con la mirada, vigilar". Algunos significados más antiguos le dan un sentido muy personal e íntimo: "tener cuidado, vigilar, prevenir, preocuparse por, deber proteger, preservar". ¡Qué hermoso cuadro de Dios velando sobre Su Iglesia! En un castillo medieval, una "guardia" era una fortaleza interior, una torre central que servía como última defensa. ¡Otra maravillosa ilustración del verdadero Cuerpo de Cristo!

John Wycliffe, el reformador de la iglesia medieval (Siglo XIV) que le preparó el camino a Martín Lutero y a la Reforma, al parecer entendió esto muy bien. Identificando la hora de la prueba como un período de tiempo específico asociado con la Semana Septuagésima, no vio a la Iglesia siendo quitada físicamente de tal período. No vio al arrebatamiento como una forma de liberación divina de esta hora. El *Comentario Wycliffe de la Biblia,* en relación a Apocalipsis 3:10, dice:

---

[75] Entre los teólogos que leen "guardar" como significando "quitar", la evidencia usualmente proviene de su lectura de la palabra *ek*, o "de". Su posición es la de que "guardar de" significa impedir que se entre en. La única forma de impedir que la Iglesia entre en el período de prueba, razonan ellos, es arrebatándola antes. Otros eruditos, no aceptan que sea leída de esta forma. Ellos dicen que significa "proteger en medio de". Aunque existen variadas discusiones técnicas y exhaustivas sobre el tema, lo más probable es que sean las claves contextuales, y no la gramática, las que permiten decidir el caso.

Aunque con mucha dignidad, esta iglesia de todas formas va a sufrir un tiempo de prueba severa. Notemos cuidadosamente que la palabra usada aquí es "prueba", no *tribulación*. Pero en la prueba los creyentes van a ser guardados divinamente. (Ver Juan 17:15 ["No ruego que los quites del mundo, sino que los guardes del mal"]).

'La hora de la prueba'

La segunda parte de la frase es "la hora de la prueba". La palabra griega traducida "prueba" es *peirasmós*, la que a veces es también traducida "tentación". En la *Version Rey Jaime*, este versículo es traducido "la hora de la tentación". Pero en las versiones contemporáneas es generalmente traducida "la hora de la prueba". La misma palabra, *peirasmós*, se usa en los conocidos versículos: "No nos metas en tentación *(peirasmós)*, mas líbranos del mal" (Mt. 6:13); "Velad y orad, para que no entréis en tentación *(peirasmós)*" (Mr. 14:38); "Y cuando el diablo hubo acabado toda tentación *(peirasmós)*, se apartó de él por un tiempo" (Lc. 4:13).

Esta palabra, *peirasmós*, no se asocia de ninguna forma con la ira de Dios. Se relaciona, más bien, con el tiempo en que los creyentes serán probados y atribulados a causa de su fidelidad a Dios, como el Señor Jesús fue probado en el desierto.[76]

---

[76] Robert Van Kampen aclara esto al destacar que *peirasmós* significa "poner a prueba", ya sea para el bien o para el mal. Luego argumenta que la tentación, o el ser tentado, que vendrá durante los juicios de los sellos es de parte de Satanás, no de parte de Dios. "Cuando alguno es tentado, no diga que es tentado de parte de Dios; porque Dios no puede ser tentado por el mal, ni él tienta a nadie" (Stg. 1:13). "Por lo cual también yo, no pudiendo soportar más, envié para informarme de vuestra fe, no sea que os hubiese tentado el tentador, y que nuestro trabajo resultase en vano" (1 Ts. 3:5). Y "No os neguéis el uno al otro, a no ser por algún tiempo de mutuo consentimiento, para ocuparos sosegadamente en la oración; y volved a juntaros en uno, para que no os tiente Satanás a causa de vuestra incontinencia" (1 Co. 7:5). Todas las formas de la palabra "tentar" en estos tres versículos viene de la raíz *peirazó*, la cual se deriva de la misma palabra básica que *peirasmós*. Todas dicen lo mismo. Satanás y no Dios, es la fuente de todo *peirazó* (El Rapto, págs. 144-5).

¿Desde dónde vendrá la tentación (*peirasmós*)? Durante el Comienzo de Dolores, y más intensamente durante la Gran Tribulación, el Anticristo creará una tentadora alternativa a los sufrimientos y persecuciones que se desatarán durante su reinado. ¿Comprará el pueblo de Dios utilizando el sistema satánico que establecerá el Anticristo? ¿O permanecerán firmes, aun a expensas de sus propias vidas? Este tiempo se caracterizará por hambrunas, guerras y desastres naturales. ¿Actuarán los cristianos generosamente, compartiendo sus alimentos, sus medicamentos y sus techos con los necesitados? ¿O almacenarán para sí mismos y sus familias, abandonando a otros a su propia suerte? ¿Cómo responderán a Dios los creyentes durante este tiempo? ¿Pondrán en alto el nombre del Señor Jesús y le darán gloria? ¿O murmurarán y se quejarán contra Él, permitiendo que la amargura y el resentimiento crezcan en sus corazones?[77] La persecución y la prueba que traerán los seis primeros sellos será intensa, y así lo será también la tentación (*peirasmós*). ¿Qué hará el pueblo de Dios?

Marvin Rosenthal hace una observación interesante acerca de este tiempo basándose en los muchos paralelos que la Biblia hace entre la vida del creyente y la batalla espiritual:

> Los soldados no son probados durante los períodos de descanso y relajamiento vividos en la comodidad y seguridad de las barracas. Son probados en el fragor de la batalla. Los soldados de Alejandro Magno estaban ansiosos de ir a la batalla para demostrarle su lealtad y valor en combate a su gran líder. Sólo entonces podía el soldado tatuarse la "A" de Alejandro en su cuerpo. Era una marca (*stigmata*) que estaba orgulloso de llevar. El apóstol Pablo tenía este concepto en mente cuando escribió: "porque yo traigo en mi cuerpo las marcas (*stigmata*) del Señor Jesús" (Gá. 6:17). Cuando el Anticristo esté presente personalmente, comandado por Satanás (Ap. 13:4), y demande que el mundo se incline ante él y le adore, la verdadera iglesia tendrá la más grande oportunidad nunca antes dada para demostrarle a

---

[77] Este fue el error que cometieron los israelitas en el desierto, transformando un viaje de 11 días, desde Egipto a Canaan, en un peregrinaje de 40 años.

su soberano Señor su amor y devoción, negándose a rendirle honor a un cristo falso.[78]

Muchos argumentan que Dios no someterá a Su Iglesia a tales pruebas porque Él es un Dios bondadoso, y tal cosa sería hacerlo responsable por el pecado de los que caerán. Ninguno de estos argumentos es correcto.

No hay nada en la naturaleza de un Dios bondadoso que le impida probar a Su pueblo. Salomón escribió: "No menosprecies, hijo mío, el castigo de Jehová, ni te fatigues de su corrección; porque Jehová al que ama castiga, como el padre al hijo a quien quiere" (Pr. 3:11–12). Pablo retoma el mismo tema en Hebreos 12:7–11: "Si soportáis la disciplina, Dios os trata como a hijos; porque ¿qué hijo es aquel a quien el padre no disciplina? Pero si se os deja sin disciplina, de la cual todos han sido participantes, entonces sois bastardos, y no hijos". David también habla extensamente acerca de la prueba a la que Dios somete a los suyos: "Porque tú nos probaste, oh Dios; nos ensayaste como se afina la plata. Nos metiste en la red; pusiste sobre nuestros lomos pesada carga…. Pasamos por el fuego y por el agua, y nos sacaste a abundancia" (Sal. 66:10–12 — también Sal. 7:9; 17:3).

Aún si la prueba hace que los creyentes tropecemos, Dios no es responsable por el pecado. Pablo dice: "No nos ha sobrevenido ninguna tentación que no sea humana; pero fiel es Dios, que no os dejará ser tentados más de lo que podéis resistir, sino que dará también juntamente con la tentación la salida, para que podáis soportar" (1 Co. 10:13). En otras palabras, Dios permite las pruebas o tentaciones en las sendas de Su pueblo como una forma de probar la fidelidad de nuestros corazones. Pero Él nunca nos tienta a pecar (Stg. 1:12–13). Por lo tanto, si tropezamos, Él no es responsable por nuestro pecado, puesto que en Su bondad y misericordia siempre nos proporciona la vía de escape – la que Él espera que nosotros tomemos.

---

[78] *El Arrebatamiento Pre-Ira de la Iglesia* – [*Pre-Wrath Rapture of the Church*, pp. 137-8].

¿Conclusión? De ninguna forma la frase "te guardaré de la hora de la prueba" puede usarse para sostener la interpretación de que la Iglesia será arrebatada para proteger a los creyentes de las tentaciones asociadas con los seis sellos del Apocalipsis. En vez de eso, frase "te guardaré de la hora de la prueba" apoya la idea de que la Iglesia estará presente en la tierra durante este periodo de prueba intensa y tentación; pero en medio de ella, Dios protegerá sobrenaturalmente a un grupo de creyentes, la Iglesia de Filadelfia, la cual Él ha descrito como Su Novia fiel y verdadera.

La evidencia que hay en Daniel

En Daniel 11 hay evidencia adicional, un relato que habla del Comienzo de Dolores y de la Gran Tribulación. Inmediatamente después de la descripción que Daniel hace de la "abominación desoladora", que es cuando el Anticristo se presenta en el templo judío y se declara a sí mismo como Dios, Daniel habla de la hora de persecución que el Señor Jesús llama la Gran Tribulación. Como haciendo un paralelo de Apocalipsis 3:10, Daniel escribe: "Y los sabios del pueblo instruirán a muchos; y por algunos días caerán a espada y a fuego, en cautiverio y despojo. *Y en su caída serán ayudados de pequeño socorro*".

¿Qué forma tomará esta ayuda? La Biblia no lo dice. Hay, sin embargo, una notoria semejanza entre algunos de los juicios de las copas y las plagas sufridas por los antiguos egipcios, dando origen a la posibilidad de que el pueblo de Dios será protegido durante parte de la Semana Septuagésima en forma parecida a como fue protegido Israel durante el tiempo de Moisés. Douglas Moo escribe: "Se dice que, puesto que el tiempo de prueba viene sobre "toda la tierra habitada", sólo la remoción física puede proteger efectivamente a la iglesia. Esto es cierto sólo si la tribulación es de tal naturaleza que sus devastaciones caen indiscriminadamente sobre todos los hombres. Pero ya hemos dejado en claro que este no es el caso; varios paralelos bíblicos, así como ciertos pasajes del Apocalipsis demuestran… la habilidad de Dios para guardar a

Su pueblo de estos efectos".[79] Aunque Moo cree que la Iglesia experimentará la ira de Dios, un punto con el que estamos en desacuerdo, su argumento sobre la protección es válido.

Oportunamente conoceremos el método que Dios usará para proteger a Sus hijos. Pero podemos estar seguros de una cosa: Dios es fiel a Su palabra, y la Iglesia de Filadelfia recibirá alguna forma de ayuda sobrenatural.

¿ Tiene Dios favoritos?

"Yo también te guardaré de la hora de la prueba". ¿Por qué se le hace esta promesa a una iglesia y no a las demás? El mismo Señor Jesús responde esta pregunta: "Yo conozco tus obras; he aquí, he puesto delante de ti una puerta abierta, la cual nadie puede cerrar; porque aunque tienes poca fuerza, has guardado mi palabra, y no has negado mi nombre.... Por cuanto has guardado la palabra de mi paciencia, yo también te guardaré de la hora de la prueba que ha de venir sobre el mundo entero, para probar a los que moran sobre la tierra" (Ap. 3:8,10).

Esta es la dádiva de Dios para los que han sido fieles, para los que han guardado sus mandamientos y han permanecido firmes en medio de la prueba de fuego. Estos creyentes no han despreciado la disciplina de Dios, sino que Lo han amado con todo su corazón, con toda su alma, con toda su mente, y con toda sus fuerzas (Mr. 12:30). Jesús confirma esto en Lucas 21:36, al decir: "Velad, pues, en todo tiempo orando que seáis tenidos por dignos de escapar de todas estas cosas que vendrán, y de estar en pie delante del Hijo del Hombre".[80]

---

[79] *Tres Posiciones Acerca del Arrebatamiento* – [*Three Views on the Rapture*, p. 97].

[80] Al interpretar este pasaje — como al interpretar varios otros pasajes similares, como Mt. 24:21-26 — John Walvoord no ve esta orden: "Velad, pues", como teniendo relación alguna con el arrebatamiento; la ve teniendo relación con la separación de los creyentes de los incrédulos que ocurrirá para el Armagedón. "Ellos ciertamente velan, porque Su venida es la única esperanza que les queda". Si esta fuera la interpretación correcta, ¿por qué los creyentes necesitarían velar? ¿Por qué esperar expectantes? ¿Para evitar ser engañados? Los creyentes conocerán el día exacto en que el Señor Jesús vendrá para el Armagedón — siete años y 30 días después de que el

Las otras iglesias, nos dice el Señor Jesús, a excepción de la Iglesia Perseguida, han tratado de borrar la línea que separa lo santo de lo profano. No han guardado Su mandamiento de perseverar, y se han descarriado; han abandonando la senda de la verdadera obediencia, fe y amor. En vez de prometerles protección, el Señor les ordena que se arrepientan para que sean vencedoras.

Esta exhortación es dada a:

• La iglesia sin amor:

Yo conozco tus obras, y tu arduo trabajo y perseverancia; y que no puedes soportar a los malos... Pero tengo contra ti, que has dejado tu primer amor... **arrepiéntete....** **Al que venciere**, le daré a comer del árbol de la vida, el cual está en medio del paraíso de Dios (Ap. 2:2–7).

• La iglesia transigente:

Pero tengo unas cosas contra ti; que tienes ahí a los que retienen la doctrina de Balaam, que enseñaba a Balac a poner tropiezo ante los hijos de Israel, a comer cosas sacrificadas a los ídolos, y a cometer fornicación... **arrepiéntete...** **Al que venciere**, daré a comer del maná escondido, y le daré una piedrecita blanca, y en la piedrecita escrito un nombre nuevo, el cual ninguno conoce sino aquel que lo recibe (Ap. 2:14–17).

• La iglesia corrompida:

Pero tengo unas pocas cosas contra ti: que toleras que esa mujer Jezabel, que se dice profetisa, enseñe y seduzca a mis siervos a fornicar y a comer cosas sacrificadas a los ídolos... He aquí, yo la arrojo en cama, y en gran tribulación a los que con ella adulteran, si no se **arrepienten** de las obras de ella... **Al que venciere** y guardare mis obras hasta el fin, yo le daré autoridad

---

Anticristo confirme el pacto con Israel. Según la interpretación de Walvoord, estas exhortaciones a velar y a cuidarse de ser engañados tienen poco sentido.

sobre las naciones... y le daré la estrella de la mañana (Ap. 2:18–28).

• La iglesia muerta:

Yo conozco tus obras, que tienes nombre de que vives, y estás muerto ... **arrepiéntete**... **El que venciere** será vestido de vestiduras blancas; y no borraré su nombre del libro de la vida... (Ap. 3:1–5).

• La iglesia tibia:

Yo conozco tus obras, que ni eres frío ni caliente. ¡Ojalá fueses frío o caliente! Pero por cuanto eres tibio, y no frío ni caliente, te vomitaré de mi boca... **arrepiéntete**... **Al que venciere**, le daré que se siente conmigo en mi trono, así como yo he vencido, y me he sentado con mi Padre en su trono (Ap. 3:14–21).

En ninguna parte recibe la iglesia de Filadelfia (la iglesia fiel) la orden de arrepentirse o vencer. Las otras cinco iglesias que se han apartado de su Pastor tendrán que sufrir la disciplina de Dios. La iglesia fiel, que ha permanecido cerca de Su Señor, es eximida.

Esta protección en medio de la prueba es un patrón bíblico. El favor de Dios a menudo descansa sobre los fieles, mientras que los transigentes o infieles son probados. Por ejemplo, Ezequiel 14 describe los juicios de hambre, bestias salvajes, espada y pestilencia que Dios envía sobre Israel. Dios introduce a cada uno de estos juicios diciendo que si Noé, Daniel y Job estuvieran en la tierra de Israel al momento de ejecutar estos juicios, ellos por su justicia librarían únicamente sus propias vidas. Dios repite esta advertencia con cada juicio.

Primero el hambre:

Si estuviesen en medio de ella estos tres varones, Noé, Daniel y Job, ellos por su justicia librarían únicamente sus propias vidas (v.14).

Luego las bestias salvajes:

> Y estos tres varones estuviesen en medio de ella, vivo
> yo, dice Jehová el Señor, ni a sus hijos ni a sus hijas
> librarían; ellos solos serían librados, y la tierra quedaría
> desolada (v.16).

Después la espada:

> Y estos tres varones estuviesen en medio de ella, vivo
> yo, dice Jehová el Señor, no librarían a sus hijos ni a sus
> hijas; ellos solos serían librados (v.18).

Luego la pestilencia:

> Si estuviesen en medio de ella estos tres varones, Noé,
> Daniel y Job, vivo yo, dice Jehová el Señor, no librarían
> ni a hijo ni a hija; ellos por su justicia librarían
> solamente sus propias vidas (v. 20).

En el contexto, el anuncio de liberar de estos juicios a
Noé, Daniel y Job no implica que ellos serán removidos
físicamente de estas pruebas o que serán quitados para que no
sean tocados por ellas. La idea es que serían protegidos y
liberados estando en medio de ellas. La similitud con la
protección que gozará la iglesia de Filadelfia en medio de los
juicios de los sellos es sobrecogedora — "yo también te
guardaré de la hora de la prueba que ha de venir sobre el
mundo entero". Esto fortalece aún más el argumento de que "te
guardaré de la hora" significa "ser guardado a través" o
"protegido en medio de", y no "quitado", como por el
arrebatamiento.

¿Qué hay con la iglesia perseguida? Esta iglesia recibe la
orden de vencer, pero esta orden no va acompañada de la
exhortación a arrepentirse. Por lo tanto, la gran persecución que
está por sufrir no parece estar asociada con ninguna disciplina
de parte de Dios. El Señor Jesús le dice: "No temas en nada lo
que vas a padecer. He aquí, el diablo echará a algunos de
vosotros en la cárcel, para que seáis probados.... Sé fiel hasta
la muerte, y yo te daré la corona de vida.... El que venciere, no

sufrirá daño de la segunda muerte" (Ap. 2:10–11).

Considerando las nuevas oportunidades para el evangelismo que se han abierto en Europa Oriental y en muchos de los países del Medio Oriente, es posible que estos creyentes se conviertan en la Iglesia Perseguida. Durante la Semana Septuagésima, estos países recientemente evangelizados conformarán el corazón del Imperio Romano Revivido, donde el poder y dominio del Anticristo alcanzarán su cenit. Estos nuevos creyentes, muchos de ellos sólo bebés en Cristo, recibirán de parte de Dios un curso intensivo y práctico en lo que a fe, perseverancia y obediencia se refiere.

Experimentando el fuego

De cualquier forma, esta depuración y prueba no debería ser vista como un castigo de parte de Dios, sino como un acto de misericordia. Esta es la amante preparación que Dios le da a los creyentes que han de entrar a la eternidad. Recordemos que el cuidado de Dios no tiene tanto que ver con nuestra comodidad presente, sino con nuestra posición eterna. Pablo dice en Filipenses 1:6: "Estando persuadido de esto, que el que comenzó en vosotros la buena obra, la perfeccionará hasta el día de Jesucristo". Y Salomón dice en Proverbios 3:11: "No menosprecies, hijo mío, el castigo de Jehová, ni te fatigues de su corrección; porque Jehová al que ama castiga, como el padre al hijo a quien quiere".

A nadie le gusta que lo corrijan. Pero nuestra respuesta a la corrección revela mucho sobre la condición de nuestro corazón. ¿Nos arrepentimos, como el Señor Jesús nos ha ordenado hacerlo? ¿Nos sometemos a Su voluntad y le permitimos restaurarnos a una relación correcta con Él? ¿O endurecemos nuestros cuellos y nos rebelamos contra Su Espíritu Santo?

Pongamos atención a las palabras que Pablo utiliza en su carta a los Filipenses: "...el que comenzó en vosotros la buena obra, la perfeccionará hasta *el día de Jesucristo*". El Día del señor tiene varios nombres, todos los cuales utilizan la expresión "el día de": "el día de" más una referencia ya sea al Señor o a Su ira o venganza. Como, por ejemplo: "el día de su ira", "el día de su ira terrible", "el día de la venganza del

Señor", y "el día de Jesucristo". Así, la carta de Pablo se podría leer: "...el que comenzó en vosotros la buena obra, la perfeccionará hasta *el día del Señor*". Ya hemos identificado el comienzo del Día del Señor: después de la apertura del sexto sello y antes de la apertura del séptimo. Esto significa que Dios tiene hasta después de la apertura del sexto sello para probar, corregir y perfeccionarnos.

El propósito de la Gran Tribulación es probar y purificar a los creyentes. Esto también es corroborado en el libro de Daniel. Después de describir la profanación de templo ejecutada por el Anticristo (la abominación desoladora), la cual ocurre justo antes del comienzo de la Gran Tribulación, Daniel dice: "También algunos de los sabios [creyentes] caerán para ser depurados y limpiados y emblanquecidos, hasta el tiempo determinado; porque aun para esto hay plazo" (Dn. 11:35). Esto nos proporciona una clara evidencia no solo en cuanto a que la Iglesia debe pasar por la Gran Tribulación, sino por qué. Seremos probados y ensayados, como lo dice David, "por el fuego y por el agua". Este será un tiempo de depuración final para la Iglesia. (Aunque el Antiguo Testamento se dirige exclusivamente a la nación de Israel, "algunos de los sabios", en el contexto de los últimos tiempos estas referencias son sin duda a judíos cristianos —algo que era un misterio para los profetas de la antigüedad; pero que para nosotros hoy es bastante claro— . Lo que implica que también se tiene en vista a gentiles cristianos.)

A pesar de la claridad de las Escrituras sobre este tema, la depuración del fuego de la prueba tomará a los creyentes por sorpresa. Daniel anticipa la confusión y el pánico agregando que, a pesar de las circunstancias, no es el fin aun, este espera por "el tiempo determinado". [81] El Señor Jesús usa un lenguaje casi idéntico en Mateo 24. Inmediatamente después de describir la abominación desoladora y la Gran Tribulación,

---

[81] Muchos interpretan "el fin" en este pasaje como refiriéndose a Armagedón. El Señor Jesús, sin embargo, define "el fin del siglo" en Mateo 24 como Su llegada física a la tierra, lo cual ocurre tras la apertura del sexto sello (Mt. 24:29-30).

advierte a los creyentes, tres veces, que esperen verlo todavía, porque aun no es el fin:

> Entonces, si alguno os dijere: Mirad, aquí está el Cristo, o mirad, allí está, no lo creáis. Porque se levantarán falsos Cristos, y falsos profetas, y harán grandes señales y prodigios, de tal manera que engañarán, si fuere posible, *aun a los escogidos.* Ya os lo he dicho antes. Así que, si os dijeren: Mirad, está en el desierto, no salgáis; o mirad, está en los aposentos, no lo creáis. Porque como el relámpago que sale del oriente y se muestra hasta el occidente, así será también la venida del Hijo del Hombre (Mt. 24:23–27).

Durante los juicios de los seis sellos, los creyentes estarán esperando que el Señor Jesús aparezca para librarlos de la persecución, de las hambrunas y de otras terribles circunstancias. Pero Dios tiene un mejor plan; por lo tanto el Señor Jesús nos advierte que no nos dejemos engañar: "Ya os lo he dicho antes".

Un patrón bíblico

Este refinamiento y prueba es parte de un patrón bíblico. En sus escritos, Pablo y Pedro, consistentemente, exhaltan la virtud bíblica de la perseverancia en la tribulación, al mismo tiempo que aclaran que los creyentes no sufriremos la ira de Dios. Por ejemplo, Romanos 5:3,9: "... nos gloriamos en las tribulaciones, sabiendo que la tribulación produce paciencia; y la paciencia, prueba; y la prueba, esperanza... [pero] por él seremos salvos de la ira". Y 1 Pedro 4:12-13: "Amados, nos os sorprendáis del fuego de prueba que os ha sobrevenido, como si alguna cosa extraña os aconteciese, sino gozaos porque sois participantes de los padecimientos de Cristo, para que también en la revelación de su gloria os gocéis con gran alegría".

Comparación of Daniel 11:31-35 y Mateo 24

Daniel 11:31–35	Mateo 24: 15-26
Y se levantarán de su parte tropas que profanarán el santuario y la fortaleza, y quitarán el continuo sacrificio, y pondrán **la abominación desoladora**.	Por tanto, cuando veáis en el lugar santo **la abominación desoladora** de que habló el profeta Daniel (el que lee, entienda), entonces los que estén en Judea, huyan a los montes.
Con lisonjas seducirá a los violadores del pacto; mas el pueblo que conoce a su Dios se esforzará y actuará. Y los sabios del pueblo instruirán a muchos; y por algunos días caerán a espada y a fuego, en cautividad y despojo. Y en su caída serán ayudados de pequeño socorro; y muchos se juntarán a ellos con lisonjas.	El que esté en la azotea, no descienda para tomar algo de su casa; y el que esté en el campo, no vuelva atrás para tomar su capa. Mas !!ay de las que estén encintas, y de las que críen en aquellos días! Orad, pues, que vuestra huida no sea en invierno ni en día de reposo; porque habrá entonces gran tribulación, cual no la ha habido desde el principio del mundo hasta ahora, ni la habrá. Y si aquellos días no fuesen acortados, nadie sería salvo; mas por causa de los escogidos, aquellos días serán acortados.
También algunos de los sabios caerán para ser depurados y limpiados y emblanquecidos, hasta el tiempo determinado; *porque aun para esto hay plazo.*	*Entonces, si alguno os dijere: Mirad, aquí está el Cristo, o mirad, allí está, no lo creáis.* Porque se levantarán falsos Cristos, y falsos profetas, y harán grandes señales y prodigios, de tal manera que engañarán, si fuere posible, aun a los escogidos. *Ya os lo he dicho antes. Así que, si os dijeren: Mirad, está en el desierto, no salgáis; o mirad, está en los aposentos, no lo creáis.*

Notemos que Pedro no dice: "*si* os sobreviene el fuego de prueba", o "el fuego de prueba *podría sobrevenirles*". Nada extraño les acontecía a los creyentes; ellos debían aprender a sobrellevar las penurias físicas, emocionales y espirituales porque estas son ineludibles y necesarias para el crecimiento espiritual. En el mismo contexto del "fuego de prueba", 1 Pedro 4:13 culmina diciendo: "...en la revelación de su gloria". La palabra griega para "revelación" es *apokalupto*, la misma palabra que a menudo se usa para describir la aparición de Cristo a Su regreso. Palabras similares usa el Señor en Mateo 24:30: "… y verán al Hijo del Hombre viniendo sobre las nubes del cielo, con poder y gran gloria". Cuando Pedro escribió sobre el fuego de prueba, él probablemente tenía en mente la Gran Tribulación, la cual ocurrirá justo antes de que Cristo haga Su aparición para el arrebatamiento.

Recordemos que el Señor Jesús desea que Su Novia no tenga "mancha ni arruga" (Ef. 5:27). Si el Señor Jesús fuera a venir por Su Iglesia hoy, ¿podría ella, honestamente, ser descrita como no teniendo "mancha ni arruga"? Podemos ser intachables *posicionalmente* — en nuestra posición legal ante Dios —; pero la purificación y la santificación sólo son producidas por el juicio y las pruebas. Para que el Señor Jesús venga por una Novia intachable, ella primero debe ser refinada, purificada y probada. Pedro no podía haberlo dicho más claramente cuando escribió: "Porque es tiempo de que el juicio comience por la casa de Dios" (1 P. 4:17). ¿Es este juicio la mano de un Dios airado? De ninguna manera. Es la mano de un Dios de amor infinito.

Un poeta anónimo escribió:

Se sienta al lado de un fuego siete veces avivado.
Contempla el precioso metal,
Lo escudriña mientras aviva el fuego,
más y más.

Sabe que su metal puede soportar la prueba,
Y quiere el oro más puro,
Para hacer una corona para el Rey,
Con gemas de pura ley.

Pone nuestro oro en el fuego,
Aunque ansiosos nos hubiéramos negado,
Y ve caer la escoria que nosotros no habíamos visto,
La ve caer y derretirse.

Y el oro brilló y brilló;
Pero nuestros ojos, llenos de lágrimas, no lo vieron,
Veían sólo el fuego — no la mano del Maestro —,
Perplejos y llenos de temor.

Y nuestro oro brilló con rico resplandor,
Y reflejó una forma en lo alto,
Que inclinada sobre el fuego,
Irradiaba una mirada de infinito amor.

¿Podemos creer que le gustó a su corazón,
Causarnos un momento de dolor?
¡Ah, no! Él vio a través de la cruz,
La luz de una alegría eterna.

Así que esperó ahí con un ojo atento,
Con un amor fuerte y seguro,
Y su oro no sufrió ni una pizca más de calor,
Que el necesario para hacerlo puro.

—Anónimo

9

¿De dónde Proviene el Pretribulacionismo?

Es pasmoso ver que tantos estudiosos actuales de la profecía se adhieran a la doctrina del pretribulacionismo, especialmente si se considera que no existe ninguna base escritural directa que la sostenga. Los que enseñan acerca de profecía, y las personalidades de la televisión, citan sólo dos versículos para apoyar su posición — "no nos ha puesto Dios para ira" y "el día del Señor vendrá así como ladrón en la noche" —, aun cuando el primero está fuera de contexto y el segundo no se refiere a los creyentes, sino a los incrédulos.

He leído los escritos de un estudioso de la profecía, quien es además una personalidad de la televisión, para comprender cabalmente su posición pretribulacional, y me he dado cuenta que su posición se fundamenta en una lectura del libro del Apocalipsis que toma todos los eventos mencionados en él como ocurriendo simultáneamente, aun cuando dichos eventos están claramente separados por palabras tales como "luego" y "después", que indican un orden consecutivo de la narración.

He observado videos acerca del arrebatamiento y los últimos tiempos en los que el arrebatamiento ocurre silenciosa, misteriosamente, dejando al mundo en ascuas en cuanto a la desaparición instantánea de millones de personas – "¿podrían haber sido abducidos por los extraterrestres?, ¿serían víctimas de nuevas armas biológicas, o de combustión espontánea? —, mientras los actores citan 1 Tesalonicenses 4:16–17: "Porque el Señor mismo con voz de mando, con voz de arcángel, y con trompeta de Dios, descenderá del cielo ...." (Para una discusión del hecho de que el arrebatamiento no será un evento ni silencioso ni misterioso, sino uno presenciado por el mundo entero, ver el capítulo "Todo Ojo Le Verá".)

¿De dónde saca la gente la idea de que habrá un arrebatamiento pretribulacional? A pesar del difundido error de que la posición pretribulacional era la posición de la iglesia primitiva, el pretribulacionismo es una interpretación moderna. Aunque ha habido mucha especulación acerca de la influencia de las visiones de una joven escocesa llamada Margaret Macdonald, el desarrollo del arrebatamiento pretribulacional es generalmente atribuido a John Darby, de la Iglesia de los Hermanos Libres, quien formalizó la teoría alrededor del 1830. Antes de entonces, el regreso de Cristo era visto como un solo evento. El Señor Jesús regresaría a la tierra de una sola vez, para arrebatar a Su iglesia, para redimir al perdido Israel, y para juzgar al mundo impío y rebelde; todo lo cual era visto como un evento midtribulacional o postribulacional. Darby fue el primero en proponer formalmente que Jesús regresaría en dos fases: la primera en forma espiritual para arrebatar a la iglesia, y luego, siete años después, en forma física para juzgar al mundo. Esto permitió hacer que el Señor regresara triunfalmente para el Armagedón, y, a la vez, mantener a la iglesia fuera de la Semana Septuagésima.

Eruditos Bíblicos Clásicos, incluidos John Wesley, Charles Spurgeon, Matthew Henry, John Knox, John Hus, John Calvin, Isaac Newton, John Wycliffe y John Bunyan, entre otros, *no* sostuvieron la postura del arrebatamiento pretribulacional.[82]

Un poco de historia

¿Cómo fue que la inusual interpretación de las Escrituras de Darby tuvo tanta aceptación? Para comprenderlo es necesario echar un vistazo a los temas que ocupaban a los eruditos bíblicos de aquel tiempo.

El libro de Apocalipsis no se escribió sino hasta cerca del año 90 d. C. . Así que, en la iglesia primitiva, cualquier asomo de teología relacionada con los últimos tiempos tenía que

---

[82] Esta lista ha sido tomada del libro de Marvin Rosenthal, *El Arrebatamiento Pre-Ira de la Iglesia* [*Pre-Wrath Rapture of the Church*, p. 54].

basarse en los evangelios y las epístolas. Es solo la detallada descripción dada por Juan de los juicios de los sellos, las trompetas y las copas – escrita más de tres décadas después – la que le permite a los lectores ubicar la venida del Señor Jesús dentro de la secuencia cronológica de los eventos que componen la Semana Septuagésima. Cuando se considera sólo a los evangelios y a las epístolas, la conclusión más razonable es la de un arrebatamiento postribulacional; y por cierto, los escritos de los primeros padres de la iglesia muestran que la postura de la joven iglesia era postribulacional. Para el tiempo en que el Apocalipsis comenzó a circular, aclarando y afinando los puntos del tiempo profético, la iglesia del primer siglo estaba sufriendo severa persecución, y como John Walvoord lo ha señalado, tales estudios debieron ser pospuestos debido a la muy real tribulación del momento.

Aun cuando la iglesia primitiva era postribulacional, no hay duda de que la mayoría de los creyentes esperaban que el Señor Jesús regresara durante el transcurso de sus vidas. Pero cuando sus hermanos comenzaron a morir, y a morir horribles muertes de mártires, no es extraño que muchos hayan comenzado a preguntarse si era posible que el Señor ya hubiera venido y que ellos pudieran haber sido dejados; o que dudaran que el Señor viniera alguna vez. El libro de 1 Tesalonicenses fue escrito alrededor del año 51 d. C., y ya Pablo aparece confortando a aquellos que pensaban que tal vez el Día del Señor había ocurrido (1 Ts. 4:13-5:2).

Durante el Siglo IV, mientras las persecuciones continuaban, el teólogo católico Agustín propuso algo que muchos creyentes estaban comenzando a oír: tal vez la Segunda Venida, el Arrebatamiento y el Día del Señor no debían interpretarse literalmente después de todo. Tal vez el Reino de Dios no era un reino literal, y no habría en realidad ningún reino físico, terrenal y milenial sobre el cual Cristo regiría. En vez de eso, propuso Agustín, el Reino de Dios es espiritual y recibe su cumplimiento "en los corazones de los creyentes fieles". El Milenio, sugirió, no será un período literal de tiempo sobre el cual Cristo reinará en el futuro. El Milenio está aquí, ahora; se manifiesta a través del Cuerpo de Cristo en la Era de la Iglesia en la cual vivimos.

Orígenes del amilenialismo

Agustín, sin embargo, no fue el primero en enarbolar esta teoría. El crédito lo recibe el teólogo del Siglo IV, Orígenes; él fue el principal exponente del método alegórico de interpretación. A pesar de que su método de interpretación contradice las claras y evidentes enseñanzas de los padres de la iglesia, la postura de Orígenes (que estaba grandemente influenciada por la filosofía griega) floreció. Hasta su tiempo, la iglesia había sido exclusivamente premilenial — creían en un reino de Cristo de mil años literales.

Gary Vaterlaus, profesor de educación bíblica e investigación de Sola Scriptura, atribuye la amplia aceptación del amilenialismo a cuatro factores principales:

1. Una fuerte inclinación anti-judía que creció con la creencia de que Dios había rechazado a la nación de Israel, y, consecuentemente, una creencia en la supremacía de la Iglesia.

2. Una sobrerreacción a muchos movimientos heréticos que, además de sus herejías, enseñaban acerca de un reino de Cristo de mil años literales. Al reaccionar contra estas herejías, la Iglesia quemó tanto el trigo como la paja.

3. La influencia de la cultura y el pensamiento griegos que le otorgó superioridad al mundo espiritual sobre el material.

4. La conversión del emperador Constantino al Cristianismo, en el 307 d. C., elevando el status de la iglesia organizada, que pasó de ser una entidad perseguida a una respetable y con poder.[83]

Aunque el método alegórico de interpretación de Orígenes finalmente lo llevó a formular y a enseñar muchas doctrinas falsas — tales como la de que las almas de los hombres eran preexistentes, la resurrección física no era

---

[83] "Amilenialismo: Examinando sus 'Orígenes,'" *Parousia*, verano 2001.

posible, y la creencia en la salvación universal para todos los seres (incluso para los demonios, doctrina por la que al final fue declarado un hereje) —, sus enseñanzas influenciaron profundamente a aquellos que vinieron después de él; entre otros, a Agustín. Y debido a que esta postura — llamada amilenialismo, o "no milenio"— pareció responder la insistente pregunta que roía el corazón de los creyentes: "¿Por qué no ha venido Cristo por nosotros?" Los cristianos del Siglo IV se apresuraron a creerla.

La teología amilenial perduró a través de la época que se ha conocido como la "Edad del Oscurantismo", durante la declinación de Europa entre los años 500 y 1000 d. C., después de la caída del Imperio Romano. Durante este tiempo, la Escritura era mayormente espiritualizada, si es que acaso era del todo leída. Poca gente común podía leer y escribir, y los asuntos de la fe eran dejados en las manos del sistema religioso imperante.

Al período amilenial le siguió el período posmilenial, el cual también espiritualizó el Milenio, pero enseñó que Cristo regresaría a establecer Su Reino después de que el hombre hubiera preparado al mundo a través de la fiel predicación del evangelio.

Durante estos dos largos períodos de erudición, la lectura y la interpretación literal de la profecía de los últimos tiempos era impensable. Sólo la Reforma Protestante, que explotó en el 1500, permitió que la iglesia regresara en parte al estudio de la Biblia y a la interpretación literal de las Escrituras. Inicialmente, este regreso a la interpretación literal se limitó a doctrinas tales como la fe, la gracia y la expiación; la escatología permaneció siendo — posmilenial.[84]

No siempre lo que fácil viene, fácil se va

Para cuando Darby desarrolló la nueva interpretación del retorno de Cristo en dos etapas, a comienzos del 1800, la comunidad erudita estaba deseosa de tomar a las Escrituras

---

[84] Ambas posiciones siguen siendo populares hoy. El punto es que ellas no fueron desmentidas, puesto que el retorno a la lectura literal de las escrituras no ocurrió sino hasta la Reforma.

literalmente. Puesto que el postribulacionismo requiere de algún grado de alegorización, este deseo también se incluía, por primera vez en 1500 años, a los pasajes proféticos que hablan de los últimos tiempos. Así, a pesar del débil fundamento exegético del pretribulacionismo, los esfuerzos de Darby, caracterizados por un retorno al entendimiento premilenial de las Escrituras, tuvieron gran éxito entre la población erudita. Pasando por alto los problemas escriturales que presentaba la posición, los eruditos la adoptaron y la refinaron gradualmente hasta lo que es hoy día.

La popularidad de la postura entre la comunidad no erudita, sin embargo, surgió sólo después de que la adoptara Charles Scofield, quien la difundió a partir de la publicación, en 1909, de su *Biblia de Referencia Scofield*.

> La postura pretribulacional fue introducida en los Estados Unidos en el 1880, y con ella, desafortunadamente, vino la fricción y la división.... La *Biblia de Referencia Scofield* de 1909, y su edición revisada de 1917, que incluyó la enseñanza del arrebatamiento pretribulacional como una parte importante de su enseñanza profética, popularizó la doctrina pretribulacional del arrebatamiento más que ninguna otra fuerza. Multitudes incontables se transformaron en pretribulacionistas como resultado de las anotaciones de Scofield, las que adjuntas a su Biblia de referencia adquirieron gran autoridad a los ojos de muchos. La mayoría de los primeros conferencistas, institutos bíblicos y seminarios, bajo la influencia de aquellos primeros líderes pretribulationistas, adoptaron la postura pretribulacional.[85]

El éxito de la doctrina pretribulacional no es sorprendente. Fue tan popular entonces, como lo es ahora, porque es una doctrina agradable. Su lógica es simple y fácil de seguir. Y ya que resulta en que la Iglesia no tiene que sufrir

---

[85] *El Arrebatamiento Pre-Ira de la Iglesia* [*Pre-Wrath Rapture of the Church*, pp. 55–56]. Esto no quiere decir que Darby fue el único que sugirió un regreso de Cristo en dos etapas. Él simplemente recibió el crédito de ser el primero en formalizar la doctrina de forma coherente.

ninguno de los juicios que caracterizan a la Semana Septuagésima, encanta.[86] De hecho, a pesar de su carencia de apoyo escritural, ha crecido hasta transformarse en una doctrina fundacional de la mayoría de las iglesias, misiones y organizaciones evangélicas de hoy en día. Considerando las circunstancias al momento de su aparición, esto es comprensible.

La tragedia surge cuando uno ve que la enseñanza *continúa* perpetuándose, a pesar de que es un evidente error bíblico y considerando la alta tasa de alfabetismo de la sociedad actual, la cual no debiera permitirse fomentar tal falsedad. Ya no estamos viviendo en la Edad Media, cuando las Escrituras no estaban al alcance del creyente promedio. En los países occidentales, la mayoría de los cristianos poseen sus propias Biblias – algunos varias versiones de ellas — , y en sus propios idiomas. Sin embargo, cuando alguno descubre discrepancias entre lo que dice la Biblia y lo que dice su iglesia, a menudo prefiere aceptar las conclusiones de su iglesia en vez de aceptar lo que la Escritura enseña por sí misma.

Igualmente perturbador resulta el nivel de importancia al que ha sido elevada la teoría del arrebatamiento pretribulacional en los círculos teológicos. En algunos casos se considera tan importante como las doctrinas fundamentales de la fe cristiana, tales como el nacimiento virginal de Cristo, Su deidad y Su sacrificio expiatorio. Incluso ya es parte de las declaraciones doctrinales de las iglesias. Aquellos que se atreven a admitir que no creen en la doctrina pretribulacional se arriesgan a que su salvación sea cuestionada.

---

[86] Hay quienes quieren hacernos creer que los padres de la iglesia creían en un arrebatamiento inminente, y que por lo tanto nosotros también debiéramos creer en una inminente (en cualquier momento) Segunda Venida de Cristo. Sin embargo, como vemos en el apéndice F, aunque es cierto que los padres de la iglesia mantuvieron un sentido de expectación en cuanto a la Segunda Venida, también creían que la Iglesia vería al Anticristo y experimentaría severa persecución antes del regreso del Señor. Es decir, su actitud expectante no puede igualarse con el pretribulacionismo. La idea de un regreso del Señor en dos etapas – pretribulacional – no fue conocida sino hasta el quinto siglo y no fue presentada formalmente sino hasta comienzos del 1800.

Consecuencias trágicas

En la conclusión de su libro *El Rapto, Respuestas claras y sencillas para una pregunta difícil*, Robert Van Kampen menciona algunas de las consecuencias de tomar la postura pre-ira:

A pesar del convincente argumento bíblico en pro de la postura pre-ira, y a pesar de las consecuencias para la Iglesia si la posición pretribulacional es incorrecta, muchísimos líderes cristianos me han dicho que si enseñan la postura pre-ira públicamente perderían sus trabajos.

Marvin Rosenthal (cuya relación conmigo se comentó con cierto detalle en el capítulo 2) es un perfecto ejemplo de lo que puede suceder si uno cambia su punto de vista. Lo echaron del ministerio judío al cual había dedicado su vida, aun cuando fue responsable, personalmente, de acrecentar el ministerio Amigos de Israel de un puñado de empleados a una de las más grandes misiones conservadoras dirigidas a los judíos de hoy ….

…Charles Cooper, un graduado del Seminario teológico de Dallas, enseñaba en el Instituto Bíblico Moody. Era extremadamente popular con los alumnos, fue orador de la Semana de los Fundadores de Moody, de la Conferencia para Pastores del Instituto, de conferencias bíblicas auspiciadas por Moody [y líder en muchos otros eventos]… Al igual que Marv Rosenthal, se convenció de la base bíblica que tenía la postura pre-ira del retorno de Cristo …[y] le dieron dos opciones: apoye la postura pretribulacional y mantendrá su empleo; [o] mantenga la postura pre-ira y deberá marcharse... Él renunció.

Estos son sólo dos ejemplos de las historias que me llegan de pastores, misioneros, maestros de la Biblia e incluso miembros de juntas directivas que han sido obligados a dejar ministerios a los que fielmente dieron su tiempo y recursos durante muchos años…..

…Hoy, muchos pastores…en broma se llaman a sí

145

mismos "preiristas encubiertos", sabiendo que si hicieran públicas sus convicciones respecto a este asunto, tendrían que pagar el precio y se les expulsaría de la asociación [a la que pertenecen]. Serían calificados, al igual que Marv Rosenthal, como propagadores de "enseñanzas falsas".[87]

Tal cosa no debería ocurrir en el Cuerpo de Cristo. ¿Cómo pudo suceder esto?

¿Engaño satánico?

Hay una respuesta posible – aunque ciertamente es una respuesta incómoda. Creo que la doctrina pretribulacional es una forma de engaño satánico. Después de todo, si Satanás no puede evitar que la Semana Septuagésima ocurra, ¿cuál sería su mejor opción? ¿Enfrentarse a una Iglesia fuerte – una Iglesia espiritualmente preparada? O, ¿enfrentarse a una Iglesia débil y sin defensa? Satanás es un enemigo derrotado — derrotado hace dos mil años atrás por medio de la sangre derramada de Cristo en la cruz — , pero también es un león rugiente, que anda alrededor buscando a quien devorar (1 P. 5:8). Puesto que él será destruido, hará lo que esté en su poder para llevarse consigo tantos como le sea posible. ¿Qué mejor forma de conseguir esto que mantener a la Iglesia en ignorancia respecto al momento del regreso del Señor? Después de todo, ¿por qué habría alguien de prepararse para algo que piensa que nunca tendrá que sufrir?

Para lograr esto, Satanás usa la herramienta perfecta: la Palabra de Dios. Desde el momento en que tentó a Eva en el Huerto, Satanás ha usado las mismas palabras de Dios, sólo que torciéndolas en su sentido y significado. A Eva, le dijo: ¿"Conque Dios os ha dicho: no comáis de todo árbol del huerto?... No moriréis; sino que sabe Dios que el día de comáis de él, serán abiertos vuestros ojos, y seréis como Dios, sabiendo el bien y el mal" (Gn. 3:1–5). Cuando el Señor Jesús fue tentado en el desierto, ¿qué usó Satanás? ¡Las Escrituras!

---

[87] *El Rapto, Respuestas claras y sencillas para una pregunta difícil* [*The Rapture Question Answered: Plain & Simple*, pp. 198–202].

Provocó al Señor con las palabras de David: "Si eres Hijo de Dios, échate abajo; porque escrito está: 'A sus ángeles mandará acerca de ti', y 'En sus manos te sostendrán, para que no tropieces con tu pie en piedra' " (Mt. 4:6–7).

En su revista, *Fuego de Sión*, Marvin Rosenthal ha escrito numerosos artículos exponiendo los errores de la postura pretribulacional y ha presentado la posición pre-ira como la mejor alternativa bíblica. Incluso en sus inicios, fue obvio que la resistencia a la posición pre-ira era espiritual, no escritural. En la edición de *Fuego de Sión* de julio/agosto de 1997, Rosenthal abordó este asunto directamente:

> En la edición de *Fuego de Sión* de marzo/abril, escribí un articulo titulado "El Caballo de Troya de la Iglesia". En el articulo, compartí mi entendimiento acerca de la cronología bíblica de la segunda venida de Cristo. Recordé a mis lectores que Satanás es el padre de la mentira (Jn. 8:44). En conexión con esa idea, escribí:

> "A fines del siglo pasado, él introdujo una mentira dentro de la Iglesia bíblica de Norteamerica. Entró maliciosamente, como un 'Caballo de Troya'. Permanece dentro del campo y está tan arraigada en la mente de tantos creyentes que el sólo cuestionar su base bíblica lo expone a uno al ridículo y a las amenazas intimidación. Me refiero, por supuesto, al Caballo de Troya del arrebatamiento pretribulacional".

> Nadie se opone a la declaración de que Satanás es el padre de la mentira. Pero sugerir que muchos cristianos, imperceptiblemente, han sido engañados y creen una de sus mentiras…; bueno, eso es otra historia, es pasarse de la raya… Sabía que esta declaración no me granjearía la simpatía de mis hermanos; pero sabía también que es la verdad, y que se necesita desesperadamente que se diga la verdad.

> … Temo que aquellos que no creen que la Iglesia verá al Anticristo, serán, por eso mismo, los más confundidos y vulnerables cuando él se manifieste. Si no se los desafía ahora a revisar su creencia acerca del tema, no estarán

preparados para el golpe maestro de Satanás. Si creyendo lo que creo, no hago sonar la trompeta de alarma, entonces soy un vigía infiel.

Estoy completamente de acuerdo. Aun más, añado que si la enseñanza pretribulacional es una forma de engaño Satánico, entonces no es coincidencia que haya alcanzado tanta popularidad e influencia en la primera generación de la historia que en realidad podría presenciar el regreso del Cristo.

No estoy sugiriendo que los adherentes al pretribulacionismo son sean piadosos ni llenos del Espíritu. Creo que muchos de ellos lo son. Pero aún los creyentes piadosos tienen manchas y arrugas, y estas manchas y arrugas pueden ser útiles para Satanás. Satanás sabe que los dulces y la miel son más efectivos que los cuernos y las pezuñas. 2 Corintios 11:14 nos dice que no es de asombrar que el mismo Satanás se disfrace "como ángel de luz". ¡Y vaya qué tentadora luz el pretribulacionismo es para nosotros los cristianos, que en toda nuestra humanidad no queremos creer que tendremos que sufrir la tribulación para la cual la misma Palabra de Dios nos llama a prepararnos!

10

Mateo 24, Apocalipsis 6 Y Daniel 12 – Tres descripciones de los mismos eventos

A través de este libro afirmamos que Mateo 24, Apocalipsis 6 y Daniel 11–12 son pasajes que describen los mismos eventos — los sellos, las trompetas y las copas — narrados en el mismo orden. Esta lectura nos proporciona una estructura importante que nos permite entender la profecía de los últimos tiempos y, especialmente, saber acerca del momento en que ocurre el arrebatamiento. Sin embargo, no todos lo ven de esta manera; por lo que en este capítulo presentamos la evidencia en que se fundamenta nuestra conclusión.

Comenzamos con Mateo 24 y Apocalipsis 6. En ambos pasajes, el Señor Jesús menciona: guerra mundial, seguida por hambruna mundial, la intensa persecución y el martirio de los creyentes, y un conjunto único de cataclismos cósmicos que afectan al sol, a la luna y a las estrellas. Todos estos eventos ocurren en el contexto de los último tiempos, en el mismo orden e inmediatamente antes de la manifestación visible de Cristo. Sabemos que ambos pasajes son consecutivos porque palabras tales como "entonces" y "después", así como otras inequívocas claves textuales, nos lo dicen.[88]

---

[88] El Señor Jesús también le indica a Juan que la revelación de los últimos tiempos que le está dando es consecutiva. En Ap. 4:1, Él dice: : "Sube acá, y yo te mostraré las cosas que sucederán *después de estas*".

[88] Aunque el es adherente de la interpretación pretribulacional, el Dr. Renald Showers llega a esta misma conclusión en *Maranatha! Our Lord Come!*, p. 25.

Siendo fieles a la interpretación literal del texto bíblico es difícil argumentar que el principio de dolores, la Gran Tribulación y los cataclismos cósmicos descritos en Mateo 24 no son los mimos eventos descritos en Apocalipsis 6.[89]

La comparación es la siguiente:

El primer sello

Mt. 24:6: Y oiréis de guerras y rumores de guerras; mirad que no os turbéis, porque es necesario que todo esto acontezca; pero aún no es el fin.

Ap. 6:1– 2: Vi cuando el Cordero abrió uno de los sellos, y oí a uno de los cuatro seres vivientes decir como con voz de trueno: Ven y mira. Y miré, y he aquí un caballo blanco; y el que lo montaba tenía un arco; y le fue dada una corona, y salió venciendo, y para vencer.

El segundo sello

Mt. 24:7: Porque se levantará nación contra nación, y reino contra reino.

Ap. 6:3–4: Cuando abrió el segundo sello, oí al segundo ser viviente, que decía: Ven y mira. Y salió otro caballo, bermejo; y al que lo montaba le fue dado poder de quitar de la tierra la paz, y que se matasen unos a otros; y se le dio una gran espada.

El tercer y cuarto sellos

Mt. 24:7–8: Y habrá pestes, y hambres, y terremotos en diferentes lugares. Y todo esto será principio de dolores.

Ap. 6:5–8: Cuando abrió el tercer sello, oí al tercer ser viviente que decía: Ven y mira. Y miré, y he aquí un caballo negro; y el que lo montaba tenía una balanza en la mano. Y oí una voz de en medio de los cuatro seres vivientes, que decía: Dos libras de trigo por una denario, y seis libras de cebada por un denario; pero no dañes ni el aceite ni el vino.

Cuando abrió el cuarto sello, oí la voz del cuarto ser viviente, que decía: Ven y mira. Miré, y he aquí un caballo amarillo, y el que lo montaba tenía por nombre Muerte, y el Hades le seguía; y le fue dada potestad sobre la cuarta parte de la tierra, para matar con espada, con hambre, con mortandad, y con las fieras de la tierra.

El quinto sello

Mt. 24:15–16, 21: Por tanto, cuando veáis en el lugar santo la abominación desoladora de que habló el profeta Daniel (el que lee entienda), entonces los que estén en Judea huyan a los montes... porque habrá entonces gran tribulación, cual no la ha habido desde el principio del mundo hasta ahora, ni la habrá.

Ap. 6:9–11: Cuando abrió el quinto sello, vi bajo el altar las almas de los que habían sido muertos por causa de la palabra de Dios y por el testimonio que tenían. Y clamaban a gran voz, diciendo: ¿Hasta cuándo, Señor, santo y verdadero, no juzgas y vengas nuestra sangre en los que moran en la tierra? Y se les dieron vestiduras blancas, y se les dijo que descansasen todavía un poco de tiempo, hasta que se completara el número de sus consiervos y sus hermanos, que también habían de ser muertos como ellos.

El sexto sello

Mt. 24:29: E inmediatamente después de la tribulación de aquellos días, el sol se oscurecerá, y la luna no dará su resplandor, y las estrellas caerán del cielo, y las potencias de los cielos serán conmovidas.

Ap. 6:12–13: Miré cuando abrió el sexto sello, y he aquí hubo un gran terremoto; y el sol se puso negro como tela de cilicio, y la luna se volvió toda como sangre; y las estrellas del cielo cayeron sobre la tierra, como la higuera deja caer sus higos cuando es sacudida por un fuerte viento. Y el cielo se desvaneció como un pergamino que se enrolla; y todo monte y toda isla se removió de su lugar.

Entre los sellos sexto y séptimo

Mt. 24:30: Entonces aparecerá la señal del Hijo del Hombre en el cielo; y entonces lamentarán todas las tribus de la tierra, y verán al Hijo del Hombre viniendo sobre las nubes del cielo, con poder y gran gloria.

Ap. 6:15–17: Y los reyes de la tierra, y los grandes, los ricos, los capitanes, los poderosos, y todo siervo y todo libre, se escondieron en las cuevas y entre las peñas de los montes; y decían a los montes y a las peñas: Caed sobre nosotros, y escondednos del rostro de aquel que está sentado sobre el trono, y de la ira del Cordero; porque el gran día de su ira ha llegado; ¿y quién podrá sostenerse en pie?

Mateo 24

Surge el Anticristo	Guerra Mundial	Hambres, Pestes, Muerte	La Gran Tribulación	Cataclismos Cósmicos	Cristo Aparece *Rapto*

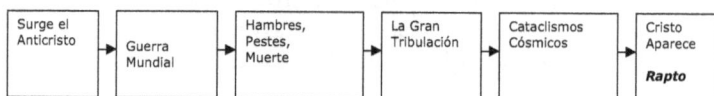

Apocalipsis 6 – 7

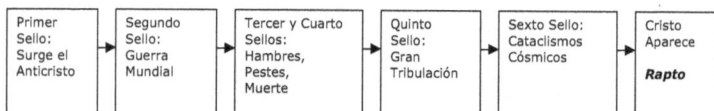

Primer Sello: Surge el Anticristo	Segundo Sello: Guerra Mundial	Tercer y Cuarto Sellos: Hambres, Pestes, Muerte	Quinto Sello: Gran Tribulación	Sexto Sello: Cataclismos Cósmicos	Cristo Aparece *Rapto*

Aún así, hay críticos que dicen que no se puede hacer esta comparación, que estos no son los mismos eventos y que no ocurren en el mismo orden. Urge que los que así opinan se sienten y lean estos pasajes poniéndolos uno al lado del otro. Imaginémonos sentados en el Monte de los Olivos, escuchando cómo el Señor Jesús relata los eventos que ocurrirán al fin de la era. Luego imaginémonos sentados a los pies del apóstol Juan, escuchando cómo nos relata las sorprendentes cosas que le fueron dadas ver. No se puede pasar por alto lo correlativo de ambas narraciones. Marvin Rosenthal ha señalado que la similitud de los relatos, incluso en las palabras utilizadas, debería resultar natural puesto que Juan fue uno de los discípulos que estaban presentes en el Monte de los Olivos cuando el Señor Jesús dio esta profecía (Mr. 13:3).

Intención similar

No sólo hay una correlación directa entre Mateo 24 y Apocalipsis 6, sino que sugerir que estos pasajes no narran los mismos eventos y en el mismo orden es ignorar la naturaleza *instructiva* del texto. Debe tenerse presente que el Señor Jesús está respondiendo la pregunta sin ambages de Sus discípulos: "Dinos, ¿cuándo serán estas cosas, y qué señal habrá de tu venida, y del fin del siglo?" (Mt. 24:3). El Señor Jesús no está utilizando parábolas o acertijos para confundir a su audiencia. Como el autor de la verdad, Él está dando una respuesta directa a una pregunta directa:

> Porque todo aquel que pide, recibe; y el que busca, halla; y al que llama, se le abrirá. ¿Qué hombre hay de vosotros, que si su hijo le pide pan, le dará una piedra? ¿O si le pide un pescado, le dará una serpiente? Pues si vosotros, siendo malos, sabéis dar buenas dádivas a vuestros hijos, ¿cuánto más vuestro Padre que está en los cielos dará buenas cosas a los que le pidan? (Mt. 7:8–11).

Los que no aceptan que los eventos descritos en Mateo 24 son los mismos eventos descritos en sellos de Apocalipsis 6, deben responder esta pregunta: ¿Trataba el Señor Jesús de engañar? Ambos pasajes contienen relatos dados directamente por Él. Recordemos que el libro de Apocalipsis recibe su título del versículo inicial: "La revelación [el apocalipsis] de Jesucristo, que Dios le dio, para manifestar a sus siervos las cosas que deben suceder pronto; y la declaró enviándola por medio de su ángel a su siervo Juan" (Ap. 1:1). De hecho, cuando el Señor Jesús llama a Juan al cielo para que vea los eventos mencionados en el libro, le dice: "Sube acá, y *yo* te mostraré las cosas que sucederán después de estas" (Ap. 4:1).

Puesto que la Biblia nos dice claramente que el Señor Jesús es el autor de ambos pasajes, creemos que Él describe en ambos pasajes los mismos eventos — los cuales ocurren durante los últimos tiempos —, y en el mismo orden. Cualquier otra conclusión crearía confusión, y "Dios no es Dios de confusión, sino de paz" (1 Co. 14:33).

Vinculando la gran tribulación al quinto sello

Hay más evidencia que confirma que los eventos descritos en el Discurso del Monte de los Olivos son los mismos descritos en los juicios de los sellos. Esta evidencia proviene del hecho de que la Gran Tribulación y el quinto sello (el clamor de los mártires) son el mismo evento. El uso de la palabra "tribulación" en este contexto es *thlipsis*, la cual es a menudo traducida "tribulación" o "aflicción". Aunque se usa 20 veces en el Nuevo Testamento, sólo se usa cinco veces en el contexto de los últimos tiempos. Y las cinco veces se refieren a la Gran Tribulación.

En el relato de Mateo acerca de los eventos de los últimos tiempos *thlipsis* se usa dos veces:

> Porque habrá entonces gran tribulación [*thlipsis*], cual no la ha habido desde el principio del mundo hasta ahora, ni la habrá... e inmediatamente después de la tribulación [*thlipsis*] de aquellos días, el sol se oscurecerá, y la luna no dará su resplandor, y las estrellas caerán del cielo, y las potencias de los cielos serán conmovidas (Mt. 24:21, 29).

En el relato de Marcos acerca de los mismos eventos *thlipsis* también se usa dos veces:

> Porque aquellos días serán de tribulación [*thlipsis*], cual nunca ha habido desde el principio de la creación que Dios creó hasta este tiempo, ni la habrá... Porque en aquellos días, después de aquella tribulación [*thlipsis*], el sol se oscurecerá, y la luna no dará su resplandor, y las estrellas caerán del cielo, y las potencias que están en los cielos serán conmovidas (Mr. 13:19, 24-25).

Nótese que en ambos relatos el Señor Jesús dice que la tribulación que Él describe es única. Será una tribulación "cual nunca ha habido desde el principio de la creación que Dios creó hasta este tiempo, ni la habrá". No ha habido nada semejante en el pasado y no habrá nada semejante en el futuro. Esto es por lo que es llamada *la* Gran Tribulación — sólo hay una.

La última vez que se usa *thlipsis* en este contexto es en Apocalipsis 7:13–14:

> Después de esto miré, y he aquí una gran multitud, la cual nadie podía contar, de todas naciones y tribus y pueblos y lenguas, que estaban delante del trono y en la presencia del Cordero.... Estos son los que han salido de la gran tribulación [*thlipsis*] (Ap. 7:9,14).

La "gran tribulación" que causa la muerte de los mártires en el quinto sello del Apocalipsis es evidentemente la misma Gran Tribulación descrita en Mateo 24 y en Marcos 13. Por lo tanto, si la Gran Tribulación de Mateo 24 y Marcos 13 es la misma del quinto sello del Apocalipsis, es razonable (imperativo incluso) concluir que la señal triple dada en los cielos (en el sol, la luna y las estrellas) que sigue a la Gran Tribulación en Mateo 24 y en Marcos 13 es la misma señal triple dada en los cielos (en el sol, la luna y las estrellas) que se menciona en relación al sexto sello de Apocalipsis 6. De esto, también concluimos que el "principio de dolores" de Mateo 24 y Marcos 13 es correlativo a los sellos primero, segundo, tercero y cuarto de Apocalipsis 6.

La confirmación del arrebatamiento

Esto confirma otro hecho, que no sólo el quinto sello del Apocalipsis 6 es el mismo que la Gran Tribulación de Mateo 24 y Marcos 13, sino que el regreso de Cristo y el arrebatamiento ocurren tras la apertura del sexto sello. En Mateo 24, el orden es el siguiente:

Primero, la Gran Tribulación:

> Porque habrá entonces gran tribulación [thlipsis], cual no la ha habido desde el principio del mundo hasta ahora, ni la habrá. Y si aquellos días no fuesen

acortados, nadie sería salvo…. (Mt. 24:21–22).

Luego los cataclismos cósmicos:

E inmediatamente después de la tribulación de aquellos días, el sol se oscurecerá, y la luna no dará su resplandor, y las estrellas caerán del cielo, y las potencias de los cielos serán conmovidas (Mt. 24:29).

Después la aparición de Cristo:

Entonces aparecerá la señal del Hijo del Hombre en el cielo; y entonces lamentarán todas las tribus de la tierra, y verán al Hijo del Hombre viniendo sobre las nubes del cielo, con poder y gran gloria (Mt. 24:30).

Entonces el arrebatamiento:

Y enviará a sus ángeles con gran voz de trompeta, y juntarán a sus escogidos, de los cuatro vientos, desde un extremo del cielo hasta el otro (Mt. 24:31).

Ahora veamos los eventos descritos en Apocalipsis 6. Primero, el gran martirio del pueblo de Dios:

Cuando abrió el quinto sello, vi bajo el altar las almas de los que habían sido muertos por causa de la palabra de Dios y por el testimonio que tenían (Ap. 6:9).

Luego los cataclismos cósmicos:

Miré cuando abrió el sexto sello, y he aquí hubo un gran terremoto; y el sol se puso negro como tela de cilicio, y la luna se volvió toda como sangre; y las estrellas del cielo cayeron sobre la tierra, como la higuera deja caer sus higos cuando es sacudida por un fuerte viento (Ap. 6:12–13).

Después la aparición de Cristo:

Y los reyes de la tierra, y los grandes, los ricos, los capitanes, los poderosos, y todo siervo y todo libre, se escondieron en las cuevas y entre las peñas de los montes; y decían a los montes y a las peñas: Caed sobre nosotros, y escondednos del rostro de aquel que está sentado sobre el trono, y de la ira del Cordero; porque el gran día de su ira ha llegado; ¿y quién podrá sostenerse en pie? (Ap. 6:17)

Entonces el arrebatamiento:

Después de esto miré, y he aquí una gran multitud, la cual nadie podía contar, de todas las naciones y tribus y pueblos y lenguas, que estaban delante del trono y en la presencia del Cordero, vestidos de ropas blancas, y con palmas en las manos; y clamaban a gran voz, diciendo: La salvación pertenece a nuestro Dios que está sentado en el trono, y al Cordero... Entonces uno de los ancianos habló, diciéndome: Estos que están vestidos de ropas blancas, ¿quiénes son, y de dónde han venido? Yo le dije: Señor, tú lo sabes. Y él me dijo: Estos son los que han salido de la gran tribulación (Ap. 7:9–10, 13-14).

Siendo fieles a la interpretación literal del texto bíblico, concluimos que Apocalipsis 6 y Mateo 24 se refieren a los mismos eventos narrados en el mismo orden, y que la Segunda Venida de Cristo y el arrebatamiento ocurren tras la apertura del sexto sello.

Daniel 12 y la semana septuagésima

Si es que todavía queda alguna duda en cuanto a que Mateo 24 y Apocalipsis 6 narran los mismos eventos y en el mismo orden, y en cuanto a que si el regreso de Cristo ocurre tras la apertura del sexto sello, la lectura de Daniel 11 y 12 la aclarará. Estos pasajes proféticos, escritos aproximadamente 600 años antes de la profecía dada por el Señor Jesús en el Monte de los Olivos, son un tercer relato de los mismos eventos y narrados en el mismo orden.

Daniel 10 y 11 describen el surgimiento de Antíoco IV, o Antíoco Epífanes, un gobernante de Siria, varios siglos antes del nacimiento de Cristo. Antíoco IV es tristemente célebre por tratar de prohibir la práctica de la Ley Mosaica y por erigir una estatua de Zeus en el Templo de Dios. Antíoco realizó estas atrocidades tras asesinar a un gran número de judíos. La mayoría de los eruditos conservadores concuerdan en que este tirano es un tipo del Anticristo que arroja luz sobre el carácter y reino del Anticristo. Muchos también concuerdan en que la frase "al cabo [fin] del tiempo", de Daniel 11:40, es un salto en la narración: de las actividades realizadas por el personaje histórico llamado Antíoco Epífanes, a las actividades del Anticristo durante la Semana Septuagésima. Siendo este el caso, la descripción de las batallas e intrigas militares descritas en Daniel 11 se correlacionan con la descripción que el Señor Jesús nos da del principio de dolores en Mateo 24 y Marcos 13 (guerras y rumores de guerras, y nación levantándose contra nación), y con la descripción que el Señor Jesús nos da del primer y segundo sellos en Apocalipsis 6 (el surgimiento del Anticristo).

Luego, en Daniel 11:31, vemos una correlación palabra-por-palabra con la referencia que del Señor Jesús a la abominación desoladora (Mt. 24:15), la cual ocurre a la mitad de la Semana Septuagésima:

> Dn. 11:31: Y se levantarán de su parte tropas que profanarán el santuario y la fortaleza, y quitarán el continuo sacrificio, y pondrán la abominación desoladora.

> Mt. 24:15-16: Por tanto, cuando veáis en el lugar santo la abominación desoladora de que habló el profeta Daniel (el que lee entienda), entonces los que estén en Judea huyan a los montes.

La referencia del Señor Jesús a la abominación desoladora "de que habló el profeta Daniel" establece que ambos pasajes describen en realidad el mismo evento. Aunque Daniel no hace una referencia específica a las hambrunas mencionadas como parte del tercer sello, sí la hace en referencia a los sellos cuarto y quinto:

Mateo 24	Apocalipsis 6	Daniel 11-12
Mt. 24:6 "Y oiréis de guerras y rumores de guerras; mirad que no os tubéis, porque es necesario que todo esto acontezca; pero aún no es el fin."	**Apocalipsis 6:1-2** "Vi cuando el Cordero abrió uno de los sellos... Y miré, y he aquí un caballo blanco; y el que lo montaba tenía un arco; y le fue dada una corona, y salió venciendo, y para vencer."	**Dn. 11:21-22** "Y le sucederá en su lugar un hombre despreciable, al cual no darán la honra del reino ; pero vendrá sin aviso y tomará el reino con halagos. Las fuerzas enemigas serán barridas delante de él como con inundación de aguas; serán del todo destruidos, junto con el príncipe del pacto."
Mt. 24:7 "Porque se levantará nación contra nación, y reino contra reino."	**Apocalipsis 6:3-4** "Cuando abrió el segundo sello...Y salió otro caballo, bermejo; y al que lo montaba le fue dado poder de quitar de la tierra la paz, y que se matasen unos a otros; y se le dio una gran espada.	**Dn. 11:25-26; 29-30** "Y despertará sus fuerzas y su ardor contra el rey del sur con gran ejército; y el rey del sur se empeñará en la guerra con grande y muy fuerte ejército; mas no prevalecerá, porque le harán traición . Aun los que coman de sus manjares le quebrantará; y su ejército será destruido, y caeráb muchos muertos... Al tiempo señalado volverá al sur; mas no será la postrera venida como la primera. Porque vendrán contra él naves de Quitim, y él se contristará, y volverá, y se enojará contra el pacto santo, y hará según su voluntad"
Mt. 24:7-8 "Y habrá pestes, y hambres, y terremotos en diferentes lugares. Y todo esto será principio de dolores."	**Apocalipsis 6:7-8** "Cuando abrió el tercer sello... y he aquí un caballo negro; y el que lo montaba tenía una balanza en la mano. Y oí una voz ... que decía: Dos libras de trigo por una denario, y seis libras de cabada por un denario; pero no dañes ni el aceite ni el vino. Cuando abrió el cuarto sello... Miré, y he aquí un caballo amarillo, y el que lo montaba tenía por nombre Muerte, y el Hades le seguía; y le fue dada potestad sobre la cuarta parte de la tierra, para matar con espada, con hambre, con mortandad, y con las fieras de la tierra.	

Mateo 24	Apocalipsis 6	Daniel 11-12
Mt. 24:15, 21 "Por tanto, cuando veáis en el lugar santo la abominación desoladora de que habló el profeta Daniel (el que lee entienda)…porque habrá entonces gran tribulación, cual no la ha habido desde el principio del mundo hasta ahora, ni la habrá."	**Ap. 6:9-11** "Cuando abrió el quinto sello, vi bajo el altar las alamas de los que habían sido muertos por causa de la palabra de Dios y por el testimonio que tenían. Y clamaban a gran voz, diciendo: ¿Hasta cuándo, Señor, santo y verdadero, no juzgas y vengas nuestra sangre en los que moran en la tierra?"	**Dn. 11:31** "Y se levantarán de su parte tropas que profanarán el santuario y la fortaleza, y quitarán el continuo sacrificio, y pondrán la abominación desoladora." **Dn. 12:1** "En aquel tiempo se levantará Miguel, el gran príncipe que está de parte de los hijos de tu pueblo; *y será tiempo de angustia, cual nunca fue desde que hubo gente hasta entonces.*"
Mt. 24:29 "E inmediatamente después de la tribulación de aquellos días, el sol se oscurecerá, y la luna no dará su resplandor, y las estrellas caerán del cielo, y las potencias de los cielos serán conmovidas."	**Ap. 6:12-13** "Miré cuando abrió el sexto sello, y he aquí hubo un gran terremoto; y el sol se puso negro como tela de cilicio, y la luna se volvió toda como sangre; y las estrellas del cielo cayeron sobre la tierra…."	
Mt. 24:30-31 "Entonces aparecerá la señal del Hijo del Hombre en el cielo; y entonces lamentarán todas las tribus de la tierra, y verán al Hijo del Hombre viniendo sobre las nubes del cielo, con poder y gran gloria. Y enviará a sus ángeles con gran voz de trompeta, y juntarán a sus escogidos, de los cuatro vientos, desde un extremo del cielo hasta el otro."	**Ap. 6:15–16** "Y los reyes de la tierra, y los grandes, los ricos… y todo siervo y todo libre, se escondieron en las cuevas y entre las peñas de los montes; y decían a los montes y a las peñas: Caed sobre nosotros, y escondednos del rostro de aquel que está sentado sobre el trono…"	**Dn. 12:1-2** "Pero en aquel tiempo será libertado tu pueblo, todos los que se hallen escritos en el libro. Y muchos de los que duermen en el polvo de la tierra serán despertados, unos para vida eterna, y otros para vergüenza y confusión perpetuas."

Con lisonjas seducirá a los violadores del pacto; mas el pueblo que conoce a su Dios se esforzará y actuará. Y los sabios del pueblo instruirán a muchos; y por algunos días caerán a espada y a fuego, en cautividad y despojo (Dn. 11:32-33).

Al comienzo del capítulo 12, como en Mateo 24 y Apocalipsis 6, hay otra correlación palabra-por-palabra con la persecución y el martirio de la Gran Tribulación:

En aquel tiempo se levantará Miguel, el gran príncipe que está de parte de los hijos de tu pueblo; y será tiempo de angustia, cual nunca fue desde que hubo gente hasta entonces... (Dn. 12:1a)

Compárese al Discurso del Monte de los Olivos:

Por tanto, cuando veáis en el lugar santo la abominación desoladora de que habló el profeta Daniel (el que lee entienda), entonces los que estén en Judea huyan a los montes... porque habrá entonces gran tribulación, cual no la ha habido desde el principio del mundo hasta ahora, ni la habrá (Mt. 24:15-16, 21).

Aun las palabras utilizadas: "y será tiempo de angustia, cual nunca fue desde que hubo gente hasta entonces", son casi idénticas a las de Mateo 24:21. Como es de esperar en pasajes correlativos, la palabra para "angustia" usada en Daniel, *tsarah*, tiene una traducción casi idéntica a la palabra griega para "tribulación", *thlipsis*, que se usa en Mateo, Marcos y el Apocalipsis.[90]

Así como la gloriosa liberación del pueblo de Dios (en la forma del arrebatamiento) viene a continuación de la Gran Tribulación de Mateo 24, así también se menciona a continuación en este pasaje de Daniel:

...Pero en aquel tiempo será libertado tu pueblo, todos los que se hallen escritos en el libro. Y muchos

---

[90] *Concordancia Exhaustiva Strong.*

de los que duermen en el polvo de la tierra serán despertados, unos para vida eterna, y otros para vergüenza y confusión perpetuas (Dn. 12:1b–2).

¿Cómo sabemos que este es el arrebatamiento y no alguna otra forma de liberación? La resurrección de los muertos es una de las características fundamentales de este histórico momento. "Los muertos en Cristo resucitarán primero. Luego nosotros los que vivimos, los que hayamos quedado, seremos arrebatados juntamente con ellos en las nubes para recibir al Señor en el aire" (1 Ts. 4:16–17). Así también en Daniel 12:2, vemos la resurrección de los muertos como preludio a la liberación del pueblo de Dios: "Y muchos de los que duermen en el polvo de la tierra serán despertados".

De hecho, la palabra hebrea que usa Daniel para "libertado" es *malat*, la cual significa "escapar (como escabulléndose); soltar o rescatar; ... preservar, salvar con rapidez y seguridad".[91] Esto no describe sólo una remoción, sino una evacuación masiva — el arrebatamiento.[92]

---

[91] Ibid.

[92] El arrebatamiento, por supuesto, era un misterio cuando se escribió este pasaje (1 Co. 15:51), pero no hay duda alguna de que el arrebatamiento es parte de este evento. La resurrección de los muertos no es sólo una de las características fundamentales de este momento histórico, sino que ocurrirá una sola vez (1 Co. 15:21–25) — al final de la era, cuando Cristo regrese físicamente.

11

La Última Trompeta

Otra manera de determinar cuándo ocurre el arrebatamiento es determinando cuándo se toca la última trompeta. Porque Pablo escribe: "He aquí, os digo un misterio: No todos dormiremos; pero todos seremos transformados, en un momento, en un abrir y cerrar de ojos, a *la final trompeta*; porque se tocará la trompeta, y los muertos serán resucitados incorruptibles, y nosotros seremos transformados" (1 Co. 15:51–52). Es conmovedora la mención de la trompeta en este contexto porque el tocar la trompeta tiene un profundo significado para la nación de Israel: como llamada para adorar, como llamada para participar en las ceremonias y como llamada para la guerra. En este caso, incluye las tres llamadas.

Junto con mencionar la trompeta, este versículo contiene varias características que definen el arrebatamiento:

• Se tocará la trompeta.
• Recibiremos cuerpos nuevos, transformados.
• Los muertos serán resucitados incorruptibles.

Comparemos esto con la descripción dada en 1 Tesalonicenses 4:15–17:

Por lo cual os decimos esto en palabra del Señor: que nosotros que vivimos, que habremos quedado hasta la venida del Señor, no precederemos a los que durmieron. Porque el Señor mismo con voz de mando, con voz de arcángel, y con trompeta de Dios, descenderá del cielo; y los muertos en Cristo resucitarán primero. Luego nosotros los que vivimos, los que hayamos quedado, seremos arrebatados juntamente con ellos en las nubes para recibir al Señor en el aire, y así estaremos siempre con el Señor.

De nuevo se mencionan las mismas características que definen el arrebatamiento:

- El Señor Jesús descenderá del cielo.
- *Se tocará la trompeta.*
- Los muertos serán resucitados.
- Recibiremos al Señor en el aire.

En Mateo 24:30–31, el Señor Jesús describe esta misma escena:

Entonces aparecerá la señal del Hijo del Hombre en el cielo; y entonces lamentarán todas las tribus de la tierra, y verán al Hijo del Hombre viniendo sobre las nubes del cielo, con poder y gran gloria. Y enviará a sus ángeles con gran voz de trompeta, y juntarán a sus escogidos, de los cuatro vientos, desde un extremo del cielo hasta el otro.

Nuevamente vemos las siguientes características:

- El Señor Jesús viniendo sobre las nubes del cielo.
- *Se toca la trompeta.*
- Se reúnen a los escogidos.

Aun en Daniel se mencionan dos de los elementos claves del arrebatamiento:

Pero en aquel tiempo será libertado tu pueblo, todos los que se hallen escritos en el libro. Y muchos de los que duermen en el polvo de la tierra serán despertados, unos para vida eterna, y otros para vergüenza y confusión perpetua (Dn. 12: 1b–2).

En este pasaje vemos que:

• Los muertos son resucitados.
• El pueblo de Dios es librado milagrosamente.

Todos estos pasajes describen claramente el mismo evento, particularmente cuando tomamos en consideración el contexto en el que estos eventos ocurren (ver capítulo 10). Por lo tanto, si el arrebatamiento ocurre a la última trompeta, y el arrebatamiento se describe en Mateo 24:31 — después de la Gran Tribulación, después de los cataclismos cósmicos únicos en su clase, y después de "la señal del Hijo del Hombre" — entonces la última trompeta se tocará en este momento también.

Además, puesto que sabemos que los cataclismos cósmicos descritos en Mateo 24 son los mismos mencionados en el sexto sello del Apocalipsis, debemos llegar a la misma conclusión a la que hemos llegado muchas veces antes: que la última trompeta — y, por lo tanto, el arrebatamiento— vendrá a continuación de la apertura del sexto sello.

¿Arrebatamientos múltiples?

Hay quienes argumentan que todos estos versículos no se refieren al mismo arrebatamiento, sino que describen varios arrebatamientos *diferentes*. Creen que el Señor Jesús arrebatará a Su Iglesia por etapas, cada una en un momento diferente durante la Semana Septuagésima. La teoría de los arrebatamientos múltiples le permite a los lectores ver la venida en gloria del Señor Jesús en Mateo 24:31 como *un* arrebatamiento que no dañe su esperanza en el arrebatamiento pretribulacional. Esta posición comúnmente enseña que hay tres arrebatamientos separados: uno que ocurre antes de la Semana Septuagésima, uno que ocurre en medio de la Semana, y el otro que ocurre al final de ella.

La idea de que el Señor Jesús arrebate a Su Iglesia en etapas presenta varios problemas con la Escritura. Primero, los escritores del Nuevo Testamento enseñan inequívocamente que el Señor Jesús regresa solo una vez. En sus escritos, usan expresiones tales como: "esperando la [singular] manifestación de nuestro Señor Jesucristo" (1 Co. 1:7); "… delante de nuestro Señor Jesucristo, en su [singular] venida" (1 Ts. 2:19); y "Por lo tanto, hermanos, tened paciencia hasta la [singular] venida del Señor" (Stg. 5:7). Sugerir que el Señor Jesús hará uno o más de un viaje al cielo, apareciendo visiblemente pero sin cumplir Su profetizada Segunda Venida, implica engaño, ya sea de parte del mismo Señor Jesús como de parte de los escritores del Nuevo Testamento. Aun si hubiera evidencia de que el Señor Jesús pudiera venir visiblemente pero no físicamente antes de Su regreso (aunque toda la Escritura enseña lo contrario), Pablo deja bastante claro en 1 Corintios 15:52 que hay solo un arrebatamiento, y este ocurrirá "a la final trompeta".

Aquellos que sostienen la posición del arrebatamiento múltiple enfrentan una tercera dificultad. Esta es la misma dificultad que enfrentan aquellos que arguyen que Mateo 24, Apocalipsis 6 y Daniel 11-12 no describen los mismos eventos en el mismo orden. Sin embargo, las descripciones dadas por estos pasajes son tan similares que en algunos casos son casi idénticas. El cuadro comparativo de arriba pone en una posición complicada a quienes sugieren que estos no son los mismos eventos.[93]

---

[93] No sólo la similitud de las palabras utilizadas y del contenido en estos versículos abogan a favor de que los eventos descritos son los mismos, sino que el contexto entero de Mateo 24 y 1 y 2 Tesalonisenses es el mismo. En *Tres Posiciones Acerca del Arrebatamiento–* [*Three Views on the Rapture*, p. 194] Douglas Moo proporciona un esquema en el que muestra las similitudes entre el Discurso del Monte de los Olivos y las dos epístolas.

LA ÚLTIMA TROMPETA

Pasos del Arrebatamiento

Hay cuatro pasos que aparecen, en parte o totalmente, en todos los versículos sobre el arrebatamiento. Esto indica que describen el mismo evento. Estos pasos son:

1. El Señor Jesús viniendo sobre las nubes del cielo
2. Se toca la trompeta
3. Los muertos son resucitados
4. El pueblo de Dios es librado/se reúnen a los escogidos.

Mt. 24:30-31 "Entonces aparecerá la señal del Hijo del Hombre en el cielo; y entonces lamentarán todas las tribus de la tierra, y verán al Hijo del Hombre viniendo sobre las nubes del cielo, con poder y gran gloria. Y enviará a sus ángeles con gran voz de trompeta, y juntarán a sus escogidos, de los cuatro vientos, desde un extremo del cielo hasta el otro."	1. El Señor Jesús viene sobre las nubes del cielo. 2. Se toca la trompeta. 3. Se reúnen a los escogidos.
1 Co. 15:51-52 "He aquí, os digo un misterio: No todos dormiremos; pero todos seremos transformados, en un momento, en un abrir y cerrar de ojos, a *la final trompeta*; porque se tocará la trompeta, y los muertos serán resucitados incorruptibles, y nosotros seremos transformados".	1. Se tocará la trompeta. 2. Los muertos serán resucitados. 3. Se reúnen a los escogidos.
1 Ts. 4:15-17 "Por lo cual os decimos esto en palabra del Señor: que nosotros que vivimos, que habremos quedado hasta la venida del Señor, no precederemos a los que durmieron. Porque el Señor mismo con voz de mando, con voz de arcángel, y con trompeta de Dios, descenderá del cielo; y los muertos en Cristo resucitarán primero. Luego nosotros los que vivimos, los que hayamos quedado, seremos arrebatados juntamente con ellos en las nubes para recibir al Señor en el aire, y así estaremos siempre con el Señor."	1. El Señor Jesús desciende del cielo. 2. Se tocará la trompeta. 3. Los muertos serán resucitados. 4. Recibiremos al Señor en el aire.
Dn. 12:1-2 "Pero en aquel tiempo será libertado tu pueblo, todos los que se hallen escritos en el libro. Y muchos de los que duermen en el polvo de la tierra serán despertados, unos para vida eterna, y otros para vergüenza y confusión perpetua."	1. Los muertos son resucitados. 2. El pueblo de Dios es librado milagrosamente.

¿Qué pasa con Armagedón?

¿Qué pasa con el regreso del Señor Jesús para Armagedón? Este pasaje también describe la Señor Jesús viniendo en las nubes. ¿No podría este pasaje estar describiendo el arrebatamiento? No. Apocalipsis 19 nos da una descripción bastante clara del Señor Jesús viniendo en las nubes, y no es la misma del arrebatamiento:

> Entonces vi el cielo abierto; y he aquí un caballo blanco, y el que lo montaba se llamaba Fiel y Verdadero, y con justicia juzga y pelea. Sus ojos eran como llama de fuego, y había en su cabeza muchas diademas; y tenía un nombre escrito que ninguno conocía sino él mismo. Estaba vestido de una ropa teñida en sangre; y su nombre es: EL VERBO DE DIOS. Y los ejércitos celestiales, vestidos de lino finísimo, blanco y limpio, le seguían en caballos blancos (Ap. 19:11–14)

El hecho de que el Señor Jesús viene en las nubes es la única similitud que tiene este pasaje con los versículos que describen el arrebatamiento. Este es un evento totalmente diferente, con un conjunto de elementos descriptivos totalmente diferentes.

Echémosle un vistazo más cuidadoso a estos elementos:

• Cristo aparece en el cielo sobre un caballo blanco.
• Sus ojos son como llama de fuego.
• Su ropa esta teñida en sangre.
• Los ejércitos celestes lo siguen montados en caballos blancos.

No hay toque de trompeta, no hay resurrección de los muertos y no hay salvación del pueblo de Dios. Además, los caballos juegan aquí un papel muy importante, algo que ninguno de los otros pasajes sobre el arrebatamiento menciona. Mateo 24:29 también nos dice que, justo antes del regreso del Señor: "el sol se oscurecerá, y la luna no dará su resplandor, y las estrellas caerán del cielo, y las potencias de los cielos serán conmovidas". No hay ni siquiera la mención de estos cataclismos cósmicos en esta entrada triunfal de Apocalipsis 19. Esta combinación de cataclismos cósmicos es mencionada mucho antes, ocurriendo al abrirse el sexto sello.

La aparición del Señor Jesús para Armagedón es un evento *diferente* para un propósito diferente: derrotar a la bestia y a su falso profeta. El retorno físico del Señor ocurrió mucho antes, después de la apertura del sexto sello, cuando arrebató a Su Iglesia.[94]

Esto, junto con otra evidencia, explica por qué la trompeta — la llamada histórica de Israel para la guerra — no se toca en este momento. Hay muchos grandes detalles mencionados en Apocalipsis 19:11–21, pero el toque de una trompeta no es uno de ellos. ¿Podría ser que lo hayan pasado por alto? De ninguna forma. La razón es que *la guerra ya ha sido declarada*. Fue declarada aproximadamente tres años antes, cuando el Cristo, con voz de mando, con voz de arcángel, y con trompeta de Dios, descendió del cielo anunciando el Día del Señor. Armagedón es simplemente la batalla final de una guerra ya librada.[95]

---

[94] Para sostener el punto de vista de que el Hijo del Hombre en Mateo 24:31 no se refiere al arrebatamiento sino a la manifestación del Señor Jesús para el Armagedón, muchos estudiosos usan Daniel 7, que describe al Mesías viniendo en las nubes para establecer inmediatamente su Reino Milenial. Como el Señor Jesús toma prestadas palabras de este pasaje de Daniel para utilizarlas en el Discurso de los Olivos, esto los hace concluir que Mateo 24:30–31 también se refiere a Armagedón, sin importar cuántas similitudes haya entre este pasaje y el sexto sello del Apocalipsis. Se deben hacer varias consideraciones. Primero, en una técnica llamada "telescopio", la literatura profética a menudo menciona dos eventos de manera sucesiva, aunque estén separados por largos espacios de tiempo (Is. 61:1-2; Dn. 12:1-3; Jn. 5:29). Esto es lo que sucede aquí. Hay también varios eventos no-consecutivos descritos en este pasaje que nos dicen no sólo que los eventos están siendo intercalados, sino también que no son consecutivos. Esto incluye la apertura de los libros antes de la destrucción de la bestia y la venida del Señor en las nubes después que la bestia ha sido arrojada al fuego. Por estas razones, este pasaje no debería usarse para pasar por alto el claro orden de los eventos dados por el Señor Jesús en el Nuevo Testamento. Douglas Moo dice lo mismo: "Puesto que el arrebatamiento es revelado sólo en el Nuevo Testamento, la evidencia decisiva en cuanto al momento en que ocurre en relación a la [gran] tribulación debe provenir también del Nuevo Testamento. Además, una sana hermenéutica nos obliga a establecer una doctrina basándonos en los textos que la mencionan directamente" [*Tres Posiciones Acerca del Arrebatamiento - Three Views on the Rapture*, p. 172]. También debe tenerse presente que ni siquiera Daniel entendió muchas de sus propias visiones (Dn. 12:8). Por lo tanto, la descripción del Señor Jesús en el Discurso de los Olivos debe utilizarse para interpretar la visión de Daniel, y no viceversa.

[95] Auque Paul Feinberg arguye a favor del pretribulacionismo, también presenta un claro argumento acerca de que el retorno de Cristo para el

Mateo 24:30 no es Armagedón

Uno de los argumentos más comunes contra la posición pre-ira es que Mateo 24:30, la venida gloriosa del Señor Jesús después de la Gran Tribulación, es una referencia a Armagedón, no al arrebatamiento:

> Entonces aparecerá la señal del Hijo del Hombre en el cielo; y entonces lamentarán todas las tribus de la tierra, y verán al Hijo del Hombre viniendo sobre las nubes del cielo, con poder y gran gloria (Mt. 24:30).

Este argumento fue invalidado en el capítulo anterior de este libro por la evidencia bíblica que demuestra que los cataclismos cósmicos descritos en este pasaje son los mismos que se mencionan con relación al sexto sello. Esto coloca el retorno en gloria de Cristo después de la mitad de la Semana Septuagésima, aunque antes del comienzo de los juicios de las trompetas y las copas.

Hay, además, seis otras razones por las que Mateo 24:30–31 no puede referirse a Armagedón:

1. Estaría en contradicción con la declaración del Señor Jesús de que nadie conoce el día ni la hora de su venida. El Señor hizo esta declaración (Mt. 24:36) en el contexto de Su venida en gloria descrita por Él mismo cinco versículos antes. Si esta venida en gloria se refiriera a Armagedón, como los pretribulacionistas quisieran hacernos creer, se crearía un

---

arrebatamiento y Su retorno para Armagedón en Apocalipsis 19 no son los mismos eventos. Viene al caso citar este argumento: "En el pasaje central sobre el arrebatamiento, 1 Tesalonicenses 4:13-18, el momento de la resurrección de los santos muertos es declarado específicamente ocurriendo *durante* el descenso de Cristo a la tierra. Los santos vivos y muertos, serán arrebatados para encontrarse con el Señor en el aire. Contraste esta información con la dada en Apocalipsis 19-20. Aquí, el orden parece ser: Cristo desciende, sus enemigos son destruidos, la bestia y el falso profeta son arrojados al lago de fuego, Satanás es atado y *entonces* los santos son resucitados. Parece que la resurrección de los muertos será *durante* el descenso del Señor para el arrebatamiento, y *después* el Señor desciende para Armagedón" [*Tres Posiciones Acerca del Arrebatamiento - Three Views on the Rapture*, p. 84].

problema bíblico muy grave. Sabemos que habrá exactamente siete años y 30 días (1.260 días más 30 días — Dn. 9:24; Dn. 12:11) entre el momento en que el Anticristo confirma el pacto con Israel y el momento en que el Señor Jesús aparece en la batalla de Armagedón al final de la Semana Septuagésima.[96]

---

[96] Aunque, en honor a la simplicidad, este libro hace pocas distinciones entre los juicios de los sellos, las trompetas y las copas con relación a la Semana Septuagésima, esta Semana probablemente termina con la sexta trompeta. Gary Vaterlaus, profesor de educación bíblica e investigación del Ministerio Sola Scriptura, explica: "Cuando comparamos Daniel 9:24–27, Apocalipsis 11:14 y 10:7, la Semana Septuagésima parece terminar justo antes del toque de la séptima. Como se describe en Apocalipsis 11, a los testigos se les concede profetizar por 1.260 días y concluir su ministerio en el último día. Son asesinados al día siguiente, luego son resucitados y ascienden al cielo tres días y medio después. Después de esto, se anuncia el juicio de la sexta trompeta (el segundo ay) como ya habiendo ocurrido (Ap. 11:14). El toque de la séptima trompeta (Ap. 11:15) parece ser el cumplimiento de las 70 Semanas de la profecía de Daniel 9:24 ('justicia perdurable' para Israel). Además, Apocalipsis 10:7 declara: 'sino que en los días de la voz del séptimo ángel, cuando él comience a tocar la trompeta, el misterio de Dios se consumará, como él lo anunció a sus siervos los profetas'. Este 'misterio' nos lleva a la plenitud de la Iglesia — la salvación de Israel — como lo enseña Pablo en Romanos 11:25-26: 'Porque no quiero, hermanos, que ignoréis este misterio, para que no seáis arrogantes en cuanto a vosotros mismos: que ha acontecido a Israel endurecimiento en parte, hasta que haya entrado la plenitud de los gentiles; y luego todo Israel será salvo, como está escrito'. Cuando el ángel comience a tocar la séptima trompeta, el Dios Todopoderoso vuelve a tomar el control del reino de este mundo: 'El séptimo ángel tocó la trompeta, y hubo grandes voces en el cielo, que decían: Los reinos del mundo han venido a ser de nuestro Señor y de su Cristo; y él reinará por los siglos de los siglos' (Ap. 11:15); este pasaje parece ser el cumplimiento de Daniel 9:24 y el ungimiento del 'Santo de los santos', esto es, Cristo ungido como Rey. Además, en Daniel 12:7 se nos dice que el reino del Anticristo será por 'tiempo, tiempos, y la mitad de un tiempo', o 1.260 días. Luego, Daniel pregunta: '¿Cuándo será el fin de estas maravillas?', y el ángel le dice que "desde el tiempo que sea quitado el continuo sacrificio hasta la abominación desoladora habrá 1.290 días', o 30 días más después del fin de la Semana Septuagésima (Dn. 12:11), y que el resultado será la destrucción del desolador, el Anticristo: 'Y por otra semana confirmará el pacto con muchos; a la mitad de la semana hará cesar el sacrificio y la ofrenda. Después con la muchedumbre de las abominaciones vendrá el desolador, hasta que venga la consumación, y lo que está determinado se derrame sobre el desolador'. Así que 'el fin de estas maravillas', que ocurre 30 días después del término de la Semana Septuagésima, es la séptima copa, o la batalla de Armagedón, cuando el Anticristo es destruido. Los juicios de las copas son tan severos

171

Por lo tanto, si Mateo 24:30–31 se refiriera a la batalla de Armagedón, y si esta batalla ocurriera exactamente siete años y 30 días después de la confirmación del tratado, sabríamos el día de antemano, puesto que el profeta Daniel ya nos delineó la cronología. La única solución satisfactoria a este problema es que la venida del Señor Jesús en gloria mencionada en Mateo 24:30–31 *no se refiere a Armagedón,* sino a Su regreso para rescatar/arrebatar a Su Iglesia.

2. *Estaría en contradicción con la respuesta del Señor a sus discípulos.*

Al comienzo del capítulo, los discípulos le preguntan al Señor Jesús: "¿Cuándo serán estas cosas, y qué señal habrá de tu venida, y del fin del siglo?" Esencialmente, ellos preguntan: "¿Cuándo será el fin del siglo *para nosotros?*" Pronto estos discípulos, en Pentecostés, se convertirían en el fundamento de la Iglesia del Nuevo Testamento. Si Mateo 24:30–31 no se refiere al arrebatamiento, entonces el Señor Jesús no respondió su pregunta. Entonces, cuando les dice a los discípulos que Él aparecerá en las nubes y que enviará a sus ángeles con gran voz de trompeta para que estos junten a sus escogidos, en realidad no quiere decir que regresará en ese momento. Esto serviría para apoyar la creencia pretribulacionista de que habría un regreso "parcial" o "espiritual" (no un regreso físico) de Cristo – lo cual sería como decir que el Señor les tomó el pelo a los discípulos con su respuesta.[97]

---

que no podrían durar mucho tiempo, o toda la vida sería destruida; estos se concentran en un período de 25 días".

[97] Si la Iglesia es arrebatada cuando el Señor Jesús hace su aparición en el cielo después de la apertura del sexto sello, y la resurrección de los muertos ocurre en ese momento, ¿cómo explicamos que la escena de aquellos que se sientan sobre los tronos en Apocalipsis 20:4 ocurra inmediatamente después de Armagedón? Este es uno de los argumentos usados por los postribulacionistas para decir que el arrebatamiento de la Iglesia toma lugar al final de la Semana Septuagésima. Sin embargo, el que esta visión ocurra *después* de Armagedón no sustenta una posición más que la otra. La frase: "Esta es la primera resurrección", simplemente identifica a aquellos que se sientan sobre los tronos, cuando sea que ellos salieron de la Semana Septuagésima. Ni la descripción de estos en los tronos da una respuesta definitiva. Algunas versiones bíblicas, como la Reina-Valera 1960, dice: "Y vi tronos, y se sentaron sobre ellos los que recibieron facultad de juzgar", lo cual implica una acción en progreso. Otras versiones, como la Nueva

3. ¿A quiénes les advierte el Señor que no sean engañados?

En Mateo 24:23–26, tres veces el Señor Jesús advierte a los creyentes que no se dejen engañar por los falsos profetas que proliferarán durante la Gran Tribulación, porque "aun no es el fin". Sin embargo, sabemos por Daniel 12:11 que la duración exacta entre el momento en que el Anticristo confirma el pacto con Israel y el momento en que el Señor Jesús aparece en la batalla de Armagedón para destruirlo es de 1290 días. Si Mateo 24:29–31 se refiere a Armagedón, como afirman los pretribulacionistas, ¿qué necesidad habría de que el Señor advirtiera contra el engaño de los falsos profetas? Una vez que la Semana Septuagésima comience, los creyentes sabrán exactamente cuántos días tienen que transcurrir hasta que esta terrible batalla tome lugar, así que no hay necesidad de que esperen ver al Señor antes de entonces.

4. ¿Quiénes conforman la multitud de Daniel 11:32–35, Mateo 24:23–26, Apocalipsis 6:9–11 y 7:9–10?

Si la   Iglesia es arrebatada antes de la Semana Septuagésima e Israel no reconoce al Señor Jesús como el Mesías hasta que Él haga su aparición en Armagedón, ¿quiénes conforman las multitudes de creyentes mencionadas en estos pasajes? No pueden referirse a judíos incrédulos porque Daniel los llama "los sabios del pueblo", y el Señor Jesús se refiere a ellos como esperándolo a Él, el Mesías. Si no son creyentes sufriendo la persecución de la Gran Tribulación, entonces estos pasajes no tienen ningún sentido.

Internacional, dice". Y vi tronos sobre los que *fueron sentados* los que *habían recibido* autoridad para juzgar", lo caul implica una acción que ocurrió en el pasado, pero no se especifica cuán distante en el pasado. En este contexto, la posición pre-ira es más consistente con el carácter de Dios, ya que aquellos que han sido probados por el fuego han ganado, por su fidelidad, el derecho de juzgar. Aquellos que se convierten después del arrebatamiento — los que han visto al Cristo resucitado físicamente, comprobando con sus ojos la veracidad de la Escritura — aunque permanezcan fieles, no actuaron en el mismo nivel de fe. De tal forma que aquellos sentados sobre tronos que aparecen en Apocalipsis 20:4 son creyentes que fueron arrebatados antes, tras la apertura del sexto sello. Este pasaje no significa de ninguna manera que el arrebatamiento haya ocurrido en este momento.

173

5. *¿Qué hace que los 144.000 judíos súbitamente se conviertan en creyentes después de los cataclismos cósmicos asociados al sexto sello?*

Como veremos en el próximo capítulo, algo hace que 144.000 judíos incrédulos sean merecedores de recibir un sello protector divino tras la apertura del sexto sello. Si esta no es una conversión masiva causada por el hecho de ver al Señor Jesús viniendo en las nubes para efectuar el arrebatamiento de la Iglesia, ¿qué es?

6. *Si el Señor Jesús viene a rescatar a los judíos en Armagedón, y Mateo 24:30–31 se refiere a Armagedón, ¿por qué hay lamentación también de parte de los judíos?*

El Señor Jesús dice que cuando Él venga en las nubes del cielo y envíe a sus ángeles con gran voz de trompeta para que estos junten a sus escogidos, "entonces lamentarán todas las tribus de la tierra" (Mt. 24:30; Ap. 1:7). Considerando que la manifestación del Señor Jesús para Armagedón significará la destrucción del Anticristo, el juicio de las naciones rebeldes, la restauración de los judíos a su tierra en paz eterna y la introducción del reinado físico de Dios en la tierra, este momento debiera de ser de gran gozo para el pueblo de Dios. La Escritura también dice que, para el término de la Semana Septuagésima, todo Israel — el remanente de creyentes preservado por causa del nombre santo de Dios— será salvo. Así que los judíos debieran estar dándole la bienvenida al Señor Jesús como su Salvador y Rey en Armagedón, recibiéndolo con alegría inefable. ¿Por qué sería este un tiempo de lamentación para ellos?

De nuevo, la única solución satisfactoria es que la venida del Señor Jesús en las nubes mencionada en Mateo 24:30–31 es el arrebatamiento de la Iglesia que ocurre tras la apertura del sexto sello. Esto elimina la contradicción con la declaración del Señor de que "del día y la hora nadie sabe". Esto elimina la posibilidad de que el Señor Jesús no este siendo totalmente claro al responderle a los discípulos la pregunta: "¿Cuándo regresarás?" Explica por qué el Señor Jesús estaba tan preocupado porque los creyentes no fueran engañados por falsos profetas. Explica la identidad de las multitudes mencionadas en Daniel, Mateo y el Apocalipsis. Explica la salvación instantánea y el sellado de los 144.000 judíos. Finalmente, les da a los judíos un período de tiempo necesario para lamentarse (después de la aparición del Mesías) que no entra en conflicto con el gozo de Su regreso.[98]

¿Cuándo se toca la última trompeta?

Esto deja una última pregunta que necesita responderse: Si el arrebatamiento ocurre después de la apertura del sexto sello, ¿cómo puede ser que ocurra, como Pablo lo describe, a "la final trompeta" (1 Co. 15:52)? Después de todo, después del arrebatamiento de los santos, todavía quedan por caer sobre la tierra los juicios de las siete trompetas. No hay una respuesta definitiva para esta pregunta. Sin embargo, hay tres cosas que sabemos:

1. Hay suficiente evidencia bíblica para situar al arrebatamiento ocurriendo tras la apertura del sexto sello. Colocar al arrebatamiento después de la séptima trompeta entraría en contradicción con la abundante e inequívoca evidencia dada en todas las partes de la Escritura que tratan el tema. Si usamos el principio de interpretar lo poco claro por lo claro, no podemos dejar de lado toda esta evidencia basándonos en un solo versículo.

2. Cuando Pablo escribió 1 Corintios, el Apocalipsis todavía no se había escrito. De hecho, no se escribiría sino hasta aproximadamente cuatro décadas después, así que Pablo no sabía nada de los juicios de las trompetas cuando escribió este pasaje. Es probable que él sólo estuviera haciendo una analogía que fuera de fácil comprensión para sus contemporáneos: el llamado a la asamblea, el cual era usado en los juegos romanos y en el contexto militar. En estos casos, primero había una trompeta preliminar, algunas veces dos,

---

[98]Aunque Paul Feinberg argumenta a favor del pretribulacionismo, reconoce estas similitudes, pero cree que las diferencias entre estos pasajes las sobrepasan [*Tres Posiciones Acerca del Arrebatamiento - Three Views on the Rapture*, p. 231]. Estas diferencias, sin embargo, no crean ninguna contradicción en el texto bíblico y se explican por el hecho de que están describiendo diferentes aspectos del mismo evento, tal como los evangelios proporcionan detalles complementarios de la vida y el ministerio del Señor Jesús.

siendo la última el llamado a la asamblea. Tal analogía tiene mucho sentido en este contexto, puesto que los escritores del Nuevo Testamento utilizaron con frequencia analogías culturales para aclarar sus puntos.

3. La última trompeta, o la llamada de trompeta de Dios, no puede ser la séptima trompeta del Apocalipsis — o ninguna otra de las trompetas del Apocalipsis — porque, en el Apocalipsis, aquellos que tocan las trompetas son ángeles. Para el arrebatamiento, es el mismo Señor Jesús quien inicia el toque (Mt. 24:31; 1 Ts. 4:16). Esto es por lo que esta trompeta es llamada la "trompeta de Dios" (1 Ts. 4:16).

Esta distinción, en sí misma, separa "la final trompeta" de las trompetas del Apocalipsis.

Identificando la primera trompeta

Robert Van Kampen sugiere que, para definir la segunda trompeta, primero debemos encontrar la primera trompeta. Para lograr esto debemos buscar un evento en el que Dios haya tocado una trompeta antes. Y es posible encontra tal evento:

> Y Jehová será visto sobre ellos, y su dardo saldrá como relámpago; y *Jehová el Señor tocará la trompeta*, e irá entre torbellinos del austro. Jehová de los ejércitos los amparará, y ellos devorarán, y hollarán las piedras de la honda, y beberán, y harán estrépito como tomados de vino; y se llenarán como tazón, o como cuernos del altar. Y los salvará en aquel día Jehová su Dios como rebaño de su pueblo; porque como piedras de diadema serán enlatecidos en su tierra (Zac. 9:14–16).

Van Kampen sugiere que este toque de trompeta, que fue profetizado para el retorno de los judíos del cautiverio en Babilonia, es el primer toque de trompeta.[99]

Ciertamente, antes en este pasaje, Dios dice que Su mano estará específicamente contra Grecia, una probable referencia a la rebelión de los Macabeos que comenzó alrededor del 160 a. C., cuando los judíos se alzaron contra el gobernante griego

---

[99] *La Señal* [*The Sign*, 3rd Revised Edition, Crossway Books, 2000, p. 151].

Antíoco Epifanes, el precursor del Anticristo (este alzamiento es descrito en los libros apócrifos de 1 y 2 Macabeos).

Gary Vaterlaus escribe:

> En ese entonces Dios tocó su trompeta y liberó a su pueblo de la opresión. De la misma manera, Dios, una vez más y por última vez, tocará su trompeta y liberará a su pueblo de la opresión [poco antes del comienzo del Día del Señor]. Esta será la última vez que Dios toque su trompeta.[100]

El arrebatamiento en el Apocalipsis

Pero aun si no oímos realmente el toque de la trompeta en el Apocalipsis (¿podría esto ser porque el libro fue escrito desde la perspectiva de Juan, que estaba en el cielo y no en la tierra?), el Señor no nos deja sin evidencia sobre el arrebatamiento. Aunque Juan no menciona el toque de la trompeta al final del capítulo 6, sí nos da una descripción de los *resultados* del toque de esta trompeta — la Iglesia arrebatada.

En Apocalipsis 7:9, leemos:

> Después de esto miré, y he aquí una gran multitud, la cual nadie podía contar, de todas naciones y tribus y pueblos y lenguas, que estaban delante del trono y en la presencia del Cordero, vestidos de ropas blancas, y con palmas en las manos; clamaban a gran voz, diciendo: "¡La salvación pertenece a nuestro Dios que está sentado en el trono, y al Cordero!" (Ap. 7:9–10).

---

[100] Correspondencia personal con el autor.

12

Los Huesos Secos Viven

En un capítulo anterior, vimos cómo la frase "de los cuatro vientos" une el arrebatamiento a Apocalipsis 7:1. Pero los cuatro vientos cumplen también otro propósito con relación al momento en que toma lugar el arrebatamiento. Este es el de unir el retorno de Cristo a la redención de Israel por medio del sellado de los 144.000 judíos.

¿Quiénes son estos 144.000?

Por siglos Dios disciplinó a Su pueblo a causa de su persistente idolatría permitiéndoles ser conquistados por naciones paganas — primero, los babilonios; después, los medopersas; luego, los griegos; y, finalmente, los romanos. Pero cuando ni siquiera estos esfuerzos lograron que Su pueblo le fuera fiel, Dios cortó la comunión con ellos y los esparció por toda la tierra, tal como los profetas predijeron que Él lo haría:

Ella vio que por haber fornicado la rebelde Israel, yo la había despedido y dado carta de repudio; pero no tuvo temor la rebelde Judá su hermana, sino que también fue ella y fornicó (Jer. 3:8).

Contended con vuestra madre, contended; porque ella no es mi mujer, ni yo su marido; aparte, pues, sus fornicaciones de su rostro, y sus adulterios de entre sus pechos... Ni tendré misericordia de sus hijos, porque son hijos de prostitución. Porque su madre se prostituyó (Os. 2:2–5).

Para los Israelitas, esta separación de Dios resultó en un período comúnmente conocido como "la Diáspora". Durante este tiempo, Dios dispersó por el mundo al pueblo de Israel tal como antes había dispersado a los rebeldes y arrogantes habitantes de Babel:

Hijo de hombre, mientras la casa de Israel moraba en su tierra, la contaminó con sus caminos y con sus obras... Y derramé mi ira sobre ellos por la sangre que derramaron sobre la tierra; porque con sus ídolos la contaminaron. Les esparcí por las naciones, y fueron dispersados por las tierras; conforme a sus caminos y conforme a sus obras les juzgué (Ez. 36:17–19).

Esta dispersión duró desde la destrucción del templo a manos de Roma, en el año 70, hasta el restablecimiento de la nación de Israel a la tierra prometida, en el año 1948. En ese tiempo, Dios comenzó a reunir a Su pueblo de vuelta a la tierra en cumplimiento de la profecía de los últimos tiempos.

Fiel a Su promesa, Dios preservó un remanente a causa de Su nombre:

Pero he tenido dolor al ver mi santo nombre profanado por la casa de Israel entre las naciones adonde fueron. Por tanto, di a la casa de Israel: Así ha dicho Jehová el Señor: No lo hago por vosotros, oh casa de Israel, sino por causa de mi santo nombre... y yo os tomaré de las naciones, y os recogeré de todas las tierras, y os traeré a vustro país. Esparciré sobre vosotros agua limpia, y seréis limpiados de todas vuestras inmundicias; y de todos vuestros ídolos os limpiaré. Os daré corazón nuevo, y pondré espíritu nuevo dentro de vosotros; y quitaré de vuestra carne el corazón de piedra, y os daré un corazón de carne. Y pondré dentro de vosotros mi Espíritu, y haré que andéis en mis estatutos, y guardéis mis preceptos, y los pongáis por obra. Habitaréis en la tierra que di a vuestros padres, y vosotros me seréis por pueblo, y yo seré a vosotros por Dios (Eze. 36:21–28).

Nótese que esta profecía consta de dos partes: (1) que Dios restauraría a Su pueblo en la tierra que le prometió a

Abraham; y (2) que Él restaurará a su pueblo a la comunión con Él.

Vemos las mismas dos partes en la profecía de Oseas:

> Pero he aquí que yo la traeré y la llevaré al desierto, y hablaré a su corazón. Y le daré sus viñas allí, y el valle de Acor por puerta de esperanza; y allí canatará como en los tiempos de su juventud, y como en el día de su subida de la tierra de Egipto. En aquel tiempo, dice Jehová, me llamarás Ishi [mi esposo], y nunca más me llamarás Baali [mi amo]. Porque quitaré de su boca los nombres de los baales [dioses falsos], y nunca más se mencionarán sus nombres (Os. 2:14–17).

Por décadas, muchos han enseñado que las profecías del Antiguo Testamento sobre la restauración de Israel se cumplieron cuando ella fue de nuevo una nación. Pero este cumplimiento está incompleto. Aunque es cierto que Israel ha sido reunida en la tierra de Abraham, el pueblo de Dios aún no se identifica con su Salvador. Así que la segunda parte de esta profecía espera aun su cumplimiento. Y este cumplimiento tiene todo que ver con el arrebatamiento.

Los sellados de Dios

En Apocalipsis 7: 2-8, leemos acerca de 144.000 judíos que son sellados poco antes de que comiencen los juicios de las trompetas:

> Vi también a otro ángel que subía de donde sale el sol, y tenía el sello del Dios vivo; y clamó a gran voz a los cuatro ángeles, a quienes se les había dado poder de hacer daño a la tierra y al mar, diciendo: No hagáis daño a la tierra, ni al mar, ni a los árboles, hasta que hayamos sellado en sus frentes a los siervos de nuestro Dios. Y oí el número de los sellados: ciento cuarenta y cuatro mil sellados de todas las tribus de los hijos de Israel.
>
> De la tribu de Judá doce mil sellados.
> De la tribu de Rubén doce mil sellados.
> De la tribu de Gad doce mil sellados.
> De la tribu de Aser doce mil sellados.

De la tribu de Neftalí doce mil sellados.
De la tribu de Manasés doce mil sellados.
De la tribu de Simeón doce mil sellados.
De la tribu de Leví doce mil sellados.
De la tribu de Isacar doce mil sellados.
De la tribu de Zabulón doce mil sellados.
De la tribu de José doce mil sellados.
De la tribu de Benjamín doce mil sellados.

El uso del término "sello" en este contexto es interesante porque a través del Nuevo Testamento, el "sello" se aplica sólo a los creyentes. La palabra griega para "sellado" es *sfragizo*, la cual significa "estampar (como con un timbre o una marca privada) para seguridad o preservación".[101] Según la Escritura, el sellado viene con la llenura del Espíritu Santo de Dios a través de una relación personal con el Señor Jesús: "En él también vosotros, habiendo oído la palabra de verdad, el evangelio de vuestra salvación, y habiendo creído en él, fuisteis sellados con el Espíritu Santo de la promesa" (Ef. 1:13). "Y el que nos confirma con vosotros en Cristo, y el que nos ungió, es Dios, el cual también nos ha sellado, y nos ha dado las arras del espíritu en nuestros corazones" (2 Co. 1:21–22).

En ninguna parte del Apocalipsis se dice que estos judíos se convierten en creyentes después de que son sellados. Simplemente, son sellados. Lo lógico, entonces, es suponer que *ya son creyentes*.[102] Hoy por hoy, la nación de Israel está mayoritariamente compuesta por una población secular. Israel rechazó a su Mesías dos mil años atrás, y a pesar de tantos esfuerzos evangelísticos, la condición espiritual de la población no ha cambiado. Para que los 144.000 judíos sean sellados todos de una vez, algo realmente dramático tendrá que ocurrir. ¿Qué podrá causar un arrepentimiento masivo y espontáneo en tantos judíos duros de corazón?

---

[101] *Concordancia Exhaustiva Strong*.

[102] Comúnmente se argumenta que estos sellos cumplen, durante la segunda parte de la Semana Septuagésima, una función protectora, y que no son equivalentes al sello del Espíritu Santo. No hay duda en cuanto a que cumplen una función protectora, pero basándose en otros pasajes bíblicos, se puede sugerir que también son el sello del Espíritu Santo.

La aparición del mismísimo Cristo:

> He aquí viene con las nubes, y todo ojo le verá, y los que le traspasaron; y todos los linajes de la tierra harán lamentación por él. Sí, amén (Ap. 1:7).

El uso del término "todos los linajes de la tierra" es particularmente judío – se usa para describir a las 12 tribus de Israel. Una frase similar: "todas las tribus de la tierra", se usa en Mateo 24:

> Entonces aparecerá la señal del Hijo del Hombre en el cielo; y entonces lamentarán todas las tribus de la tierra, y verán al Hijo del Hombre viniendo sobre las nubes del cielo, con poder y gran gloria (Mt. 24:30).

Esto nos dice que los 144.000 son con toda probabilidad judíos observantes que conocen las enseñanzas de los profetas, que han oído del evangelio de salvación del Señor Jesucristo, pero al igual que sus antepasados, han rechazado al Señor calificándolo como "el Mesías de los gentiles". Cuando el Señor Jesús aparezca en los cielos para efectuar el arrebatamiento de la Iglesia, estos judíos comprenderán su error y, aunque será muy tarde para que formen parte de los arrebatados, servirán al Señor en la exaltada posición de los 144.000 siervos preservados por Dios en el mundo posarrebatamiento.

Juan describe la relación de estos judíos con el Señor Jesús en Apocalipsis 14:2–5:

> Y oí una voz del cielo como estruendo de muchas aguas, y como sonido de un gran trueno; y la voz que oí era como de arpistas que tocaban sus arpas. Y cantaban un cántico nuevo delante del trono, delante de los cuatro seres vivientes, y de los ancianos; y nadie podía aprender el cántico sino aquellos ciento cuarenta y cuatro mil que fueron redimidos de entre los de la tierra. Estos son los que no se contaminaron con mujeres, pues son vírgenes. Estos son los que siguen al Cordero por dondequiera que va. Estos fueron redimidos entre los hombres como primicias para Dios y para el Cordero; y

en sus bocas no fue hallada mentira, pues son sin mancha delante del trono de Dios.

Ahora compárese esto con la promesa de Ezequiel 36:26-28:

Os daré corazón nuevo, y pondré espíritu nuevo dentro de vosotros; y quitaré de vuestra carne el corazón de piedra, y os daré un corazón de carne. Y pondré dentro de vosotros mi Espíritu, y haré que andéis en mis estatutos, y guardéis mis preceptos, y los pongáis por obra. Habitaréis en la tierra que di a vuestros padres, y vosotros me seréis por pueblo, y yo seré a vosotros por Dios.

El sellado de los 144.000 inicia el cumplimiento de la segunda parte de las profecías del Antiguo Testamento acerca de la restauración de Israel. Gracias a la predicación del evangelio durante la Semana Septuagésima, la palabra de Ezequiel se cumplirá cuando el último fiel del remanente de Israel acepte al Señor Jesús como su Mesías, al final de la misma Semana. Pero el cumplimiento de la profecía comenzará con la conversión de estas 144.000 "primicias para Dios" (Ap. 14:4). Ellos reconocerán e inmediatamente aceptarán al Señor Jesús como su Mesías largamente esperado cuando lo vean descender del cielo. Desde este punto en adelante, Dios quitará la venda que cubre los ojos de Su pueblo y, como fue profetizado, "todo Israel será salvo" (Ro. 11:26). Para el término de la Semana Septuagésima, hasta el último fiel del remanente de Israel, preservado a causa del nombre santo de Dios, habrá aceptado a Cristo como su Señor y Salvador (Dn. 9:24).[103]

---

[103] La idea de que Israel es salva durante la segunda mitad de la Semana Septuagésima difiere de la típica enseñanza de que Israel es salva de una sola vez, al final de la Semana. Según Daniel 9:24, Dios ha determinado para Israel 70 semanas "para terminar la prevaricación, y poner fin al pecado, y expiar la iniquidad". Finalizar algo implica completar un proceso que ha estado teniendo lugar. En la profecía de los huesos secos, la mención de que estos huesos "vivieron, y estuvieron sobre sus pies" no implica necesariamente que la salvación de Israel ocurra de una sola vez. La práctica

El tiempo de los gentiles

Hay evidencia adicional en cuanto a que el sellado de los 144.000 está directamente relacionado con su salvación al momento del arrebatamiento. El apóstol Pablo escribe: "Porque no quiero, hermanos, que ignoréis este misterio, para que no seáis arrogantes en cuanto a vosotros mismos: que ha acontecido a Israel endurecimiento en parte, hasta que haya entrado la plenitud de los gentiles" (Ro. 11:25).

En otras palabras, Dios ha ordenado que una ceguera espiritual permanezca sobre Israel como castigo por su pecado y rebeldía:

> De oído oiréis, y no entenderéis; y viendo veréis, y no percibiréis. Porque el corazón de este pueblo se ha engrosado, y con los oídos oyen pesadamente, y han cerrado sus ojos; para que vean con los ojos; y oigan con los oídos, y con el corazón entiendan, y se conviertan, y yo los sane (Mt. 13:14, 15).

En la misericordia de Dios, sin embargo, esta ceguera será removida después del período llamado "el tiempo de los gentiles".

¿Qué es el tiempo de los gentiles? Es el período de tiempo en que Israel no ha tenido un rey legítimo sobre el trono. Para el reino septentrional de Israel, este tiempo comenzó el 722 a.C., cuando la nación fue llevada cautiva a Babilonia. Para el reino sureño de Judá, comenzó algunos años más tarde, el 586 a.C. Desde ese año no ha habido un heredero

---

antiguotestamentaria del telescopio permite que el "vivieron, y estuvieron sobre sus pies" se cumpla gradualmente, durante un período de tiempo prolongado (y considerando los 6.000 años de la historia de Israel, que este pasaje se cumpla durante los tres años y medio de la segunda parte de la Semana Septuagésima es casi como decir que ocurre de una sola vez). En conclusión, vemos el cumplimiento de Romanos 11:26 comenzando con la conversión de los 144.000, al ocurrir el rapto de la iglesia, continuando a través de lo que queda de la segunda mitad de la Semana Septuagésima, y concluyendo al fin de la Semana, con la salvación del último miembro del remanente israelita.

legítimo sobre el trono. El Señor Jesucristo es el heredero legítimo al trono. Pero cuando vino por primera vez como siervo humilde fue rechazado. La segunda vez, en cambio, vendrá como el León de la tribu de Judá. Entonces se sentará como legítimo rey sobre Su trono, y ya no habrá más tiempo de los gentiles. Cuando Él se manifieste en las nubes del cielo para tomar a Su novia, el velo que ha cegado los ojos de Israel será quitado y muchos lo aceptarán como su Salvador.

Esta relación es reconozida por John Walvoord, quien escribe: "Aparentemente, el acto del arrebatamiento de la iglesia sirve para confirmar a aquellos que buscan honestamente a su Mesías y único Salvador. De la noche a la mañana, después del rapto de la iglesia, los ojos de muchos israelitas serán abiertos a la verdad e inmediatamente se transformarán en los evangelistas de este período. La ceguera espiritual que ha sido el juicio de Israel durante el tiempo de la bendición de los gentiles es removida, y el pueblo judío retoma su lugar".[104]

Walvoord, sin embargo, ve este evento ocurriendo al comienzo de la Semana Septuagésima, con el regreso espiritual, no físico, de Cristo — la cual es la posición típica del pretribulacionismo. Además, Walvoord sostiene que el Señor Jesús no reclama Su derecho al trono sino hasta Armagedón. A esto, preguntamos: ¿Cómo puede el tiempo de los gentiles llegar a su fin, como los pretribulacionistas sostienen, si el Señor Jesús no regresa físicamente a reclamar Su derecho al trono sino hasta después de siete años? Tiene mucho más sentido que el tiempo de los gentiles termine con el regreso físico del Salvador después de la apertura del sexto sello.[105]

---

[104] El Retorno del Señor [The Return of the Lord, p. 99].

[105] Walvoord se acerca bastante a la posición pre-ira cuando dice: "Queda claro que antes de que Cristo regrese, Israel se volverá a Él y reconocerá formalmente su pecado. Zacarías 12:10 menciona esto: 'Y derramaré sobre la casa de David, y sobre los moradores de Jerusalén, espíritu de gracia y de oración; y mirarán a mí, a quien traspasaron, y llorarán como se llora por hijo unigénito'. El pasaje continúa describiendo primero el lamento y luego la purificación de los pecados [de los israelitas]. Se pone de manifiesto la preparación divina para el retorno del Mesías" (p. 100). Walvoord ve este

Los huesos secos viven

Que el arrebatamiento gatilla el sellado de los 144.000 es confirmado por otra profecía del Antiguo Testamento, la de "los huesos secos" (Ez. 37:1–14). Durante una visión, Dios pone a Ezequiel en medio de un valle lleno de huesos secos, y le pregunta al profeta: "Hijo de hombre, ¿vivirán estos huesos?" Ezequiel responde: "Señor, tú lo sabes". La visión luego describe cómo Dios junta los huesos secos y los cubre con tendones y carne, "pero no había en ellos espíritu".

> Y me dijo: Profetiza al espíritu, profetiza, hijo de hombre, y di al espíritu: Así ha dicho Jehová el Señor: Espíritu, ven de los cuatro vientos, y sopla sobre estos muertos, y vivirán. Y profeticé como me había mandado, y entró espíritu en ellos, y vivieron, y estuvieron sobre sus pies; un ejército grande en extremo (vs. 9–10)

Los estudiosos de la profecía concuerdan en que los huesos secos representan a Israel, y que los huesos fueron cubiertos con carne (la profecía se cumplió) cuando, en 1948, Israel renació como nación y recibió tal reconocimiento internacional. Sin embargo, la profecía es clara: Aún cuando Israel ha renacido, todavía está seca, espiritualmente muerta; y así permanecerá hasta que Dios ponga Su Espíritu en ella. El hecho de que es necesario que *el espíritu entre en los huesos secos* es importante porque la única manera de levantarse de la muerte espiritual a la vida es por medio de la salvación en el Señor Jesucristo:

> Por tanto, como el pecado entró en el mundo por un hombre, y por el pecado la muerte, así la muerte pasó a todos los hombres, por cuanto todos pecaron... Así, que

---

derramamiento del espíritu de gracia y este arrepentimiento de Israel como ocurriendo antes del regreso físico de Cristo porque no conecta este pasaje con Apocalipsis 1:7 — "He aquí que viene con las nubes, y todo ojo le verá, y los que le traspasaron; y todos los linajes de la tierra harán lamentación por él" —, que inequívocamente se refiere a Su regreso físico. A pesar de este error, la interpretación de Walvoord se ajusta más a la lectura pre-ira que a la de su propia posición pretribulacional.

como por la transgresión de uno vino la condenación a todos los hombres, de la misma manera por la justicia de uno vino a todos los hombres la justificación de vida (Ro. 5:12,18).

Porque la paga del pecado es muerte, mas la dádiva de Dios es vida eterna en Cristo Jesús Señor nuestro (Ro. 6:23).

Según la palabra de Dios, que estos huesos secos se levanten de la muerte a la vida significa que han recibido salvación. Esto se puede ver en Ezequiel 17:13–14: "Y sabréis que yo soy Jehová, cuando abra vuestros sepulcros, y os saque de vuestras sepulturas, pueblo mío. *Y pondré mi Espíritu en vosotros, y viviréis*". Al igual que en las profecías de Jeremías y Oseas, algo les da vida (salvación) a estos huesos, porque el Espíritu no puede vivir en un alma no salva y Su presencia indica que ha nacido de nuevo. Nuevamente, esta lógica es confirmada por Pablo. Hablando de la incredulidad de la nación de Israel, escribe: "Porque si su exclusión es la reconciliación del mundo, ¡qué será su admisión, sino vida de entre los muertos?" (Ro. 11:15).

En la profecía de los huesos secos se nos dice que su salvación ocurre repentina y dramáticamente. Y Romanos 11:26 nos dice que, para el término de la Semana Septuagésima, menos de tres años y medio después, "todo Israel será salvo". ¿Qué haría que "un ejército grande en extremo" fuera salvo tan rápidamente? Como en Apocalipsis 7, la referencia a los cuatro vientos une esta conversión masiva al retorno físico de Cristo, que ocurre al abrirse el sexto sello.

Comparemos el pasaje de los huesos secos con el sellado de los 144.000:

Apocalipsis 7:1–8: Después de esto vi a cuatro ángeles en pie sobre los cuatro ángulos de la tierra, que detenían los cuatro vientos de la tierra, para que no soplase viento alguno sobre la tierra, ni sobre el mar, ni sobre ningún árbol. Vi también a otro ángel que subía de donde sale el sol, y tenía el sello del Dios vivo; y clamó a gran voz a los cuatro ángeles, a quienes se les había dado el poder de hacer daño a la tierra y al mar, diciendo: no hagáis daño a la tierra, ni al mar, ni a los árboles, hasta que hayamo sellado en sus frentes a los siervos de nuestro Dios. Y oí el número de los sellados: ciento cuarenta y cuatro mil sellados de todas las tribus de los hijos de Israel.

Aquí tenemos:

• El regreso físico de Cristo.
• La referencia a los cuatro vientos.
• El sellado (por medio de la salvación y vivificación espiritual) de los 144.000.

Ezequiel 37:9: Así ha dicho Jehová el Señor: Espíritu, ven de los cuatro vientos, y sopla sobre estos muertos, y vivirán.

En este pasaje también vemos:

• La referencia a los cuatro vientos.
• La dádiva del Espíritu Santo que levanta de la muerte a los huesos secos.

Estos 144.000 de las tribus de Israel son las primicias de la profecía de Ezequiel. Después de la manifestación del Mesías, el Señor Jesús, a quien ellos han rechazado por dos mil años, inesperadamente reciben la revelación de la verdad de Dios. Por primera vez en siglos, los huesos secos de la nación de Israel, *viven.*

Comparación de Los Cuatro Vientos en Mateo 24, Apocalipsis 6, y Ezequiel 37

Mateo 24	Apocalipsis 6	Ezequiel 37
		Ezequiel 37:1-6 "La mano de Jehová vino sobre mí, y me llevó en el Espíritu de Jehová, y me puso en medio de un valle que estaba lleno de huesos. Y me hizo pasar cerca de ellos por todo en derredor; y he aquí que eran muchísimos sobre la faz del campo, y por cierto secos en gran manera. Y me dijo: Hijo de hombre, ¿vivirán estos huesos? Y dije: Señor Jeohová, tú lo sabes. Me dijo entonces: Profetiza sobre estos huesos, y diles: Huesos secos, oíd palabra de Jehová. Así ha dicho Jehová el Señor a estos huesos: He aquí, yo hago entrar espíritu en vosotros, y viviréis. Y pondré tendones sobre vosotros, y haré subir sobre vosotros carne, y os cubriré de piel, y pondré en vosotros espíritu, y viviréis; y sabréis que yo soy Jehová".
	Rapto	
←		→
Mt. 24:31 "Y enviará a sus ángeles con gran voz de trompeta, y juntarán a sus escogidos, de **los cuatro vientos**, desde un extremo del cielo hasta el otro."	*Ap. 7:1-2* "*Después de esto vi a* cuatro ángeles en pie sobre los cuatro ángulos de la tierra, que detenían **los cuatro vientos de la tierra**... Vi también a otro ángel que subía de donde sale el sol, y tenía el sello del Dios vivo; y clamó a gran voz a los cuatro ángeles, a quienes se les había dado el poder de hacer daño a la tierra y al mar, diciendo: no hagáis daño a la tierra, ni al mar, ni a los árboles, hasta que hayamo sellado en sus frentes a los siervos de nuestro Dios".	*Ez. 37:9-10* "Así ha dicho Jehová el Señor: Espíritu, ven de **los cuatro vientos**, y sopla sobre estos muertos, y vivirán. Y profeticé como me había mandado, y entró espíritu en ellos, y vivieron, y estuvieron sobre sus pies; un ejército grande en extremo".

13

Todo ojo Le Verá

Bendición y honor, gloria y poder, sea para el Anciano de Días. De toda nación, toda la creación, inclínese ante el Anciano de Días. Toda lengua en el cielo y en la tierra declarará Tu gloria. Toda rodilla se doblará antes Tu trono en adoración. Serás exaltado, oh Dios, y Tu reino no cesará, oh Anciano de Días. [106]

En todos los tratamientos populares sobre el arrebatamiento, en libros, charlas y películas, el arrebatamiento es un gran misterio para el mundo incrédulo. Repentinamente, millones de personas a través del mundo desaparecen. Los autos chocan, los aviones caen del cielo, esposos y esposas se encuentran sentados a la mesa solos, sin sus cónyuges ni hijos. En medio de la devastación, estas pobres almas son dejadas para que se froten sus ojos llorosos en total perplejidad, buscando respuestas que son proporcionadas por el falso Anticristo.

Esta trama sirve para las novelas y las películas, pero no es lo que la Escritura enseña. La Escritura enseña que el Señor Jesús regresará a la tierra de la misma manera en que ascendió al cielo – en forma física — , con el toque de trompeta que atraerá nuestra atención hacia el cielo, desde donde Él será visible para todos.

---

[106] "El Anciano de Días", letra de Gary Sadler, música de Jamie Harvill, ©1992 Integrity's Hosanna! Music.

Este hecho es descrito en varias partes de la Escritura, pero en ninguna de ellas es tan clara como en el libro de Hechos. Después de la ascensión del Señor Jesús al cielo, el ángel da este mensaje a los atónitos discípulos, que continuaban mirando hacia el cielo: "Varones galileos, ¿por qué estáis mirando al cielo? Este mismo Jesús, que ha sido tomado de vosotros al cielo, así vendrá como le habéis visto ir al cielo" (Hch. 1:11).

Así vendrá. Los discípulos contemplaron el ascenso del Señor Jesús (físicamente, en su cuerpo resucitado) al cielo. Cuando los creyentes lo vean de nuevo, también lo verán físicamente, en su cuerpo resucitado.

Apocalipsis 1:7 añade un detalle muy importante a este evento: *Él será visto por todas las personas.* "He aquí que viene con las nubes, y todo ojo le verá, y los que le traspasaron; y todos los linajes de la tierra harán lamentación por él". El Señor Jesús confirmó este detalle en Mateo 24:30: "Entonces aparecerá la señal del Hijo del Hombre en el cielo; y entonces lamentarán *todas las tribus de la tierra*, y verán al Hijo del Hombre viniendo sobre las nubes del cielo, con poder y gran gloria".

Difícilmente estos pasajes podrían ser tachados de estar describiendo un descenso silencioso y secreto, dejando la remoción de la Iglesia como un gran misterio para los incrédulos. La Iglesia será arrebatada al cielo, pero el mundo entero lo verá.

Hay además otro evento sobrenatural que le añade dramatismo al ya mencionado: la resurrección de los muertos. Considérese lo que pasó después de la muerte del Señor en la cruz: "Y he aquí, el velo del templo se rasgó en dos, de arriba abajo; y la tierra tembló, y las rocas se partieron; y se abrieron los sepulcros, y muchos cuerpos de santos que habían dormido, se levantaron; y saliendo de los sepulcros, después de la resurrección de él, vinieron a la santa ciudad, y aparecieron a muchos" (Mt. 27:51–53). Tanto Pablo como el profeta Daniel nos dicen que algo similar ocurrirá al momento del arrebatamiento. Esto es descrito en tres pasajes separados:

Pero en aquel tiempo será libertado tu pueblo, todos los que se hallen escritos en el libro. Y muchos de los que duermen en el polvo de la tierra serán despertados (Dn. 12:1–2).

Porque se tocará la trompeta, y los muertos serán resucitados incorruptibles, y nosotros seremos transformados (1 Co. 15:52).

Por lo cual os decimos esto en palabra del Señor: que nosotros que vivimos, que habremos quedado hasta la venida del Señor, no precederemos a los que durmieron. Porque el Señor mismo con voz de mando, con voz de arcángel, y con trompeta de Dios, descenderá del cielo; y los muertos en Cristo resucitarán primero (1 Ts. 4: 15–16).

¡Qué sorpresa para los incrédulos! La tierra se rasga, los ataúdes se abren y los muertos resucitan. ¿Cuánto tiempo transcurrirá entre este evento y el arrebatamiento de todos los creyentes?, no lo sabemos. Sin embargo, es casi cierto que, si el mundo tiene tiempo de ver al Señor Jesús viniendo en las nubes, también tendrá tiempo de ver a los resucitados adorando a su Rey.

Si es que todavía hay alguna duda entre los incrédulos acerca de lo que está pasando al momento en que el Señor regrese, esta será aclarada cuando vean a los creyentes recibir nuevos cuerpos y transformarse en seres celestiales. Sabemos, por las manifestaciones físicas del Señor Jesús y de sus ángeles, que los cuerpos celestiales pueden ser vistos por el mundo natural (Gn. 19:1; He. 13:2; Jn. 20:27). De igual forma, la transformación de los creyentes muertos y vivos será vista por aquellos incrédulos que se queden atrás. El evento de los creyentes siendo transformados y tomados al cielo será contemplado por el mundo incrédulo en perplejidad y horror.

Esto hace que la comparación que el Señor Jesús hace entre el arrebatamiento y los días de Noé sea aun más apremiante: "Mas como en los días de Noé, así será la venida del Hijo del Hombre" (Mt. 24:37). Muchas personas tienden a centrarse en las actividades descritas durante este tiempo:

"Porque como en los días antes del diluvio estaban comiendo y bebiendo, casándose y dándose en casamiento..." (Mt. 24:38). Pero mientras esperaba el diluvio, Noé era un "pregonero de justicia" (2 P. 2:5). La palabra griega que aquí se traduce "pregonero" es *kerux*, que significa uno que proclama o publica, especialmente las nuevas del evangelio. Noé no estaba construyendo el arca en secreto, guardándose el asunto para sí mismo. Estaba construyendo con una mano y predicando con la otra, advirtiendo a los habitantes de la tierra acerca de su destrucción inminente.

Las personas de entonces no eran diferentes de las de hoy en día. Sin duda alguna que Noé fue ridiculizado. Probablemente sus vecinos pasaban cerca para ver la ridícula construcción destinada a flotar que Noé construía en medio del desierto. La gente debe de haber viajado de un lado a otro de la cuenca mediterránea sólo para burlarse. Pero una cosa es segura, cuando las aguas vinieron y los burladores se quedaron fuera del arca, ni uno sólo de ellos se preguntó qué estaba pasando. Puede que no hayan creído las palabras de Dios acerca de Su juicio antes de que comenzara a llover, pero apostamos a ganador si decimos que las creyeron y recordaron todas cuando las aguas comenzaron a inundar la tierra. Pero para el momento en que fue evidente que el juicio de Dios había llegado, era demasiado tarde. Así será también cuando el Señor Jesucristo venga a arrebatar a Su pueblo.

La venida física, corporal, del Señor Jesús, visible para el mundo entero durante la Semana Septuagésima, juega el mismo papel que jugó el diluvio. No habrá más excusas en las bocas de los que serán dejados atrás. El evangelio habrá sido proclamado hasta el fin de la tierra. Los incrédulos habrán visto al Cristo y sabrán que Él es el Señor. Habrán visto la resurrección de los muertos y la transformación física de los que experimentaron el arrebatamiento, y sabrán que se lo han perdido. Cuando el Señor Jesús descienda del cielo, con el toque de trompeta y la voz del arcángel, ni un sólo incrédulo se preguntará qué está pasando. Como sus antepasados del tiempo de Noé, sabrán que es demasiado tarde para ellos.

Esta lección es tan importante que la Biblia hace la comparación entre la Segunda Venida de Cristo y los días de

Noé tres veces (Mt. 24:37; 1 P. 3:20–22; 2 P. 2:5). Afortunadamente, como el evangelio habrá sido predicado a cada pueblo, lengua y nación, habrá muchas Biblias disponibles en todos los idiomas después del arrebatamiento; sus dueños, llevados al cielo en el arrebatamiento, no las necesitarán más.

La señal en el cielo

Hay quienes creen que el Señor Jesús, cuando venga, sólo será visto por los creyentes; creen que de alguna manera nuestra condición espiritual nos da derecho de verlo en gloria mientras que otros no lo verán — de ahí la teoría de la "desaparición secreta". El lamento de las tribus judías, sin embargo, claramente invalida esta posición.

> Entonces aparecerá la señal del Hijo del Hombre en el cielo; y entonces lamentarán todas las tribus de la tierra, y verán al Hijo del Hombre viniendo sobre las nubes del cielo, con poder y gran gloria (Mt. 24:30).

> He aquí que viene con las nubes, y todo ojo le verá, y los que le traspasaron; y todos los linajes de la tierra harán lamentación por él (Ap. 1:7).

A lo largo y ancho del mundo entero, habrá miembros de las 12 tribus de Israel que se unirán en asombro a los millones de incrédulos cuando vean al mismísimo Señor Dios descender del cielo; entonces lamentarán por el Mesías al que deberían haber reconocido hace tiempo atrás (Zc. 12:10). ¡Qué triste día para el pueblo escogido de Dios!

Pero de una manera única y maravillosa, hay esperanza de Dios aun en esto. Recuérdese que, desde el inicio de la Semana Septuagésima, habrá una explosión evangelística. Los cristianos, sabiendo que el tiempo que queda es corto, dejarán todo para difundir el evangelio. Después de todo, ¿de qué les sirven sus hogares, sus finanzas y sus vidas, si el Señor con toda seguridad vendrá por ellos en un lapso de meses o unos pocos años? La venida del Señor Jesús validará todo los que los pregoneros del evangelio han dicho. Para aquellos esperando por una, "la venida del Hijo del Hombre" será la prueba indubitable. Y, a diferencia de aquellos que se perdieron abordar el arca de Noé, aquellos que se pierdan formar parte del arrebatamiento recibirán una segunda oportunidad para aceptar la gracia de Dios, aun si significa perder sus vidas a manos del Anticristo.

Que Dios dará tal señal a los incrédulos es ampliamente enseñado en la Biblia. Desde el comienzo de la humanidad, Dios le ha dado al mundo señales como claros indicadores de Su poder, Su majestad y de la inmutabilidad de Su palabra. Estas señales han sido evidentes, a menudo sobrenaturales, y visibles tanto para creyentes como incrédulos. En el Éxodo, por ejemplo, Dios le ordenó a Moisés que arrojará su vara al suelo para se convirtiera en serpiente como una señal para los Israelitas de que Él lo había designado para guiarlos en su salida de Egipto. Si ellos no le creían, Moisés debía poner su mano en su pecho, primero para que se llenara de lepra, luego para que fuera sanada. Si aun no le creían, Moisés debía tomar agua del río y arrojarla sobre la tierra para que se convirtiera en sangre (Ex. 4:1–9). Israel requeriría las tres señales. Más tarde, Moisés realizaría señales aun más grandes en presencia del Faraón.

Cientos de años después, Dios daría la señal más grande de todas: Su Hijo, Jesucristo, nacería de una virgen (Is. 7:14). El Señor Jesús también haría uso de señales, validando así Su ministerio terrenal resucitando muertos, dando vista a los ciegos, haciendo caminar a los cojos y cumpliendo todas las profecías mesiánicas del Antiguo Testamento. Después de todo esto, cuando los Israelitas demandaron aun otra señal, Él les dio la señal del profeta Jonás, refiriéndose a Su muerte y a Su resurrección tres días después (Mt. 12:39).

Así que, cuando el Señor Jesús dice que habrá una señal de Su venida, ¿deberíamos esperar que esta fuera secreta, vista sólo por los creyentes? O, al igual que Sus otras señales, esta será una manifestación de Su gloria ante todo el mundo?

La condenación eterna y la marca

La visión física y corporal de Cristo juega una papel importante en los eventos del Apocalipsis. Uno de estos eventos es la advertencia de parte de Dios de que cualquiera que reciba la marca de bestia sellará para siempre su condenación eterna. Por un lado, este parece ser un castigo demasiado severo para un solo error. Sin embargo, si totamos en cuenta que esto dice relación con la anunciada venida del Señor Jesús y el fin del siglo, parece muy justa. No habrá dudas acerca de quién es Señor del cielo y de la tierra. Aquellos que reciban la marca estarán rechazando abiertamente el señorío de Cristo.

¿Qué es la marca de la bestia? Junto con la identificación del Anticristo con el número 666, esta marca es una de las más descriptivas características de la Semana Septuagésima. Aun las personas que nunca han leído la Biblia o han ido a la iglesia saben que, junto con el Armagedón, la marca tiene algo que ver con "el fin del mundo", aun sino saben exactamente cómo.

La marca de la bestia y el número "666" provienen de Apocalipsis 13:1–18:

> Me paré sobre la arena del mar, y vi subir del mar una bestia que tenía siete cabezas y diez cuernos; y en sus cuernos diez diademas; y sobre sus cabezas, un nombre blasfemo. Y la bestia que vi era semejante a un leopardo, y sus pies como de oso, y su boca como boca de león. Y el dragón le dio su poder y su trono, y grande autoridad. Vi una de sus cabezas como herida de muerte, pero su herida mortal fue sanada; y se maravilló toda la tierra en pos de la bestia, y adoraron al dragón que había dado autoridad a la bestia, y adoraron a la bestia, diciendo: ¿Quién como la bestia, y quién podrá luchar [hacer guerra] contra ella?

> También se le dio boca que hablaba grandes cosas y blasfemias; y se le dio autoridad para actuar cuarenta y dos meses [tres años y medio, desde la mitad de la Semana Septuagésima hasta su término]. Y abrió su boca en blasfemias contra Dios, para blasfemar de su nombre, de su tabernáculo, y de los que moran en el cielo. Y se le permitió hacer guerra contra los santos, y vencerlos [la Gran Tribulación]. También se le dio autoridad sobre toda tribu, pueblo, lengua y nación. Y la adoraron todos los moradores de la tierra cuyos nombres

no estaban escritos en el libro de la vida del Cordero que fue inmolado desde el principio del mundo.

... Después vi otra bestia [el falso profeta] que subía de la tierra; y tenía dos cuernos semejantes a los de un cordero, pero hablaba como un dragón. Y ejerce toda la autoridad de la primera bestia en presencia de ella, y hace que la tierra y los moradores de ella adoren a la primera bestia, cuya herida mortal fue sanada. También hace grandes señales, de tal manera que aun hace descender fuego del cielo a la tierra delante de los hombres.

Y engaña a los moradores de la tierra con las señales que se le ha permitido hacer en presencia de la bestia, mandando a los moradores de la tierra que le hagan imagen a la bestia que tiene la herida de espada, y vivió. Y se le permitió infundir aliento a la imagen de la bestia, para que la imagen hablase e hiciese matar a todo el que no la adorase.

Y hacía que a todos, pequeños y grandes, ricos y pobres, libres y esclavos, se les pusiese una marca en la mano derecha, o en la frente; y que ninguno pudiese comprar ni vender, sino el que tuviese la marca o el nombre de la bestia, o el número de su nombre. Aquí hay sabiduría. El que tiene entendimiento, cuente el número de la bestia, pues es número de hombre. Y su número es seiscientos sesenta y seis.

¡Qué aterrador cuadro del mundo justo antes del regreso del Señor Jesucristo! Durante este período, la fidelidad del pueblo de Dios será probada, y la Palabra de Dios les proporcionará fuerza, ánimo y las advertencias necesarias para no ser engañados por los milagros engañosos que se multiplicarán durante la segunda parte de la Semana Septuagésima (Mt. 24:24; Ap. 13:4).

Según algunos intérpretes, Apocalipsis 13 nos dice, por ejemplo, que una vez que el Anticristo esté en el ojo público (a partir de la confirmación del pacto de siete años con Israel, cuando es catapultado a fama mundial), recibirá una herida mortal en la cabeza. Por medio del poder de Satanás, milagrosamente volverá a la vida y el mundo se asombrará por este suceso, y lo alabará diciendo: "¿Quién como la bestia, y quién podrá luchar [hacer guerra] contra ella?" (Ap. 13:4).

Con este evento sobrenatural a su favor, el Anticristo se presentará en el templo de Jerusalén y se declarará Dios (o en lugar de Dios — de ahí *Anticristo* — o contra Cristo). Este suceso es el que el Señor Jesús llamó "la abominación desoladora de que habló el profeta Daniel". A partir de aquí, el Anticristo, cuyas conquistas de varias naciones le habrán dado poder mundial, exigirá que todos los pueblos sobre los que él gobierna le adoren. El castigo por la desobediencia será la muerte. El falso profeta, quien también recibirá su poder de Satanás, podrá ejecutar toda clase de milagros en el nombre del Anticristo, lo cual fortalecerá su declaración de divinidad.

Ahora "bajo el poder de Dios", el Anticristo hará que todas las personas, niños y adultos, reciban una marca en sus manos derechas o en sus frentes; sin esta marca nadie podrá comprar ni vender. Esta marca, como la *stigmata* del Señor Jesús sobre los creyentes, identificará eternamente a quienes la reciban con el Anticristo. Dios ha advertido que recibir la marca del Anticristo significará que una persona está perdida para siempre:

> Y el tercer ángel los siguió, diciendo a gran voz: Si alguno adora a la bestia y a su imagen, y recibe la marca en su frente o en su mano, él también beberá del vino de la ira de Dios, que ha sido vaciado puro en el cáliz de su ira; y será atormentado con fuego y azufre delante de los santos ángeles y del Cordero; y el humo de su tormento sube por los siglos de los siglos. Y no tienen reposo de día ni de noche los que adoran a la bestia y a su imagen, ni nadie que reciba la marca de su nombre (Ap. 14:9–11).

Muchos cuestionan la justicia de esta advertencia, considerándola demasiado severa. ¿Cómo puede *una decisión* significar que estés separado de Dios por toda la eternidad? Con relación a la venida del Señor Jesús, sin embargo, el castigo es justo. No hay posibilidad de decir "No lo sabía". Todos conocerán la identidad del Creador de los cielos y la tierra. Todos sabrán que Él no tolera el pecado. Verán al engañador, el Anticristo, quien ejecuta milagros por el poder de Satanás y se exalta poniéndose en lugar de Dios. Cara a cara de los dos poderes opuestos — el Dios verdadero y el dios falso — los habitantes de la tierra de este período estarán obligados a escoger de qué lado ponerse.

Aun después de que haya ocurrido el arrebatamiento, por gracia de Dios, el evangelio será oído. Dios preservará a los 144.000 de las tribus de Israel, quienes serán como predicadores para el mundo anonadado (Ap. 7:3, 14:1). Dios enviará a los Dos Testigos a predicar la justicia desde el Muro de los Lamentos (Ap. 11:6–7). Dios enviará, también, a un ángel para predicar el evangelio a cada criatura sobre la tierra, diciendo: "Si alguno adora a la bestia y a su imagen, y recibe la marca en su frente o en su mano, él también beberá del vino de la ira de Dios, que ha sido vaciado puro en el cáliz de su ira; y será atormentado con fuego y azufre delante de los santos ángeles y del Cordero" (Ap. 14:9–10).

Dios es verdaderamente misericordioso, pero tiene límites también. La marca de la bestia es uno de esos límites. El que recibe la marca, no puede decir que no fue advertido.

14

Que Nadie Os Engañe

La idea de que el juicio y la prueba son parte de la vida de un creyente no es popular entre las iglesias hoy en día. Como resultado, la severa tribulación y a la prueba de los seis sellos causará estupor en muchos cristianos que se verán en medio de ellas sin ninguna preparación para enfrentarlas. Se preguntarán dónde está el Señor Jesús, por qué tarda y, algunos, si en realidad va a volver alguna vez. En Su profecía del Monte de los Olivos, el Señor Jesús anticipó estas preocupaciones y advirtió reiteradamente a Sus seguidores que no debían dejarse engañar. Él describió la abominación desoladora, la Gran Tribulación y la aparición de muchos falsos cristos que se aprovecharán de los temores de los creyentes. Su lenguaje es enfático:

> Entonces, si alguno os dijere: Mirad, aquí está el Cristo, o mirad, allí está, no lo creáis. Porque se levantarán falsos Cristos, y falsos profetas, y harán grandes señales y prodigios, de tal manera que engañarán, si fuere posible, aun a los escogidos. Ya os lo he dicho antes. Así que, si os dijeren: Mirad, está en el desierto, no salgáis; o mirad, está en los aposentos, no lo creáis. Porque como el relámpago que sale del oriente y se muestra hasta el occidente, así será también la venida del Hijo del Hombre (Mt. 24:23–27).

¿Cómo sabremos cuándo el verdadero Cristo venga? El Señor Jesús le dijo a sus seguidores que no habría forma de que alguien imitara la señal de Su venida: "Porque como el relámpago que sale del oriente y se muestra hasta el occidente, así será también la venida del Hijo del Hombre".

Muchos pretribulacionistas han usado la frase "Porque como el relámpago que sale del oriente y se muestra hasta el occidente" para destacar tanto lo repentino de la aparición de Cristo como su inminencia. Sin embargo, en vista de las inequívocas señales de Su venida, esta frase parece referirse más a que esta señal es la original, y no a que es inminente. Cuando el Señor Jesús se manifieste, no habrá ninguna duda. Regresará en gloria y majestad para tomar a Su Novia y, como en la parábola de la fiesta del hombre rico (Lc. 14:16–24), todos aquellos que despreciaron la invitación no podrán entrar después.

La parábola de las vírgenes insensatas

Debido a que el pretribulacionismo enseña que los creyentes no necesitan prepararse espiritualmente para los juicios de los sellos, muchos cristianos estarán espiritualmente demasiado débiles para el momento de la batalla. Tristemente, este hecho, en sí mismo, es también un cumplimiento de la profecía. El Señor Jesús estaba dolorosamente consciente de la falta de preparación espiritual que tendrían los creyentes que entraran en los últimos tiempos, y continuamente enfatizó el tema de la preparación. Tres veces en Su descripción de la Gran Tribulación advierte a los creyentes a perseverar pacientemente en medio del sufrimiento y a no esperar verlo a Él antes del tiempo estipulado:

1. Entonces, si alguno os dijere: Mirad, aquí está el Cristo, o mirad, allí está, no lo creáis.

2. Porque se levantarán falsos Cristos, y falsos profetas, y harán grandes señales y prodigios, de tal manera que engañarán, *si fuere posible*, aun a los escogidos. Ya os lo he dicho antes.

3. Así que, si os dijeren: Mirad, está en el desierto, no salgáis; o mirad, está en los aposentos, no lo creáis (vs. 23–25).

Como si estas advertencias no fueran suficientes, inmediatamente después de la descripción del arrebatamiento y Su glorioso regreso, el Señor Jesús retoma el tema de la preparación. Esta vez, compara Su regreso a los tiempos de Noé: "Porque como en los días antes del diluvio estaban comiendo y bebiendo, casándose y dando en casamiento, hasta el día en que Noé entró en el arca, y no entendieron hasta que vino el diluvio y se los llevó a todos, así será también la venida del Hijo del Hombre" (vs. 38–39).

Justo cuando Sus seguidores pensaban que ya habían captado el mensaje, el Señor Jesús ilustra el punto de nuevo, esta vez con la parábola de las vírgenes insensatas (Mt. 25:1–13):

> Entonces el reino de los cielos será semejante a diez vírgenes que tomando sus lámparas, salieron a recibir al esposo. Cinco de ellas eran prudentes y cinco insensatas. Las insensatas, tomando sus lámparas, no tomaron consigo aceite; mas las prudentes tomaron aceite en sus vasijas, juntamente con sus lámparas. Y tardándose el esposo, cabecearon todas y se durmieron. Y a la medianoche se oyó un clamor: !Aquí viene el esposo; salid a recibirle! Entonces todas aquellas vírgenes se levantaron, y arreglaron sus lámparas. Y las insensatas dijeron a las prudentes: Dadnos de vuestro aceite; porque nuestras lámparas se apagan. Mas las prudentes respondieron diciendo: Para que no nos falte a nosotras y a vosotras, id más bien a los que venden, y comprad para vosotras mismas. Pero mientras ellas iban a comprar, vino el esposo; y las que estaban preparadas entraron con él a las bodas; y se cerró la puerta.

A estas alturas, sus oyentes querrían estar exclamando: "¡Está bien, está bien, Señor Jesús, captamos el punto!" Pero Él estaba anticipando un tiempo — el mundo sin preparación espiritual de nuestros días — cuando estas advertencias se necesitarían desesperadamente.

Por esta razón, pensamos que es importante comprender que todas las mujeres de esta parábola eran vírgenes. En otras palabras, eran creyentes; o al menos profesaban serlo.[107] Es importante, también, comprender que el novio viene a la medianoche, *a la hora más oscura*, cuando es menos esperado. Aunque muchos estudiosos de la profecía usan este pasaje para ilustrar la importancia de prepararse para el retorno de Cristo, pasan por alto el hecho de que también se refiere al *momento* en que ocurrirá. El novio viene a la hora más oscura de la noche, después de un prolongado tiempo de aflicción y desesperación (no en un momento de prosperidad y plenitud, como se enseña comúnmente). Su llegada es tan tardía que las vírgenes se habían quedado dormidas.

En el contexto del regreso del novio, esta parábola nos dice que el Señor Jesús regresará a una hora mucho más tardía de la esperada, no a tiempo para salvar a los creyentes de la severa persecución que caracterizará a la Gran Tribulación. Por esto el Señor Jesús advierte: "Ya os lo he dicho antes".

¿Prueba de la inminencia?

A muchos pretribulacionistas les gusta utilizar el último versículo de este pasaje: "Velad, pues, porque no sabéis a qué hora ha de venir vuestro Señor", como prueba de la existencia de un arrebatamiento inminente. Es cierto que este elemento de sorpresa es reiterado varias veces en el Nuevo Testamento. Pero, ¿significa esto que el arrebatamiento podría ocurrir en cualquier momento? Esta advertencia también aparece un capítulo antes, en Mateo 24:42–44: "Velad, pues, porque no sabéis a qué hora ha de venir vuestro Señor. Pero sabed esto, que si el padre de familia supiese a qué hora el ladrón habría de venir, velaría, y no dejaría minar su casa. Por tanto, también vosotros estad preparados; porque el Hijo del Hombre vendrá a la hora que no pensáis".

En ambos pasajes, el Señor Jesús se está dirigiendo a los apóstoles, quienes son creyentes (o al menos, personas que profesaban ser creyentes, como en el caso de Judas). Es

---

[107] ¿Hay alguna razón por la cual el Señor Jesús escogió vírgenes o sólo está utilizando una ilustración? Algunos creen que el Señor Jesús usó la ilustración de las vírgenes como queriendo decir creyentes. Otros dicen que la referencia es sólo a mujeres jóvenes y solteras. Cualquier lectura que se le dé no afecta el mensaje central que transmite la ilustración — preparación.

extraño. Tiene sentido que Su venida sorprenda al mundo incrédulo, sin importar cuándo ocurra. Este es el mensaje de Pablo en 1 Tesalonicenses. 5:2: "Porque vosotros sabéis perfectamente que el día del Señor vendrá así como ladrón en la noche". Pero, ¿cómo podría ser así para los creyentes? Los pretribulacionistas insisten que esto es así porque Él podría venir en cualquier momento, en cualquier segundo. Y, sin embargo, ya hemos establecido que este evento será precedido por señales de advertencias inequívocas, que no deberían pasar desapercibidas por los hijos de Dios. Como Pablo dice: "Mas vosotros, hermanos, no estáis en tinieblas, para que aquel día os sorprenda como ladrón" (1 Ts. 5:4).

¿Cómo es que los creyentes, que han sido advertidos que habrán señales que precederán la venida del Señor, aun corren el riesgo de que aquel día los sorprenda sin preparación? ¿Podría ser esto porque están esperando que el Señor Jesús regrese antes de que comience la Semana Septuagésima? Un arrebatamiento pretribulacional es lo que la mayoría de los creyentes de hoy espera — si es que en realidad esperan algo en cuanto al tema. El momento menos esperado para el arrebatamiento es *después de que la Semana Septuagésima haya comenzado*. Si la lección de la parábola de las vírgenes insensatas es que el Señor Jesús regresará cuando menos lo esperen, ¿no es un arrebatamiento no-pretribulacional ese momento?

En la parábola de las vírgenes sabias y las insensatas, el Señor Jesús usa la ilustración de una boda judía. Las bodas judías se celebraban comúnmente a la hora de la aparición de la estrella vespertina. Según la parábola, el novio se retrasa hasta la medianoche, algo así como siete horas, mucho más allá de lo que la tradición lo habría esperado. Así, también, la venida del Novio se retrasará, mucho más allá de lo que la tradición de la Iglesia lo espera.

15

Dios no haría Eso

Muchos no aceptan la idea de que la ira de Dios no comienza con los juicios de los sellos argumentando que Dios no expondría a sus hijos a tales peligros. "Los juicios de los sellos son demasiado severos como para no ser sino la manifestación de Su ira", dicen. Este argumento asoma su nariz en casi cada discusión con los que creen en el arrebatamiento pretribulacional. Sin embargo, Dios ha usado tales juicios en el pasado, y los usará de nuevo en el futuro.

Considérese, por ejemplo, la lección enseñada en Jueces 20. Este capítulo cuenta la historia del alzamiento de la nación de Israel contra la ciudad de Gabaa de la tribu de Benjamín, cuyos hombres había violado brutalmente, y asesinado, a la concubina de un levita. En respuesta a este crimen, los hijos de Israel se juntaron ante el Señor en Mizpa para determinar el curso de la batalla. "Cuatrocientos mil hombres de a pie que sacaban espada" estaban representados. Además, había 27.000 benjaminitas "que sacaban espada".

Los israelitas, a quienes Dios ya había estado disciplinando por su rebelión e idolatría, subieron a la casa de Dios y le consultaron: "¿Quién subirá de nosotros el primero en la guerra contra los hijos de Benjamín?"

El Señor respondió: "Judá será el primero".

Y salieron los hijos de Israel a combatir contra Benjamín, y los varones de Israel ordenaron la batalla contra ellos junto a Gabaa. Saliendo entonces de Gabaa los hijos de Benjamín, derribaron por tierra aquel día veintidós mil hombres de los hijos de Israel (vs. 20–21)

Comprensiblemente, los israelitas estaban confundidos. Ellos estaban de parte de la justicia. Le habían preguntado a Dios qué debían hacer. Y aun así, habían sufrido una derrota terrible y sangrienta.

Al día siguiente, la confundida congregación se reunió de nuevo ante el Señor y le consultó: "¿Volveremos a pelear con los hijos de Benjamín nuestros hermanos?"

Y el Señor respondió: "Subid contra ellos".

Y aquel segundo día, saliendo Benjamín de Gabaa contra ellos, derribaron por tierra otros dieciocho mil hombres de los hijos de Israel, todos los cuales sacaban espada (v. 25).

Los ahora diezmados israelitas sentían terror de tener que consultarle al Señor de nuevo. Aun así, a pesar de su estupor, fueron a la casa de Dios una vez más. "¿Volveremos aún a salir contra los hijos de Benjamín nuestros hermanos, para pelear, o desistiremos?" Y el Señor les respondió: "Subid, porque mañana yo os los entregaré". Ese día le tocó el turno de ser juzgados a los benjaminitas: 25.100 de ellos fueron asesinados en la batalla. Sólo 600 sobrevivieron.

En estos tres días, más de 65.000 hombres fueron asesinados. Dios no sólo *permitió* esta terrible matanza. Él *envió a estos hombres a la batalla*, sabiendo cuál sería el resultado. Estas cifras pueden parecer pequeñas en comparación con la cuarta parte de la población mundial que perecerá durante los seis primeros sellos del Apocalipsis, pero considerando que la fuerza de batalla de Israel era de sólo 400.000 hombres, la pérdida fue del 10% de su población activa. Para una nación que se le ha dicho que entre en la tierra de Canaán y que la posea, esta fue una pérdida terrible. Para los benjaminitas, quienes perdieron el 96% de sus hombres activos, fue devastador.

El juicio de Dios en Habacuc

Otro ejemplo se encuentra en Habacuc. El libro comienza con el clamor de Habacuc al Señor, pidiéndole justicia contra la nación apóstata de Israel. Los israelitas habían continuado en su senda de rebelión e idolatría, y Habacuc clamaba preguntando por qué el juicio de Dios no había venido.

> ¿Hasta cuándo, oh Jehová, clamaré y no oirás; y daré voces a ti a causa de la violencia, y no salvarás? ¿Por qué me haces ver iniquidad, y haces que vea molestia? Destrucción y violencia están delante de mí, y pleito y contienda se levantan. Por lo cual la ley es debilitada, y el juicio no sale según la verdad; por cuanto el impío asedia al justo, por eso sale torcida la justicia (Hab. 1:2–4).

Habacuc obtuvo esta repuesta de parte de Dios, la cual no era la que él esperaba oír: "Mirad entre las naciones, y ved, y asombraos; porque haré una obra en vuestros días, que aun cuando se os contare, no la creeréis. Porque he aquí, yo levanto a los caldeos, nación cruel y presurosa, que camina por la anchura de la tierra para poseer las moradas ajenas. Formidable es y terrible; de ella misma procede su justicia y su dignidad. Sus caballos serán más ligeros que leopardos, y más feroces que lobos nocturnos, y sus jinetes se multiplicarán; vendrán de lejos sus jinetes, y volarán como águilas que se apresuran a devorar" (vs. 5–8). Habacuc estaba anonadado. Los caldeos eran un pueblo belicoso y agresivo que servía a aterradores dioses paganos. El Señor los describe como una nación "cruel", "formidable" y "terrible".

Por su respuesta, podemos ver que este era un juicio mucho más severo que el que Habacuc estaba pidiendo para Israel:

> ¿No eres tú desde el principio, oh Jehová, Dios mío, Santo mío? No moriremos. Oh Jehová, para juicio lo pusiste; y tú, oh Roca, lo fundaste para castigar. Muy limpio eres de ojos para ver el mal, ni puedes ver el agravio; ¿por qué ves a los menospreciadores, y callas cuando destruye el impío al más justo que él...? (vs. 12–13).

Considerando la naturaleza de los caldeos, es comprensible que Habacuc se haya sentido horrorizado. "Dios, ¿por qué harías eso?" clama él. "¡Ellos son mucho peores que nosotros!"

La *Biblia de Estudio Nelson* ofrece el siguiente comentario:

> El punto de Habacuc parece ser que la santidad de Dios debería haberle impedido utilizar a un instrumento "sucio" como Babilonia para llevar a cabo Su propósito de juzgar y reprobar a Su propio pueblo. Habacuc se preguntaba cómo Dios consideraba como aceptable la impía y pervertida justicia de los babilonios. "Una persona más justa que él". Este era el dilema ético que enfrentaba Habacuc: los habitantes de Judea eran menos corruptos e idólatras que los babilonios, que estaban siendo utilizados para juzgarlos por sus pecados.

Los paralelos a los juicios de los sellos son evidentes. "Dios no haría eso", replican algunos. "Él no traería tal destrucción sobre Su pueblo; mucho menos usaría contra ellos tal personificación del mal como el Anticristo". Este era exactamente el mismo reclamo de Habacuc — y él perdió.

Otros dicen que lo de Habacuc ocurrió durante el tiempo del Antiguo Testamento. "Dios ya no utiliza esos métodos. Ahora estamos en la dispensación de la gracia". Este también es un falso argumento. La Biblia nos dice que los justos juicios de Dios no fueron sólo para castigar los pecados de Su pueblo Israel sino que ellos son advertencias para nosotros. Pablo explica: "Mas estas cosas sucedieron como ejemplo para nosotros, para que no codiciemos cosas malas, como ellos codiciaron... Y estas cosas les acontecieron como ejemplo, y están escritas para amonestarnos a nosotros, a quienes han alcanzado los fines de los siglos. Así que, el que piensa estar firme, mire que no caiga" (1 Co. 10: 6, 11–12).

Aunque puede ser difícil de comprender, el juicio registrado en Jueces fue tanto justo como parte del plan de un Dios amoroso y santo. El patrón que Dios ha establecido en la Biblia es que *Él hace cosas así*. En el contexto de libros tales como Jueces y Habacuc (sin mencionar 1 y 2 Reyes, y 1 y 2

Crónicas), los que registran el patrón habitual de rebelión y apostasía del pueblo de Dios, estos juicios son la culminación de los repetidos esfuerzos de parte de Dios por hacer que Su pueblo deje de pecar contra Él. Estos juicios de parte de Dios son tanto severos como amorosos; la severidad y el amor son los dos instrumentos que componen el plan perfecto de Dios para purificar a Su pueblo y hacer de ellos una congregación santa.

El juicio de Dios en el Apocalipsis

Los sellos del Apocalipsis cumplirán el mismo propósito. Este es, el de refinar y probar al pueblo de Dios. Esto se puede ver en las parábolas del Señor Jesús acerca del fin de la era que aparecen en Mateo 13. En este capítulo, el Señor Jesús nos da dos parábolas sobre el reino de Dios con relación a los últimos tiempos. En la parábola del trigo y la cizaña, la cosecha cumple el propósito de separar a "los hijos del reino" de "los hijos del malo":

> "El reino de los cielos es semejante a un hombre que sembró buena semilla en su campo; pero mientras dormían los hombres, vino su enemigo y sembró cizaña entre el trigo, y se fue. Y cuando salió la hierba y dio fruto, entonces apareció también la cizaña. Vinieron entonces los siervos del padre de familia y le dijeron: 'Señor, ¿no sembraste buena semilla en tu campo? ¿De dónde, pues, tiene cizaña?' Él les dijo: 'Un enemigo ha hecho esto'. Y los siervos le dijeron: '¿Quieres, pues, que vayamos y la arranquemos?' Él les dijo: 'No, no sea que al arrancar la cizaña, arranquéis también con ella el trigo. Dejad crecer juntamente lo uno y lo otro hasta la siega; y al tiempo de la siega yo diré a los segadores: Recoged primero la cizaña, y atadla en manojos para quemarla; pero recoged el trigo en mi granero'" (Mt. 13:24–30).

Como el Señor Jesús lo aclara, la cizaña no es otra cosa que maleza sembrada (a propósito por los enemigos) entre el trigo de un agricultor. En las fases iniciales, es imposible distinguir el trigo de la cizaña. Si el agricultor intenta arrancar la cizaña corre el riesgo de arrancar también el trigo. Sólo cuando ambas plantas han madurado es posible distinguirlas sin equivocación; entonces se puede efectuar la cosecha. El Señor Jesús concluye diciendo que, para la humanidad, esta cosecha se realizará al fin de la era, entonces "Enviará el Hijo del Hombre a sus ángeles, y recogerán de su reino a todos los que sirven de tropiezo, y a los que hacen iniquidad, y los echarán en el horno de fuego; allí será el lloro y el crujir de dientes. Entonces los justos resplandecerán como el sol en el reino de su Padre. El que tiene oídos para oír, oiga" (Mt. 13:41–43).

¿Cuándo es el fin de la era? Esta es exactamente la misma pregunta hecha por los discípulos del Señor en Mateo 24. "Dinos, ¿cuándo serán estas cosas, y qué señal habrá de tu venida, y del fin del siglo?" (v. 3). El Señor Jesús les respondió describiendo el comienzo de dolores — los sellos primero, segundo, tercero y cuarto (vs. 5–8); la abominación desoladora y la Gran Tribulación (vs. 15, 21); los cataclismos cósmicos (v. 29); y después, finalmente, Su regreso triunfal (vs. 30–31). En este momento, la era del reino físico, con el Señor Jesús regresando para reclamar Su derecho al trono, ha comenzado. También comienza el juicio del Día del Señor.

La parábola del trigo y la cizaña es una ilustración perfecta del *por qué* los eventos deben ocurrir en este orden. Antes de que la Iglesia pueda presentarse ante Cristo como una novia sin mancha ni arruga, debe pasar a través de "la hora de la prueba" (Ap. 3:10), durante la cual los que profesan ser creyentes serán "depurados y limpiados y emblanquecidos" (Dn. 11:35). Aquellos que son verdaderos creyentes en el Señor Jesús permanecerán firmes en la fe, mientras que los que sólo profesan serlo tropezarán ante la amenaza de hambrunas, persecuciones y muerte. El trigo (los verdaderos creyentes) y la cizaña (el Cristianismo profesante), una vez indistinguibles, estarán listos para la cosecha (la separación definitiva).

La parábola de la red
La segunda parábola es la de la red:

Asimismo el reino de los cielos es semejante a una red, que echada en el mar, recoge de toda clase de peces; y una vez llena, la sacan a la orilla; y sentados, recogen lo bueno en cestas, y lo malo echan fuera. Así será también al fin del siglo: saldrán los ángeles, y apartarán a los malos de entre los justos, y los echarán en el horno de fuego; allí será el lloro y el crujir de dientes (Mt. 13:47–50).

Al igual que la parábola del trigo y la cizaña, esta parábola ilustra el destino del Cristianismo profesante. El Señor Jesús le dijo a Sus discípulos: "Venid en pos de mí, y os haré pescadores de hombres" (Mt. 4:19). En una de Sus últimas instrucciones, les ordenó: "Por tanto, id, y haced discípulos a todas las naciones, bautizándolos en el nombre del Padre, y del Hijo, y del Espíritu Santo" (Mt. 28:19). En otras palabras — vayan a pescar. Sin embargo, las iglesias de hoy están repletas de aquellos que han sido arrastrados por la red y han conocido las enseñanzas de Cristo, y hasta se han bautizado en Su nombre, pero sin haber nunca experimentado la regeneración. Como los peces "de toda clase", permanecen mezclados con los buenos peces hasta que venga el fin de la era. De nuevo, esta ilustración concuerda perfectamente con los sellos del Apocalipsis representando un tiempo de prueba antes del retorno de Cristo (la cosecha).[108]

Estas parábolas confirman aun más que los sellos son un período de purificación para la Iglesia antes del fin de la era. El juicio de los impíos comienza recién con las trompetas y las copas, las que son administradas por los ángeles durante el Día del Señor. Este *Día* comienza con el retorno físico de Cristo para ejecutar el arrebatamiento, justo después de la apertura del sexto sello.

---

[108] Anteriormente argumentamos que los sellos no eran la ira de Dios basándonos—en parte—en la ausencia de los ángeles como agentes administradores. Este argumento es consistente con estas dos parábolas. En ambas la cosecha al final de la era es realizada por los ángeles, quienes no comienzan su participación activa en la Semana Septuagésima sino hasta los juicios de las trompetas, las que a su vez son introducidas al regreso de Cristo al fin de la era.

En el capítulo 19, "¿Crea Dios El Mal?", profundizamos en este tema y analizamos el uso que Dios hace de los juicios y la adversidad para cumplir Su propósito perfecto en nuestras vidas.

16

¿Son las Cartas para las Iglesias también para nosotros Hoy?

En el capítulo 8, le echamos un vistazo a las cartas a las siete iglesias de Apocalipsis 2 y 3. En estas cartas el Señor Jesús exhorta seriamente a una iglesia sin amor, a una perseguida, a otra transigente, a una corrupta, a otra tibia, a otra muerta y a una ferviente. A cinco de esas iglesias, les ordena que se arrepientan y venzan, de lo contrario serán arrojadas a un juicio de fuego. A una le dice que permanezca siendo fiel a pesar de la terrible persecución que está a punto de comenzar a sufrir. Y a otra, a la ferviente iglesia de Filadelfia, le promete que será guardada de la hora de la prueba.

El contexto de estas cartas es la Semana Septuagésima, y el juicio de fuego es la Gran Tribulación. La idea de que la Iglesia estará presente durante la Gran Tribulación y que Dios guardará a sólo un grupo de creyentes es muy desagradable para la mayoría de los cristianos. Por esta razón, muchos pretribulacionistas redefinen las cartas a las sietes iglesias de forma tal que la Iglesia de Filadelfia, a la cual el Señor Jesús le dice: "te guardaré de la hora de la prueba", termina aplicándose a todos los creyentes modernos.

Los defensores de esta posición usan al menos uno de estos tres argumentos:

> 1. Las siete iglesias son siete iglesias literales que existieron cuando se escribió el Apocalipsis. Esto hace que el pasaje sea irrelevante para nosotros hoy.

2. Las siete iglesias no son siete iglesias literales. Ellas representan siete "épocas" (o "períodos") de la iglesia que van desde el primer siglo hasta el fin de la Semana Septuagésima. La iglesia de la época actual es Filadelfia; lo que hace que las otras cartas sean irrelevantes para la Iglesia de hoy.

3. Las siete iglesias no son siete iglesias literales. Ellas representan seis tipos de iglesias incrédulas (o falsas) y una iglesia verdadera, la Iglesia de Filadelfia; lo que hace que las otras seis cartas sean irrelevantes para la Iglesia de hoy.

Los últimos dos argumentos echan mano del dispensacionalismo, el fundamento sobre el que se ha edificado el pretribulacionismo. El dispensacionalismo es una estructura teológica inventada por el hombre para interpretar las Escrituras. En la práctica, el dispensacionalismo hace que ciertos pasajes bíblicos sean relevantes sólo para ciertos períodos de la historia bíblica, y no para todos los creyentes de todas las épocas. El dispensacionalismo, como su hijo el pretribulacionismo, descansa en la inferencia, no en el soporte bíblico directo, y puede llevar a interpretar erróneamente pasajes que aceptados en su significado más obvio serían fáciles de entender por todo creyente. Huelga decir que no somos grandes defensores del dispensacionalismo[109].

¿Son iglesias literales?

Con respecto al primer punto, es cierto que las siete iglesias son siete iglesias literales que existieron cuando se escribió el Apocalipsis. Pero este no es argumento para desechar la relevancia que las cartas tienen para nuestros días.

---

[109] Tradicionalmente, el dispensacionalismo es dividido en siete períodos. Este es el d. que aquí llamamos "una estructura teológica inventada por el hombre". Hay, sin embargo, un d. bíblico que se divide de forma natural en cuatro períodos. El primero es "desde Adán hasta Moisés" (Ro. 5:14). El segundo es "todos los profetas y la ley profetizaron hasta Juan" (Mt. 11:13; Lc. 16:16). El tercero es desde la primera venida de Cristo hasta su segunda venida (Hch. 15:14-18; Ef. 3:1-12). El cuarto período es desde la venida de Cristo hasta el fin del reino (1 Co. 15:24-26; Ap. 20). [*Nota del traductor*].

Si siguiéramos esa lógica, bien podríamos desechar todos los libros del Nuevo Testamento, puesto que estos también fueron escritos como cartas a individuos, grupos o iglesias específicas del primer siglo. Pablo escribió "a los Corintios", por ejemplo, o "a los Gálatas". Los libros de 1 y 2 Timoteo fueron escritos para este joven hombre de Dios con el fin de prepararlo para una posición de liderazgo. El evangelio de Lucas fue escrito para edificar a un creyente llamado Teófilo.[110]

Otra razón por la que no podemos pasar por alto estos pasajes es porque ello requeriría que los tomáramos fuera de contexto. Por definición, el Apocalipsis describe los eventos de la Semana Septuagésima. En los versículos iniciales, el Señor Jesús aclara esto al decirle a Juan que escriba "las cosas que deben suceder pronto". Esta es la forma bíblica de referirse a la Segunda Venida de Cristo. El Señor Jesús le está dando esta revelación a Juan como un mensaje para Sus siervos sobre los últimos tiempos. Esta revelación es seguida por advertencias e instrucciones específicas para las siete iglesias, con órdenes severas a seis de estas para que venzan, más la promesa para una de ellas de que será guardada de la hora de la prueba.

Las preguntas obvias que surgen de la lectura de estas cartas debieran ser "¿Vencer qué?" y "¿Qué prueba?" El Señor Jesús responde inmediatamente estas preguntas al describir los juicios de los sellos. Si el Cuerpo de Cristo no experimentará estos juicios, ¿qué sentido tiene el mensaje del Señor?

---

[110] En sus series de mensajes grabados, "13 Mensajes sobre el Apocalipsis", Marvin Rosenthal destaca que el escritor del Apocalipsis es llamado repetidamente un profeta, y que los profetas escribieron acerca de las condiciones y eventos que les eran contemporáneos pero que además tendrían un cumplimiento total al final de la era. Este es el caso de la profanación del templo en Jerusalén a manos de Antioco Epifanes, por ejemplo, y es el caso aquí. Aunque estas iglesias fueron contemporáneas de Juan, reflejaban o anunciaban que tendrían un cumplimiento total durante la Semana Septuagésima. Por esta razón, Rosenthal también discrepa de aquellos eruditos que citan Ap. 1:19 — "Escribe las cosas que has visto [aceptado comúnmente como refiriéndose a Ap. 1], y las que son [aceptado comúnmente como refiriéndose a Apocalipsis 2 y 3], y las que han de ser después de estas [Apocalipsis 4 en adelante]" — para sustentar su postura preterista (o de eventos finales cumplidos en la historia pasada) sobre las siete iglesias.

Claramente, estas cartas han sido escritas con la intención de alentar y advertir a los creyentes durante este período de prueba severa. Sacar estas cartas de su contexto para aplicarlas sólo a las siete iglesias de Asia Menor que existieron durante el primer siglo no es meritorio.

Sobre este tema, Marvin Rosenthal hace la siguiente observación:

> Juan conocía a estas iglesias. Era contemporáneo de ellas. De hecho, había sido el pastor de la iglesia de Efeso [la iglesia sin amor]. Así que a través de estas cartas, Juan se estaba dirigiendo a sus contemporáneos al mencionar los problemas específicos que estos tenían. Sin embargo, estas siete iglesias estaban también siendo señaladas porque reflejaban con precisión los problemas que padecería la Cristiandad al fin de la era. Por lo tanto, esta es una advertencia al cristianismo profesante que se verá dentro de la Semana Septuagésima. Si en verdad nos estamos acercando al fin de la era, no se me puede ocurrir una verdad más relevante para los creyentes que el contenido de estas cartas a las siete iglesias, registrada en Apocalipsis 2 y 3.[111]

¿Qué hay de las épocas de la iglesia?

El segundo argumento esgrimido para remover a la Iglesia moderna de las advertencias contenidas en estas cartas dice que las siete iglesias no son siete iglesias literales, sino que representan siete "épocas" (o "períodos") de la iglesia durante las que la Iglesia en general se caracterizará por ser como las iglesias mencionadas en las cartas. Según esta posición, todos los creyentes modernos forman parte de la iglesia de Filadelfia; lo que hace que las otras cartas sean irrelevantes para la Iglesia de hoy.

Las siete "épocas" serían las siguientes:[112]

---

[111] "13 Mensajes sobre el Apocalipsis", casete © Zion's Hope, Orlando, FL). Parafraseado para mayor claridad.

[112] Renald Showers, *Realmente Hay Una Diferencia: Una Comparación entre la Teología del Pacto y la Dispensacional* [*There Really Is A Difference: A Comparison of Covenant and Dispensational Theology* (Friends of Israel Gospel Ministry, 1990)].

- Efeso (Ap. 2:1–7): la iglesia sin amor al final de la era apostólica, durante el primer siglo.
- Esmirna (Ap. 2:8–11): la iglesia perseguida a comienzos del segundo siglo.
- Pérgamo (Ap. 2:12–17): la iglesia transigente que reinó cuando el emperador Constantino hizo del Cristianismo la religión nacional en el tercer siglo.
- Tiatira (Ap. 2:18–29): la iglesia corrupta del papado Católico Romano que comenzó en el cuarto siglo.
- Sardis (Ap. 3:1–6): la iglesia muerta que produjo la Reforma a comienzos del 1500.
- Filadelfia (Ap. 3:7–13): la iglesia ferviente producida por el "avivamiento de los últimos días", presente hoy día.
- Laodicea (Ap. 3:14–22): la iglesia tibia que estará presente al final de la era.

Aunque hay ciertos paralelos interesantes entre la historia de la Iglesia y estas cartas, las épocas mencionadas arriba fueron creadas para encajar en estos pasajes, y no a la inversa. El Apocalipsis contiene descripciones muy precisas de personas, lugares y eventos, y el Señor Jesús nos dice que su propósito es preparar a los creyentes para el período de gran juicio y dificultad de precederá Su retorno. Sugerir que estas descripciones se refieren a "épocas" de la Iglesia, y no a iglesias vivas durante los últimos tiempos, requiere que el lector abandone la lectura normal del texto y la cambie por una lectura alegórica. La alegorización es un vicio muy peligroso, pues le permite al lector interpretar el pasaje como le dé la gana, lo cual es exactamente lo que hacen los pretribulacionistas.

Esta lectura enfrenta además el mismo problema mencionado antes: el contexto del Apocalipsis es la Semana Septuagésima. Sugerir que sólo dos de las siete iglesias descritas en estas cartas entrarán a la Semana Septuagésima saca a todas las cartas fuera de contexto.

Además, la teoría de las "épocas de la Iglesia" pinta un cuadro falso de la Iglesia actual. Si esta interpretación es correcta y estamos viviendo en la época de la iglesia de Filadelfia, entonces la iglesia moderna debiera caracterizarse por ser una iglesia ferviente, amante, purificada, lista para ser arrebatada al cielo. Esta es la posición tomada por John Walvoord: "Eventualmente, como las Escrituras lo anticipan, Él se presentará a Sí mismo una Novia sin mancha, una Iglesia gloriosa, sin mancha ni arruga, sino santa y sin tacha. Este propósito divino está en proceso de cumplirse".[113]

Una mirada realista, sin embargo, nos muestra que este simplemente no es el caso. La Iglesia no está ahora con menos manchas y arrugas que en cualquier otro período de su historia.[114] Las características fundamentales de las iglesias descritas por el Señor Jesús — sin amor, perseguida, transigente, corrupta, muerta, tibia y ferviente — han estado presentes en *cada* época de la historia de la Iglesia y en *cada* iglesia local desde la ascensión de Cristo. Como un todo, el

---

[113] Es esta falsedad la que permitirá que surja la iglesia falsa, la Ramera de Babilonia. En su libro, *Un Evangelio Diferente*, D. R. McConnell discute sobre el peligro de la falsa enseñanza que está penetrando a la Iglesia actual: "Es extraño que aquellos cristianos que son más obstinados que nosotros y que forman parte de la generación que verá el retorno del Señor — y el engaño de los últimos tiempos, y la apostasía asociada con Su retorno — busca señales de este engaño *fuera* de la iglesia, en conspiraciones tales como la Nueva Era y en cultos como el Mormonismo, los Testigos de Jehová y la Ciencia Cristiana. Admitimos que estos movimientos son amenazas potenciales para la iglesia, pero sería mejor buscar el engaño de los Últimos Tiempos donde el Señor Jesús y el Apocalipsis predicen que ocurrirá: *dentro* de la iglesia; dentro de grupos que se llaman a sí mismos cristianos, pero que en realidad predican un evangelio diferente" (*Un Evangelio Diferente* – [*A Different Gospel*, Hendrickson Publishers, 1988, p. xv]).

[114] Es interesante que los eruditos que toman la posición de las "épocas de la iglesia — que dice que la totalidad de los creyentes que conforman el Cuerpo de Cristo de hoy también conforman la purificada y santificada Iglesia de Filadelfia — declaran, en el mismo argumento, que el posmilenialismo perdió su oportunidad cuando la Iglesia comprendió que los seres humanos no eran capaces de crear el Milenio en la tierra por medio de sus propios esfuerzos. Es irónico que estos eruditos sean capaces de reconocer las debilidades de la humanidad como un todo, pero que la fragilidad del Cuerpo de Cristo se les escape. Es así, o estamos forzados a concluir que aquellos que no están sin mancha ni arruga para el comienzo de la Semana Septuagésima no son salvos en verdad, una conclusión que la Biblia no justifica.

Cuerpo de Cristo está lleno de amor, fidelidad y gracia; pero también está lleno de hipocresía, transigencia y pecado. Como en cualquier otro período de la historia de la Iglesia, hay creyentes en todos los niveles de desarrollo espiritual. Algunos caminan en bendita comunión con el Salvador; otros son bebés en Cristo que están recién aprendiendo a andar. Algunos son tibios, pues no han sometido verdaderamente sus corazones y voluntades al Señor Jesucristo; otros son reincidentes que luchan con los pecados de su carne. Corrupción y falsas doctrinas se pueden encontrar aún dentro de los líderes de la Iglesia.

La posición de "las épocas de la Iglesia" también falla en su consideración de la iglesia de Laodicea, la iglesia tibia, la cual los dispensacionalistas dicen que existirá después del arrebatamiento. Es dudoso que después de este evento se pueda encontrar en la tierra un cuerpo tibio de creyentes. Más bien la Escritura enseña que aquellos que vivan durante la última parte de la Semana Septuagésima — bajo la persecución del Anticristo — serán todo lo contrario de tibios, pues se estarán asiendo con fuerza y fe de la promesa de eterna salvación en Cristo. Los libros de Apocalipsis y Daniel dan a entender que durante la Semana Septuagésima habrá una explosión de evangelismo a escala mundial. Esta no es la descripción de una Iglesia tibia.[115]

¿Seis iglesias falsas y una verdadera?

El tercer intento por hacer que estas cartas no se apliquen a todo el Cuerpo de Cristo de hoy en día dice que las

---

[115] Muchos pretribulacionistas identifican a la iglesia de Laodicea como la iglesia apostata de la Semana Septuagésima, la Ramera de Babilonia. Esto es difícil, sobre todo si consideramos que el dispensacionalismo usado para justificar mucho acerca del pretribulacionismo demanda que la Iglesia ya no exista durante este período. El dispensacionalismo identifica a aquellos que reciben a Cristo durante este período como "santos de la tribulación" o "santos de la Semana Septuagésima", términos que no aparecen en la Biblia. Si la Iglesia ya no existe, entonces la iglesia de Laodicea no es realmente una iglesia en el sentido que el Apocalipsis le da a la palabra. Sin embargo, el Señor Jesús no distingue entre las primeras seis iglesias y esta última iglesia apostata de los últimos tiempos. Lo que hace que la lectura pretribulacionista del texto sea totalmente inadmisible.

cartas mencionan seis iglesias "falsas" y una verdadera, la iglesia de Filadelfia. Esta posición no se puede mantener mucho más tiempo que las otras.

Primero, el Señor Jesús nunca dice que estas sean falsas iglesias. De hecho, a la iglesia perseguida el Señor no le ordena que se arrepienta, sino que venza; esto inmediatamente la califica como una iglesia verdadera. E incluso entre aquellas iglesias que son llamadas a arrepentirse hay signos de verdadera vida espiritual. La iglesia de Efeso (la iglesia sin amor), por ejemplo, es alabada por sus obras de fe, paciencia y discernimiento ante las doctrinas falsas:

> Yo conozco tus obras, y tu arduo trabajo y paciencia; y que no puedes soportar a los malos, y has probado a los que dicen ser apóstoles, y no lo son, y los has hallado mentirosos: y has sufrido, y has tenido paciencia, y has trabajado arduamente por amor de mi nombre, y no has desmayado (Ap. 2:2–3)

La iglesia de Pérgamo (la iglesia transigente) recibe una alabanza semejante:

> Yo conozco tus obras, y dónde moras, donde está el trono de Satanás; pero retienes mi nombre, y no has negado mi fe, ni aun en los días en que Antipas mi testigo fiel fue muerto entre vosotros, donde mora Satanás (Ap. 2:13)

Es imposible demostrar que estas son falsas iglesias. Obras, paciencia, trabajo arduo por amor al nombre del Señor Jesús son las características de los creyentes, aun si resisten la enseñanza de Dios en otras áreas de sus vidas. Además, en Apocalipsis 1:12–13, Juan ve siete candeleros de oro, los cuales simbolizan a las siete iglesias, y al Señor Jesús, "uno semejante al Hijo del Hombre", de pie en medio de ellos. El Señor Jesús no estaría en medio de iglesias falsas.[116]

---

[116] Para más información sobre el tema, escuchar el casete 2 de "13 Mensajes sobre el Apocalipsis", de Marvin Rosenthal (© Zion's Hope).

Segundo, la posición de "seis iglesias falsas y una verdadera" pondría de nuevo a todo el Cuerpo de Cristo dentro de la iglesia de Filadelfia, lo que crea la falsa impresión de que esa es la Iglesia de hoy; es decir, que todos los creyentes han guardado la palabra de Su paciencia y caminan con el Señor en sabiduría, verdad y amor. Por muy bonito que sea este cuadro, no es verdad. Un cuadro honesto es el descrito en estas cartas: un cuerpo eclesiástico compuesto por creyentes en todos los diferentes niveles que existen en la senda espiritual. Y como en un ramo escolar, en el que sólo los estudiantes que han mantenido el promedio más alto durante todo el semestre son eximidos de rendir el examen final, sólo la iglesia de Filadelfia (aquellos creyentes que han alcanzado un nivel de madurez espiritual en Cristo) será protegida ("guardada") durante esta hora de prueba.

Debiera ser nuestra esperanza y deseo que, cuando venga el Señor Jesús, seamos encontrados formando parte de la iglesia de Filadelfia.

Mientras leemos estas páginas, las cartas a las siete iglesias debieran hacernos meditar en nuestras propias vidas. Si reflexionamos, por ejemplo, sobre la iglesia sin amor, debiéramos admitir honestamente que algunas de sus características también son las nuestras. Nótese cómo esta iglesia ha trabajado por el evangelio, cómo ha probado a los falsos apóstoles, cómo ha mostrado discernimiento para rechazar las doctrinas falsas. Pero pensemos también si muchas de las críticas que hemos hecho contra iglesias, organizaciones e individuos por apartarse de "todo el consejo de Dios" (Hch. 20:27), si todas las condenas que hemos dirigido por permitir falsas doctrinas y transigir con el mundo y las denominaciones provienen verdaderamente de un deseo de obedecer a la Palabra o sólo es intolerancia – no hacia el pecado – sino hacia las personas. Podemos entusiasmarnos tanto en probar a los falsos maestros y en rechazar las falsas doctrinas que terminemos perdiendo nuestro "primer amor". Por otro lado, la corriente puede comenzar a arrastrarnos tan imperceptiblemente que por causa de la unidad dejemos de probar a los falsos maestros y a sus enseñanzas y terminemos transigiendo con el error.

Este es el corazón, creemos, del mensaje del Señor Jesús a las iglesias: que usemos Sus cartas a ellas para reflexionar seria y profundamente sobre nuestra relación con Él. Estas advertencias son para *los creyentes* — no para falsas iglesias —. Son banderas rojas en la autopista, señales en el camino; han sido puestas ahí para traernos de vuelta a la senda correcta y para ayudarnos a encontrar el rastro que nos traerá de regreso al punto de partida, si es que nos hemos extraviado por culpa de tomar un atajo en algún punto. Negar la relevancia de estos mensajes para nosotros, los creyentes de hoy, es despreciar el propósito fundamental por el que fueron dados.

¿Por qué no se usa la palabra "iglesia"?

Uno de los argumentos más usados por los pretribulacionistas es que la palabra "iglesia" no aparece en el Apocalipsis después del cuarto capítulo. Esto, dicen los pretribulacionistas, demuestra que el arrebatamiento ocurre antes de la apertura de los sellos. Esta forma de debatir es llamada comúnmente "argumentando desde el silencio"; esto significa que se argumenta usando la falta de información que existe en vez de hacerlo con la información dada.

Robert Van Kampen aborda el tema usando uno de los principales textos sobre los últimos tiempos: el de la separación del trigo y la cizaña.

> El hecho de que la palabra "iglesia" no se use en la parte central del libro sólo convalida una vez más el hecho de que no será la iglesia en general la que experimente la persecución del Anticristo. Al contrario, será un remanente dentro de ella el que permanecerá fiel a Cristo durante estos tiempos difíciles.

> También es interesante y significativo destacar que Juan, el encargado de registrar el libro de Apocalipsis, redactó también su evangelio y tres epístolas que llevan su nombre. El no emplea la palabra "iglesia" en ninguno de esos libros. Tampoco se usa la palabra "iglesia" en ninguno de los tres pasajes clásicos del arrebatamiento a los que se refieren los pretribulacionistas: 1 Tesalonicenses 4:13-17; 1 Corintios 15:51-53; Juan

14:1-3. Tampoco, salvo por las referencias generales de los primeros versículos de 1 y 2 Tesalonicenses, ninguno de estos dos grandes libros proféticos usa la palabra "iglesia".

... Cuando comiencen los verdaderos problemas, la "labor de parto", la iglesia en general tropezará y caerá de la fe – "la apostasía" – cuando el amor de muchos por Cristo se enfriará. En aquél entonces, no será la iglesia en general la que siga fielmente a Cristo, sino sólo los verdaderos creyentes (que son llamados: santos, vencedores, siervos, escogidos de Dios) quienes perseverarán "hasta el fin" en medio de los difíciles acontecimientos — que se detallan en la parte medular del libro del Apocalipsis— hasta que la señal en el sol, la luna y las estrellas acorte la Gran Tribulación del Anticristo.

Por esta razón Juan usa la palabra *santos* 13 veces en la parte central de su registro (véase Apocalipsis 5:8; 8:3-4; 11:18; 13:7, 10; 14:12; 16:6; 17:6;18:20,24; 19:8; 20:9) mientras que la palabra *iglesia* no se menciona en lo absoluto.

De hecho, el Apocalipsis ni siquiera se dirige a la iglesia en general, sino a los verdaderos siervos de Cristo. Es "la revelación de Jesucristo, que Dios le dio, para manifestar [mostrar] *a sus siervos*" (Ap. 1:1). Aunque el Apocalipsis contiene severas advertencias para siete iglesias específicas acerca de lo que les pasará en los momentos de adversidad, en cada caso, Cristo separa al que "tiene oído" – su siervo genuino que escucha con cuidado lo que el Espíritu le dice – de la iglesia en general que Él se está dirigiendo.[117]

---

[117] *El Rapto, Respuestas claras y sencillas para una pregunta difícil* [*The Rapture Question Answered: Plain and Simple*, p. 134.]

17

¿Viene el Señor Jesús dos Veces?

Muchas personas rechazan la idea de que el Señor Jesús vendrá corporalmente (físicamente) a la tierra antes de la Batalla de Armagedón, pensando que esto requeriría que Él viniera dos veces — primero para el arrebatamiento y luego para derrotar al Anticristo. ¿Cómo puede Él regresar corporalmente para arrebatar a la Iglesia tras la apertura del sexto sello y luego aparecer en el cielo de Armagedón sin venir dos veces?

Esta es una pregunta válida. Sin embargo, la Biblia nos dice que el Señor Jesús regresa a la tierra sólo una vez —al arrebatamiento— y *permanece en la tierra durante la administración de los juicios del Día del Señor.* Cuando los ejércitos lo vean en la Batalla de Armagedón, Él simplemente se estará manifestando en el justo rol que asumió a Su llegada: el de Rey de reyes y Señor de señores.

2 Tesalonicenses 2:1 enseña claramente que la aparición de Cristo para el arrebatamiento y Su retorno físico a la tierra ocurren al mismo tiempo. En este pasaje, Pablo se refiere a los dos eventos como a uno solo: "Pero respecto a la venida de nuestro Señor Jesucristo, y nuestra reunión con él...". En otras palabras, cuando el Señor Jesús regrese a la tierra atraerá (arrebatará) a Sí Mismo a la Iglesia.

Este concepto de "nuestra reunión con él" (el arrebatamiento) ocurriendo a Su regreso se repite a través de la Escritura. Aquí hay sólo tres ejemplos:

> ...y verán al Hijo del Hombre viniendo sobre las nubes
> del cielo, con poder y gran gloria... y enviará a sus

ángeles con gran voz de trompeta, y juntarán a sus escogidos, de los cuatro vientos, desde un extremo del cielo hasta el otro (Mt. 24:29–31),

Porque el Señor mismo con voz de mando.... Luego nosotros los que vivimos, los que hayamos quedado, seremos arrebatados juntamente con ellos en las nubes para recibir al Señor en el aire (1 Ts. 4:16–17).

Voy, pues, a preparar lugar para vosotros. Y si me fuere y os preparare lugar, vendré otra vez, y os tomaré a mí mismo, para que donde yo estoy, vosotros también estéis (Jn. 14:2–3).

Cristo: el ejecutor del juicio

Si el Señor Jesús viene a la tierra tras la apertura del sexto sello, ¿qué estará haciendo durante el período de tiempo de las trompetas y las copas? Ejecutando los juicios del Día del Señor. Muchos tienen la idea de que es Dios el Padre quien ejecuta estos juicios. No es así — es Cristo mismo. En 1 Corintios 15: 21–25, Pablo escribe: "Porque por cuanto la muerte entró por un hombre, también por un hombre la resurrección de los muertos. Porque así como en Adán todos mueren, también en Cristo todos serán vivificados. Pero cada uno en su debido orden: Cristo, las primicias; luego los que son de Cristo, en su venida. Luego el fin, cuando entregue el reino al Dios y Padre, cuando haya suprimido todo dominio, toda autoridad y potencia. Porque preciso es que él reine hasta que haya puesto a todos sus enemigos debajo de sus pies".

Hay tres puntos importantes en este pasaje: (1) "el fin" esta asociado con la venida de Cristo; (2) en "el fin" ocurrirá la resurrección de los muertos, la que según 1 Tesalonicenses 4:16–17 se realiza al arrebatamiento; y (3) el Señor Jesús debe permanecer en la tierra "hasta que haya puesto a todos sus enemigos debajo de sus pies". Cristo no puede venir a arrebatar a la Iglesia, luego irse al cielo para regresar en otra oportunidad.[118] En el Apocalipsis vemos que es el Señor Jesús

---

[118] Otro punto importante es que el reinado de Cristo precede la derrota de Sus enemigos. El texto no dice: "Porque preciso es que él reine *una vez que* que

mismo quien ejecuta la ira durante los juicios de las copas: "De su boca sale una espada aguda, para herir con ella a las naciones, y él las regirá con vara de hierro; y él pisa el lagar del vino del furor y de la ira del Dios Todopoderoso" (Ap. 19:15).

Al comienzo de la profecía dada por el Señor en el Monte de los Olivos, registrada en Mateo 24, los discípulos le preguntan al Señor cuándo vendrá y cuándo será el "fin del siglo". Esta no era una pregunta retórica. El pueblo judío había estado luchando contra el dominio pagano por siglos. Los discípulos querían saber cuándo el Mesías establecería Su reino físico y liberaría a los judíos de la opresión gentil. Ellos no entendieron las enigmáticas palabras del Señor: "el reino de Dios se ha acercado", en vistas a Su indisposición para derrocar la autoridad romana. Si el Mesías había venido, ¿por qué estaban ellos todavía bajo la opresión de Roma?

Los apóstoles no entendieron que, durante su Primera Venida, el Señor Jesús establecería Su reino espiritual primero para liberarlos de la esclavitud del pecado, no de sus circunstancias terrenales. Y que no sería sino hasta su Segunda Venida que Él se sentaría en el trono de David y que establecería Su reino físico, con la consiguiente paz y prosperidad para Israel.

Pero el Señor Jesús respondió la pregunta de los discípulos, aunque ellos no lo supieron inmediatamente. Cuando preguntaron sobre el fin del siglo, el Señor Jesús bosquejó una serie de eventos que no ocurrirían sino hasta dentro de 20 siglos. Él les describió el principio de dolores, la Gran Tribulación y los cataclismos cósmicos que introducirían el Día del Señor. Luego les describió "la señal del Hijo del Hombre", Su venida sobre las nubes con poder y gran gloria, y la reunión de los escogidos en el arrebatamiento. Así, el Señor Jesús nos dice que con Su retorno físico a la tierra (tras la apertura del sexto sello) comenzará el derrocamiento de los poderes terrenales. Ya no más como el Siervo sufriente, Él vendrá como el Rey conquistador, quien personalmente

---

haya puesto a todos sus enemigos debajo de sus pies". Dice: "*hasta* que haya puesto a todos sus enemigos debajo de sus pies". Esto implica que el reinado de Cristo comienza antes de Armagedón.

entregará "el reino al Dios y Padre, cuando haya suprimido todo dominio, toda autoridad y potencia. Porque preciso es que él reine hasta que haya puesto a todos sus enemigos debajo de sus pies".

La Biblia nos dice que, en un sentido terrenal, el Señor Jesús es el Rey regente desde el momento en que aparece en las nubes, y durante el período que incluye los juicios de las trompetas y las copas, la Batalla de Armagedón, el Milenio y el más allá. Sugerir que el Señor Jesús viene en las nubes para tomar a Su Iglesia pero que "el fin del siglo" no comienza sino hasta varios años después cuando Él regrese "totalmente", no es algo que enseñe la Biblia.

El señor Jesús en el monte santo

La idea de que el Señor Jesús esté aquí en la tierra durante los juicios del Día del Señor le suena rara a la mayoría de los cristianos. Y no porque no sea bíblica, sino simplemente porque jamás la han considerado. Pero ¿qué tiene de rara? La Primera Venida del Señor Jesús se extendió por espacio de 33 años. ¿Por qué Su Segunda Venida no podría extenderse a lo largo de la Semana Septuagésima?

Para aquellos que en realidad quieren verlo físicamente en la tierra durante este tiempo, el Señor Jesús les da una vislumbre en Apocalipsis 14:1:

> Después miré, y he aquí el Cordero estaba en pie sobre el monte Sión [el monte santo de Jerusalén], y con él ciento cuarenta y cuatro mil, que tenían el nombre de él y el de su Padre escrito en la frente.

Esta aparición física se ven en Zacarías 14:3–4:

> Después saldrá Jehová y peleará con aquellas naciones, como peleó en el día de la batalla. Y se afirmarán sus pies en aquel día en el Monte de los Olivos.[119]

---

[119] A pesar de su postura pretribulacional, el Dr. Renald Showers también sostiene que el momento en que el Señor Jesús se posa sobre el Monte Sión es el momento en que declara Su majestad. Showers escribe: "Zacarías 14:4, 9 revela el hecho de que el Mesías será Rey después de que Sus pies hayan

Esta aparición en el Monte Sión también puede haber sido profetizada por el rey David. En el Salmo 102:13–16, David dice:

> Entonces las naciones temerán el nombre de Jehová, y todos los reyes de la tierra tu gloria. Por cuanto Jehová habrá edificado a Sión, y en su gloria será visto (vs. 15–16).

Además, en el Salmo 2:2, David menciona a "los reyes de la tierra", quienes "consultarán unidos contra Jehová y contra su ungido". Algunos versículos después, dice: "Pero yo he puesto mi rey sobre Sión, mi santo monte" (Salmo 2:6). Aun cuando este Salmo es una canción nupcial escrita por el rey de Israel, tradicionalmente ha sido interpretada como cumpliéndose en la Primera Venida de Cristo. A la luz de Apocalipsis 14:1, sin embargo, también podría cumplirse en los últimos tiempos. Es muy probable que los líderes de la tierra, bajo el influjo sobrenatural del Anticristo, "consultarán unidos contra Jehová y contra su ungido" en ese tiempo, tal como lo hicieron 2.000 años atrás.[120]

---

tocado el Monte de los Olivos durante Su Segunda Venida" (*Realmente Hay Una Diferencia*). Showers coloca este evento al final de la Semana Septuagésima, sin embargo, al manifestarse el Señor en Armagedón. Pero si Armagedón es la primera aparición física del Señor, como Showers sostiene, ¿por qué lo vemos de pie sobre el Monte de los Olivos en Apocalipsis 14:1? Y si esto ocurre para el Armagedón y no tras la apertura del sexto sello, ¿por qué los judíos reciben la orden de huir hasta que el Señor Jesús vega por ellos más tarde, acompañado por los santos del versículo 5 (compárese a 1 Ts. 3:13)?

[120] Una mirada a Zacarías 14 puede arrojar más luz sobre otros eventos del Apocalipsis. Zacarías escribe: "Después saldrá Jehová y peleará con aquellas naciones, como peleó en el día de la batalla. Y se afirmarán sus pies en aquel día sobre el monte de los Olivos, que está enfrente de Jerusalén al oriente; y el monte de los Olivos se partirá por el medio, hacia el oriente y hacia el occidente, haciendo un valle muy grande; y la mitad del norte se apartará hacia el norte, y la otra mitad hacia el sur. Y huiréis al valle de los montes, porque el valle de los montes llegará hasta Azal" (Zac. 14: 3–5). En este pasaje, el Señor Jesús crea un terremoto que parte la tierra en dos, proporcionando asistencia al Israel que huye. Esto es exactamente lo que vemos que ocurre en la segunda parte de la Semana Septuagésima: "Y

El profeta Daniel hace una aun más directa referencia a la presencia física de Cristo en la tierra durante el reinado del Anticristo. Al describir la suprema arrogancia del Anticristo, Daniel escribe:

> Y al fin del reinado de estos, cuando los transgresores lleguen al colmo, se levantará un rey altivo de rostro y entendido en enigmas. Y su poder se fortalecerá, mas no con fuerza propia; y causará grandes ruinas, y prosperará y hará arbitrariamente... y sin aviso destruirá a muchos; y *se levantará contra el Príncipe de los príncipes*, pero será quebrantado, aunque no por mano humana (Dan. 8:23-25).

Las profecías de Daniel contienen un tema constante: el reino del Anticristo será destruido sobrenaturalmente al final de la era, será acortado (interrumpido) por la llegada del Mesías. Por lo tanto, esta referencia al "Príncipe de los príncipes" se refiere a la Segunda Venida del Señor Jesucristo, lo que nos proporciona evidencia adicional y confiable que confirma nuestra posición que dice que la residencia del Señor Jesús estará sobre la tierra durante parte del reino del Anticristo.

Su venida (*Parousia*)

Que la Segunda Venida del Señor Jesús abarca un período de meses o años es confirmado además por el uso del sustantivo "venida" (*parousia*), el cual a menudo usan los escritores del Nuevo Testamento para referirse al retorno de Cristo. Por ejemplo, "Pero cada uno en su debido orden: Cristo, las primicias; luego los que son de Cristo, en su venida [*parousia*]" (1 Co. 15:23); "Porque ¿cuál es nuestra esperanza, o gozo, o corona de que me glorie? ¿No sois vosotros, delante

---

cuando vio el dragón que había sido arrojado a la tierra, persiguió a la mujer que había dado luz al hijo varón. Y se le dieron a la mujer las dos alas de la gran águila, para que volase de delante de la serpiente al desierto, a su lugar, donde es sustentada por un tiempo, y tiempos, y la mitad de un tiempo [tres años y medio]. Y la serpiente arrojó de su boca, tras la mujer, agua como un río, para que fuese arrastrada por el río. Pero la tierra ayudó a la mujer, pues la tierra abrió su boca y tragó el río que el dragón había echado de su boca" (Ap. 12:13-16).

de nuestro Señor Jesucristo, en su venida [*parousia*]?" (1 Ts. 2:19); y "Por tanto, hermanos, tened paciencia hasta la venida [*parousia*] del Señor" (Stg. 5:7).

Según la *Concordancia Exhaustiva Strong*, el sustantivo *parousia* significa "llegar, estar cerca, i.e. advenimiento (a menudo, regreso; especialmente de Cristo para castigar a Jerusalén, originalmente a los impíos), o por implicación, aspecto físico — venida, presencia". La idea de la venida del Señor Jesús como "estar cerca, una presencia", es muy diferente del cuadro que se pinta del Señor Jesús abalazándose furtivamente por entre las nubes para arrebatar a Su Novia y para luego desaparecer nuevamente. *Parousia* implica que cuando el Señor Jesús venga, vendrá para quedarse. W. E. Vine confirma esto en su obra de referencia, *Diccionario Expositor Vine de Palabras del Nuevo y Antiguo Testamento*, diciendo: "*Parousia* no significa meramente una venida, incluye o sugiere la presencia que sigue a la llegada".[121]

Ciertamente, así es como la palabra *parousia* fue comúnmente usada cuando los documentos que comprenden el Nuevo Testamento se escribieron. El término se usó frecuentemente en los manuscritos antiguos, llamados *papiri*, para designar las visitas especiales de reyes — de nuevo, el concepto es el de "venir para quedarse".[122]

Marvin Rosenthal condensa este argumento perfectamente:

> *Parousia* se deriva de dos palabras griegas, *para* que significa "con" y *ousia* que significa "estar". *Parousia*, por lo tanto, denota dos cosas: una llegada y una consiguiente presencia. El erudito del griego W.E. Vine ilustra esto refiriéndose a una carta en papiro en la que una dama habla de la necesidad de su *parousia* en un lugar para atender ciertos asuntos relacionados con su propiedad (una ida-venida y una presencia continuada para resolver sus asuntos).

---

[121] *Diccionario Expositor Vine de Palabras del Nuevo y Antiguo Testamento* (Thomas Nelson, 1997).
[122] *Tres Posiciones Acerca del Arrebatamiento [Three Views on the Rapture*, p. 176].

En al menos dos ocasiones, el apóstol Pablo usa la palabra *parousia* en el sentido de su propia presencia. Citando lo que otros han dicho sobre él, escribió: "Porque a la verdad, dice, las cartas son duras y fuertes; mas la presencia corporal (*parousia*) débil, y la palabra menospreciable" (2 Co. 10:10). De nuevo: "Por tanto, amados míos, como siempre habéis obedecido, no como en mi presencia (*parousia*) solamente, sino mucho más ahora en mi ausencia, ocupaos en vuestra salvación con temor y temblor" (Fil. 2:12).

Y sobre el Anticristo, Pablo escribe: "inicuo cuyo advenimiento [*parousia*] es por obra de Satanás, con gran poder y señales y prodigios mentirosos" (2 Ts. 2:9). El advenimiento [*parousia*] del Anticristo incluye su continua presencia para llevar a cabo su obra satánica por medio de señales falsas y prodigios mentirosos. La venida [*parousia*] de Cristo incluirá Su continua presencia para arrebatar a la iglesia y ejecutar los juicios del Día del Señor.[123]

Compárese esta palabra *parousia* con otra palabra traducida "venida" en el Nuevo Testamento — *exercomai*. "Cuando llegó a la otra orilla, a la tierra de los gadarenos, vinieron [*exercomai*] a su encuentro dos endemoniados que salían de sus sepulcros" (Mt. 8:28). Aquí la palabra "venir" tiene un significado muy diferente: "venir saliendo de, venir fuera de, salir". Este es más el significado que los pretribulacionistas quieren darle a la venida de Cristo para el arrebatamiento, y sin embargo es una palabra totalmente diferente que nunca se usa en el contexto de la Segunda Venida.

Además de *parousia*, hay otras dos palabras en la Escritura que se usan para referirse a la Segunda Venida. Una de estas es *ercomai*, la que tiene una gran variedad de aplicaciones, incluyendo "acompañar, aparecer, traer, venir y entrar". En una ocasión la palabra "venida" es traducida del

---

[123] El Arrebatamiento Pre-Ira de la Iglesia [*Pre-Wrath Rapture of the Church*, p. 217].

griego *apokalupsis*, que significa "revelar, manifestar, hacer visible", como en "de tal manera que nada os falta en ningún don, esperando la manifestación [*apokalupsis*] de nuestro Señor Jesucristo" (1 Co. 1:7).

Algunos eruditos se aprovechan del uso que los escritores del Nuevo Testamento hacen de las diferentes palabras griegas para sugerir que hay más de una venida de Cristo: una para el arrebatamiento y otra para Armagedón. A la luz de toda la evidencia bíblica que demuestra que hay una sola venida, tiene mucho más sentido que el empleo de una variedad de palabras griegas que se traducen como "venida" obedece al propósito de describir los diferentes aspectos, o características del *único* regreso del Señor Jesús. Pensemos, por ejemplo, en una familia que ha estado sufriendo por la ausencia de una hija que ha sido raptada varios meses antes. Repentinamente, el timbre suena y el padre abre la puerta para ver a su hija, radiante de alegría, en el umbral. Su llegada (venida) podría describirse de varias maneras: *ercomai* (llegada física), *apokalupsis* (revelar, hacer visible, manifestar que está viva y bien), y *parousia* (ella ha regresado a casa para quedarse).

Hay otra palabra que se usa para describir el regreso del Señor, *epifaneia,* la que conlleva la idea de la aparición visible de una deidad oculta.[124] Este término usualmente se traduce "manifestación". Como con *parousia, ercomai* y *apokalupsis*, no hay razón para creer que esto se refiere a otra venida, más bien revela otro aspecto de la misma venida. Después de todo, ¿puede la venida de Cristo ser una *epifaneia* (una manifestación de una deidad oculta) sin ser otras cosas también, como *ercomai* (una llegada física) y *apokalupsis* (una revelación)?

Argumentos contra *Parousia*

Uno de los argumentos de los pretribulacionistas contra el arrebatamiento pre-ira es que el Señor Jesús no puede permanecer en la tierra después de que reclame a Su Novia porque la Escritura promete que, después de la muerte

---

[124] *Diccionario Expositor de las Palabras de la Biblia* [ed. Lawrence Richards].

"estaremos para siempre con el Señor" (1 Ts. 4:17). ¿Cómo podemos estar allá arriba si Él está acá abajo? ¿No contradice esto a la Biblia?

Primero, apelamos al sentido común. Un hombre se casa con su esposa y le promete que estará junto a ella hasta el día que uno de los dos muera. Un día, él debe viajar a Bélgica. ¿El hecho de que está separado de ella por medio continente y todo el Océano Pacífico significa que ha roto su promesa? ¡Por supuesto que no! De igual forma con la Novia de Cristo. ¿Por qué la presencia y la ausencia del Señor en determinados momentos podrían significar que Él la ha abandonado? Esto también se relaciona a la pregunta frecuentemente hecha sobre la manifestación del Señor Jesús con los ángeles en Armagedón. El que haya regresado físicamente algún tiempo antes no le impide, al momento oportuno, reunir a Sus tropas celestiales para manifestarse con ellas en Armagedón.

Segundo, en un contexto bíblico, estar "separados del Señor" significa estar espiritualmente separados de Él; es decir, ser rechazados, no tener comunión alguna con Él. Al igual que en el matrimonio, estar "para siempre con" no significa necesariamente estar juntos físicamente cada momento del día. Significa estar permanentemente en comunión con esa persona, estar unido a ella en mente y alma. No hay ninguna razón por la que no podamos estar "para siempre con el Señor" y estar a la vez en dos lugares separados.[125] Esta paradoja nos debiera

---

[125] Las expresiones "allá arriba" y "acá abajo" también reflejan nuestro limitado entendimiento humano acerca de dónde esta Dios y cómo interactúa con nosotros. El Dr. Hugh Ross, un astrofísico cristiano evangélico y fundador de la organización "Razones para Creer", expresa este tema en términos de un universo multidimensional. Debido a que nuestro universo existe en cuatro dimensiones (largo, ancho, alto y tiempo), Dios debe vivir fuera de estas cuatro dimensiones — en una quinta dimensión, o en una sexta, o más — . Como evidencia de la naturaleza extradimensional de Cristo, Ross cita la actividad realizada por del Señor Jesús a continuación de Su resurrección, cuando entró a través de una pared y comió pescado con Sus discípulos. "Los discípulos entendían la imposibilidad de que un cuerpo físico pasara a través de las barreras físicas. Esa es la razón por la que concluyeron que la forma del Señor Jesús que estaba ante sus ojos debía ser fantasmal o espiritual, pero de ninguna manera física. Pero el Señor Jesús les probó Su realidad física permitiéndoles que lo tocaran y comiendo alimento enfrente de ellos. Aunque es imposible que un objeto tridimensional pase a

recordar la promesa que el Señor Jesús le hizo a Sus discípulos la noche previa a ser crucificado, cuando les dijo que en breve los dejaría (Jn. 14:2-3), y, sin embargo, después les prometió que estaría con ellos siempre (Mt. 28:20).[126]

Por estas razones, la frase "estaremos para siempre con el Señor" *no* se puede usar para socavar la clara enseñanza bíblica de que el Señor Jesús permanecerá aquí después de que la Iglesia haya sido arrebatada. También debiéramos considerar el hecho de que el Señor Jesús y el Padre son Uno (Jn. 10:30). Por lo tanto, si el Señor Jesús está en la tierra y nosotros en el cielo con el Padre, aun así estamos con el Señor Jesús.[127]

---

través de barreras físicas también tridimensionales sin que la una o la otra sea dañada, el Señor Jesús no tuvo ningún problema en hacer esto porque Su condición era extra o meta dimensional" (El Creador y el Cosmos: Cómo los Más Grandes Descubrimientos Científicos del Siglo Revelan a Dios [*The Creator and the Cosmos: How the Greatest Scientific Discoveries of the Century Reveal God* - NavPress, 1995]).

[126] Muchos pretribulacionistas usan la promesa dada por el Señor Jesús en Juan 14:2–3 para sostener que la Iglesia no puede estar en el cielo mientras el Señor está en la tierra administrando los juicios de Su Día del Señor, como la posición pre-ira sugiere. Esto es porque el Señor Jesús nos ha prometido que cuando venga de nuevo y reciba a Su Iglesia, "donde yo estoy, vosotros también *estaréis*". Sin embargo, tal promesa no requiere de una (Su) presencia durante un período ininterrumpido de tiempo. Considérese uno de los más importantes pactos de la Biblia, el pacto davídico. En 2 Samuel 7:16, Dios le promete a David de su reino sería por siempre y que la semilla de David estaría por siempre sobre el trono. Y, sin embargo, en 589 a.C., el último de los reyes, Sedequías, vio la ejecución de sus dos hijos, después de lo cual el reino de Judá siguió a su hermana Israel al cautiverio. Hasta este día, no ha habido ningún hijo de David sobre el trono de Israel. La promesa de Dios sólo se cumplirá cuando el Señor Jesús regrese en gloria para reinar por siempre. Por lo tanto, exigir que la frase, "donde yo estoy, vosotros también *estaréis*" se refiera a un período ininterrumpido de tiempo, especialmente cuando lo que está en vista aquí es la eternidad, no es algo que la Escritura avale. Para más acerca de este tema, véase el apéndice B.

[127] Un pretribulacionista ha sugerido que esta posición compromete el hermoso cuadro que se nos da de la Cena de las Bodas del Cordero. La Biblia retrata un cuadro glorioso de la Novia de Cristo al lado de su Esposo lista para cenar en su noche de celebración de bodas. Esta Cena de Bodas difiere del Juicio ante el Trono Blanco y ocurre inmediatamente después del juicio de los creyentes, incluidos el juicio de las obras por fuego y la otorgación de coronas. "¿Cómo se pueden cumplir todas estas gloriosas promesas si el Señor Jesús está físicamente en la tierra, ejecutando los juicios durante el Día del Señor?". La respuesta obvia que dice que el Señor Jesús es omnipotente y

Con todos sus santos

Hay otra aparente paradoja que los pretribulacionistas esgrimen cuando se sostiene que el único regreso físico del Señor Jesús ocurre después de la apertura del sexto sello. En 1 Tesalonicenses 3:13, uno de los pasajes más claros y detallados sobre el arrebatamiento en el Nuevo Testamento, Pablo escribe que el Señor vendrá "con todos sus santos". Si está viniendo para efectuar el arrebatamiento, preguntan los pretribulacionistas, ¿cómo puede venir acompañado de creyentes?

En *Fuego de Sión*, Rosenthal da una concisa respuesta a esta pregunta:

> Mi comentario acerca de la expresión paulina "con todos sus santos" provocó muchas criticas. Yo dije que la palabra "santos" en 1 Tesalonicenses 3:13 no se refiere a los creyentes, sino a ángeles. Cristo, en su segunda venida, no va a estar acompañado por la Iglesia arrebatada y glorificada, como muchos enseñan, sino por un gran

---

omnipresente, resulta insatisfactoria. Hay, sin embargo, una respuesta satisfactoria a esta paradoja en la consideración de las múltiples dimensiones temporales en las que Dios opera. El Dr. Hugh Ross hace un tratamiento excelente de un tema relacionado en su libro, *Más Allá del Cosmos*. El hecho de que Dios pueda escuchar las oraciones de billones de personas al mismo tiempo, prestándole atención individual a cada una de ellas, se puede resolver satisfactoriamente cuando consideramos que Dios podría estar operando fácilmente en un contexto de múltiples dimensiones temporales (las dimensiones temporales en las que Dios opera igualan el número de personas). Así el Señor Jesús puede disfrutar con la Iglesia después del arrebatamiento sin dejar de estar en la tierra para administrar Sus juicios. Esto no es un reemplazo del fundamento bíblico presentado en este libro, sino una añadidura a él. Es interesante que John Walvoord inadvertidamente proporciona base de apoyo para esta posición en *La Pregunta Acerca del Rapto* cuando discute la declaración de George E. Ladd de que el arrebatamiento y el juicio de las obras de los cristianos deben ser postribulacional porque el período de siete años enseñado por los pretribulacionistas es demasiado corto para juzgar las obras de doscientos millones de cristianos. Walvoord escribe: "Este argumento bordea lo ridículo — Dios no está sujeto a las mismas limitaciones que los hombres.... Aunque el juicio de la iglesia se diferencia de los juicios del milenio, podemos inferir de juicios tales como el de las ovejas y los cabritos (Mt. 25:31-46) que no hay ningún problema divino para juzgar a millones de una sola vez" (*The Rapture Question*, p. 85).

ejército de ángeles. Expresé mi opinión sobre el texto de esta forma: "Pablo escribió estas palabras a los tesalonicenses: 'Para que sean afirmados vuestros corazones, irreprensibles en santidad delante de Dios nuestro Padre, en la venida [*parousia*] de nuestro Señor Jesucristo con todos sus santos" (1 Ts. 3:13). Luego dije: "Santos en este versículo es una traducción desafortunada e inapropiada. 'Santos' en este versículo no se refiere a creyentes. La palabra griega *jagios* debería traducirse 'sagrados' y es una referencia a seres angélicos. Estos seres angélicos son los que acompañarán a Cristo en Su venida [*parousia*]" (cf. Mt. 25:31; 2 Ts. 1:7–8; Ap. 19:14).[128]

Más luz se arroja sobre el tema consideramos que Apocalipsis 19:14 da más detalles acerca de este regreso diciendo que el Señor Jesús vendrá con Sus ejércitos montados sobre caballos blancos y vestidos con "lino finísimo, blanco y resplandeciente". Los pretribulacionistas asumen que estos ejércitos son la Iglesia porque Apocalipsis 19:8 describe a los santos habiendo sido vestidos con lino "limpio y resplandeciente". Sin embargo, los santos no son los únicos que visten lino limpio y resplandeciente. Los santos ángeles también visten lino limpio y resplandeciente:

> …y del templo salieron los siete ángeles que tienen las siete plagas, vestidos de lino limpio y resplandeciente, y ceñidos alrededor del pecho con cintos de oro" (Ap. 15:6).

Considerando esta evidencia, junto con el hecho de que la Iglesia nunca es identificada como el ejército de Dios — este es un término reservado exclusivamente para los ángeles (la palabra "huestes", el término que a menudo se usa, implica rangos militares) — los "ejércitos celestiales" mencionados en Apocalipsis 19:14 deben ser ángeles, no creyentes.

---

[128] Para más detalles sobre el tema, véase el argumento de Rosenthal en su artículo, "Viniendo Con Todos Sus Santos" ["Coming With All His Santos", en la edición de Julio–Agosto 1997 de *Fuego de Sión*].

Esto es exactamente lo que Pablo nos dice en 2 Tesalonicenses 1:6–8. En este pasaje él explica que esta hueste en Armagedón está compuesta por ángeles que vienen con Cristo para dar retribución:

> Porque es justo delante de Dios pagar con tribulación a los que os atribulan, y a vosotros que sois atribulados, daros reposo con nosotros, cuando se manifieste el Señor Jesucristo desde el cielo con los ángeles de su poder, en llama de fuego, para dar retribución a los que no conocieron a Dios, ni obedecen al evangelio de nuestro Señor Jesucristo.

18

¿Es el Apocalipsis Consecutivo?

Una lectura desprejuiciada de Mateo 24 y Apocalipsis 6 al 16, tomando los eventos literal y consecutivamente – al menos que haya una razón de peso para no hacerlo así— , enseña que la ira de Dios comienza después de la apertura del sexto sello. Debido a la claridad de las Sagradas Escrituras en cuanto a este punto, muchos proponentes del arrebatamiento pretribulacional arguyen que los juicios descritos en el Apocalipsis no se pueden leer de modo consecutivo. En general, la defensa de este argumento toma tres formas:

1) Ninguna parte del Apocalipsis es consecutiva.

2) Los juicios de los sellos son consecutivos, pero sirven como una descripción general de (y por los tanto ocurren simultáneamente con) las trompetas y las copas.

3) Los tres períodos de juicio —los sellos, las trompetas y las copas— son consecutivos, pero coinciden parcialmente.

Personalmente creo que una lectura imparcial del Apocalipsis, combinada con una dosis de sentido común, debería bastar para convencer al lector acerca del error de este pensamiento. Aún así, como muchos expertos en profecía enseñan una de estas tres teorías, detenernos en el tema podría resultar útil.

¿Por qué se escribió el Apocalipsis?

Para determinar si los juicios descritos en el Apocalipsis son consecutivos, primero necesitamos determinar los principios que utilizaremos para formular nuestra opinión. Apocalipsis 1 nos presenta al escritor del libro, el apóstol Juan, y la autoridad con la cual él escribe, el Señor Jesucristo. En el primer versículo, el texto nos dice que el Señor Jesús ha decidido revelar los detalles de la Semana Septuagésima a Juan durante el exilio del apóstol en la isla de Patmos:

> "La revelación de Jesucristo, que Dios le dio, para manifestar a sus siervos las cosas que deben suceder pronto; y la declaró enviándola por medio de su ángel a su siervo Juan, que ha dado testimonio de la palabra de Dios, y del testimonio de Jesucristo, y de todas las cosas que ha visto" (Ap. 1:1–2).

En Apocalipsis 2 y 3, el Señor Jesús le da a Juan un mensaje para las siete iglesias, incluyendo la famosa promesa, "te guardaré de la hora de la prueba", dirigida a la iglesia de Filadelfia. A las otras seis iglesias, el Señor les ordena arrepentirse (excepto a la iglesia perseguida) y vencer. Esto hace surgir dos importantes preguntas: "¿De qué prueba será guardada la iglesia de Filadelfia?" y, "¿Qué tienen que vencer las otras seis iglesias?"

Juan no desperdicia el tiempo respondiendo esta pregunta. En Apocalipsis 4:1 comienza diciendo:

> "Después de esto miré, y he aquí una puerta abierta en el cielo;18 y la primera voz que oí, como de trompeta, hablando conmigo, dijo: Sube acá, y yo te mostraré las cosas que sucederán después de estas".[129]

---

[129] Algunos proponente pretribulacionistas usan este versículo para probar que el arrebatamiento ocurre antes de la apertura de los seis sellos. En esta posición, la frase "Sube acá" se usa no sólo para referirse al arrebatamiento de Juan, sino que simboliza el arrebatamiento de todos los creyentes. Aparte del hecho que el tiempo en ocurre se ajusta al sistema pretribulacionista, no hay razón escritural para igualar ambos eventos.

Entonces Juan enumera los eventos, como contando una historia. Este acercamiento directo es importante porque, como Juan escribió al comienzo del libro, es su intención dar testimonio "de todas las cosas que ha visto".

¿ES EL APOCALIPSIS CONSECUTIVO?

Interpretación 1: Descripción General

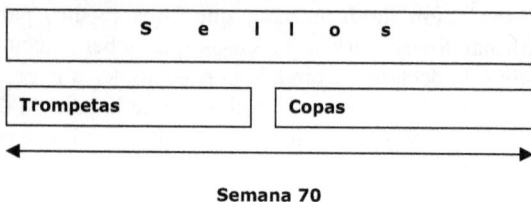

S e l l o s

Trompetas	Copas

Semana 70

Interpretación 2: Descripción General

Sellos
Copas

Trompetas

Semana 70

Interpretación 3: Descripción General

```
Sello 1      Trompeta 3        Copa 2
   Copa 7         Sell6              Trompeta 2
Trompeta 6   Sello 2      Copa 1    Sello 7
               Trompeta 1         Copa 3
Trompeta 3   Copa 4      Sello 3  Trompeta 4
   Sello 4        Trompeta 5         Sello 5
             Trompeta 7     Copa 5
Sello 7   Copa 6      Sello 6      Sello 4
```

Semana 70

En Apocalipsis 5, vemos como se comienzan a desarrollar los eventos. Primero, Juan describe la apertura del libro (o, más exactamente, rollo, pergamino) que representa la Semana Septuagésima. Tras la apertura de cada sello, se describe a continuación el juicio correspondiente:

> "Y cuando hubo tomado el libro, los cuatro seres vivientes y los veinticuatro ancianos se postraron delante del Cordero; todos tenían arpas, y copas de oro llenas de incienso, que son las oraciones de los santos; y cantaban un nuevo cántico, diciendo: Digno eres de tomar el libro y de abrir sus sellos, porque tú fuiste inmolado, y con tu sangre nos has redimido para Dios, de todo linaje y lengua y pueblo y nación...." Y miré, y oí la voz de muchos ángeles alrededor del trono".

Desde aquí en adelante, frases como "Y cuando hubo tomado el libro", y "Y miré", indican un orden consecutivo.

En el capítulo 6, cada uno de los juicios de los sellos es descrito en detalle. En estas descripciones, Juan continúa usando palabras que indican la naturaleza consecutiva de estos juicios. El ordenamiento de los sellos, de uno a siete, no carece de importancia. El uso de palabras tales como "cuando", "hasta", "he aquí", también indican un orden consecutivo:

> "Vi cuando el Cordero abrió uno de los sellos, y oí a uno de los cuatro seres vivientes decir como con voz de trueno: Ven y mira. Y miré, y he aquí un caballo blanco... (vs.1,2). **Cuando** abrió el segundo sello, oí al segundo ser viviente, que decía: Ven y mira. Y salió otro caballo, bermejo... (vs. 3,4). **Cuando** abrió el tercer sello, oí al tercer ser viviente, que decía: Ven y mira. Y miré, y he aquí un caballo negro... (v. 5). **Cuando** abrió el quinto sello , vi bajo el altar las almas de los que habían sido muertos por causa de la palabra de Dios y por el testimonio que tenían... (v. 9). Y se les dieron vestiduras blancas, y se les dijo que descansasen todavía un poco de tiempo, **hasta** que se completara el número de sus consiervos y sus hermanos, que también habían de ser muertos como ellos... (v. 11). Miré cuando abrió el sexto sello, y **he aquí** hubo un gran terremoto... (v.

12) ...y las estrellas del cielo cayeron... (v. 13) Y el cielo se desvaneció como un pergamino que se enrolla... (v. 14). Y los reyes de la tierra... (v. 15) ...se escondieron en las cuevas y entre las peñas de los montes; y decían a los montes y las peñas: Caed sobre nosotros, y escondednos del rostro de aquel que está sentado sobre el trono, y de la ira del Cordero" (v.14).

Cuando el capítulo 7 comienza, este patrón continúa. Una vez más vemos el orden consecutivo de la narración:

"Después de esto vi cuatro ángeles en pie sobre los cuatro ángulos de la tierra, que detenían los cuatro vientos de la tierra, para que no soplase viento alguno sobre la tierra, ni sobre el mar, ni sobre ningún árbol. **Vi también a otro ángel que subía desde donde sale el sol**, y tenía el sello del Dios vivo (v. 1–2).

Después de esto miré, y he aquí una gran multitud, la cual nadie podía contar, de todas las naciones y tribus y pueblos y lenguas, que estaban delante del trono y en la presencia del Cordero, vestidos de ropas blancas (v. 9).

Entonces uno de los ancianos habló diciéndome: Estos que están vestidos de ropas blancas, ¿quiénes son y de dónde han venido?" (v. 13).

El mismo lenguaje continua siendo utilizado durante la descripción de los juicios de las trompetas y las copas.

¿El orden de las visiones solamente?

Algunos proponentes pretribulacionistas arguyen que los términos "he aquí" y "entonces" sólo indican el orden en el que Juan vio los eventos, y no el orden en el cual ocurren. En respuesta a esto, y a todo el cuestionamiento acerca de si el contenido del Apocalipsis es consecutivo o no, partidarios y detractores harían bien en atenerse a lo que se dice en los primeros versículos del libro: "La revelación de Jesucristo, que Dios le dio, para manifestar a sus siervos las cosas que deben suceder pronto; y la declaró enviándola por medio de su ángel a su siervo Juan, que ha dado testimonio de la palabra de Dios, y del testimonio de Jesucristo..., y de todas las cosas que ha visto" (Ap. 1:1–2). Con algunas excepciones claramente identificadas, el Apocalipsis es, según el propio Señor Jesucristo, una narración de eventos consecutivos. Sugerir que estos eventos ocurren en un orden diferente al cual aparecen registrados mina el propósito del libro — "manifestar a sus siervos las cosas que deben suceder pronto" — y requiere que Dios deliberadamente nos de a sus siervos una falsa impresión. Esta no es una conclusión aceptable.

No sólo la naturaleza directa y urgente del texto habla a favor de un orden consecutivo, sino que a Juan se le ordenó "dar testimonio" de las cosas que vio. El verbo griego que se usa aquí es *martureo*, el cual proviene de la raíz *martus*, que significa "ser un testigo, testificar o guardar registro". Es la misma palabra que usa Juan el Bautista cuando testificó de Jesús en el desierto: "También dio Juan testimonio (*martureo),* diciendo: Vi al Espíritu que descendía del cielo como paloma, y permaneció sobre él.... Y yo le vi, y he dado testimonio (*martureo)* de que éste es el Hijo de Dios" (Jn. 1:32–34). El apóstol Juan también usó la misma palabra para describir las acciones de quienes vieron al Señor resucitar a Lázaro de entre los muertos: "Y daba testimonio (*martureo)* la gente que estaba con él cuando llamó a Lázaro del sepulcro, y lo resucitó de los muertos" (Jn. 12:17).

Además de la traducción, "dar testimonio de la verdad", este verbo implica, *para que los que oyen puedan creer.* El uso que Juan le da al verbo *martureo* implica que los eventos en el Apocalipsis son consecutivos; un orden consecutivo es también consistente con el carácter de Dios. ¿Cuándo ha hecho Dios Su verdad central un rompecabezas sin solución? ¿O ha sido Su intención engañar? Con el énfasis extraordinario que en el Nuevo Testamento se le da al retorno de Cristo, y con la urgente necesidad que tenemos los creyentes de permanecer firmes mientras esperamos nuestra salvación final, ¿cuál sería el propósito que cumpliría un relato que no describiera los eventos del fin en su orden secuencial? Hacerlos coincidir sólo parcialmente, ¿no oscurecería la verdad que pretenden iluminar?

Ciertamente hay un propósito para el simbolismo profético y para las parábolas en las escrituras. Hay incluso instancias en las que, debido a la dureza del corazón de los oyentes, Dios escoge oscurecer Su verdad en vez de aclararla (Mr. 4:12, Mt. 18:4). Pero en estos casos, el Señor Jesús siempre le revela el verdadero significado de las palabras a Sus discípulos más tarde, a solas con ellos. Cuando Jesús describe los juicios que ocurrirán durante la Semana Septuagésima, no lo hace veladamente. Tampoco está siendo abstruso cuando llama a Juan a presenciar dichos eventos desde el cielo. Le dice: Sube acá, y yo te mostraré las cosas que sucederán después de estas". Su intención es revelar, no esconder.

De hecho, en Su primera venida, fue el mismo Señor Jesús quien indicó que estas descripciones están dadas en orden consecutivo. En el evangelio de Lucas, después de describir el comienzo de dolores, la Gran Tribulación, y las conmociones cósmicas (un relato paralelo al de los juicios de los sellos), Él dice: "Cuando estas cosas comiencen a suceder, *erguíos y levantad vuestra cabeza*, porque vuestra redención está cerca" (Lc. 21:28). ¿De qué le serviría a Su audiencia levantar las cabezas "cuando estas cosas comiencen a suceder" si los eventos descritos no son consecutivos?

El simbolismo indica un orden consecutivo

El simbolismo utilizado en el Apocalipsis también apunta claramente hacia un orden consecutivo. Los juicios del Apocalipsis están contenidos en un "libro", el cual en los tiempos de Jesús era en realidad un pergamino enrollado. Los documentos importantes a menudo eran enrollados apretadamente y estampados con un sello llamado "bula". Sólo las personas autorizadas podían romper el sello. En el caso del "libro" en el Apocalipsis, está sellado con siete sellos, el número de la perfección, y sólo Aquél autorizado puede romper sus sellos, Jesús, el perfecto Cordero de Dios.

> "Y vi un ángel fuerte que pregonaba a gran voz: ¿Quién es digno de abrir el libro y desatar sus sellos? Y ninguno, ni en el cielo ni en la tierra, podía abrir el libro, ni aún mirarlo. Y lloraba yo mucho, porque no se

había hallado a ninguno digno de abrir el libro, ni de leerlo, ni de mirarlo. Y uno de los ancianos me dijo: No llores. He aquí el León de la tribu de Judá, la raíz de David, ha vencido para abrir el libro y desatar sus siete sellos. Y miré, y vi que en medio del trono y de los cuatro seres vivientes, y en medio de los ancianos, estaba en pie un Cordero como inmolado, que tenía siete cuernos, y siete ojos, los cuales son los siete espíritus de Dios enviados por toda la tierra. Y vino, y tomó el libro de la mano derecha del que estaba sentado en el trono" (Ap. 5: 2–7).

El Rollo de Apocalipsis 5

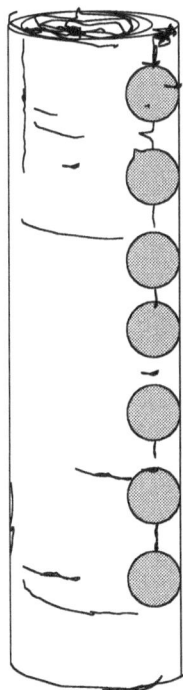

1° Sello: Conquistador destinado a vencer

2° Sello: Guerra mundial

3° Sello: Hambrunas

4° Sello: Muerte por toda la tierra

5° Sello: Mártires

6° Sello: Señal en el sol, la luna y las estrellas

7° Sello: Abre el rollo permitiendo que las trompetas sean tocadas y el contenido de las copas sea derramado

Dibujo cortesía de Dave Bussard, ¿Quién Será Dejado y Cuándo? (*Who Will Be Left Behind and When?* Strong Tower Publishing, 2002)

Es importante destacar que el documento no puede ser abierto hasta que todos los sellos sean rotos. Esto significa que el pergamino no se puede desenrollar — y, por lo tanto, el contenido de las trompetas y las copas no se puede conocer — mientras aún un sello permanezca en su lugar [2]. Esto desbarata la interpretación de la descripción general puesto que, aún en el simbolismo, la apertura de los sellos debe preceder al toque de las trompetas y el derramamiento del contenido de las copas. Aún más, debido a que todos los juicios de las copas están dentro de la séptima trompeta, el contenido de las copas no se puede derramar hasta que no se ha tocado esta última trompeta. Claramente hay un orden consecutivo a la vista.

¿Qué hay acerca de los símbolos y las metáforas?

Sin embargo, no todos los eventos descritos en el Apocalipsis ocurren en orden consecutivo. Hay cuatro temas en el Apocalipsis que el Señor Jesús utiliza como una narración de eventos consecutivos para lograr Su propósito: el juicio de los sellos; el juicio de las trompetas; el juicio de las copas; y la descripción de Su reino milenial, la derrota final de Satanás, y Su creación de un cielo nuevo y una tierra nueva. Estos temas comprenden cerca de la mitad del libro de Apocalipsis.

La otra mitad está conformada por señales, eventos celestiales, y descripciones generales de personas, lugares, y cosas que serán de gran importancia durante la Semana Septuagésima pero no necesitan describirse en un estricto orden cronológico. Estas descripciones proporcionan una base o escenario para lo que se ha discutido recién. No están, sin embargo, puestas en el texto al azar. La Escritura aclara cuándo hay una ruptura parentética en el texto, y luego regresa al relato lineal.

Por ejemplo, los tres primeros capítulos del Apocalipsis le proporcionan al lector antecedentes acerca del propósito y contenido del libro. Aquí se establece que se trata de una visión dada por el Señor Jesús al apóstol Juan acerca de la Semana Septuagésima. En estos tres primeros capítulos Juan describe su visión del cielo, a Jesús de pie en medio de los siete candeleros, y las cartas a las siete iglesias.

En los capítulos cuatro y cinco, Juan describe la sala del trono en el cielo, presenta el rollo que contiene los juicios de Dios, describe la búsqueda por Aquél digno de abrir el rollo, y presenta los juicios de los sellos. En el capítulo 6, Juan describe cada uno de estos juicios, a los cuales identifica con nombre: el primer sello, el segundo sello, y así sucesivamente. Luego, una vez que se han descrito los siete sellos, en el capítulo 7, Juan da un vistazo a lo que está ocurriendo en el cielo: el gozo de los ángeles, la llegada triunfal de la Iglesia ("los que han salido de la gran tribulación"), y las preparaciones para el Día del Señor. En los capítulos ocho y nueve, Juan describe cada uno de los juicios de las trompetas detalladamente; y tal como lo hizo con los sellos, los menciona en orden: del primero al séptimo.

Hasta aquí la historia ha sido cronológica; pero ahora, es necesario dar ciertos detalles adicionales para que el lector comprenda correctamente qué es lo que se ha descrito hasta este momento. Desde el capítulo 10 al 15, Juan hace un alto en la historia y la ratifica proporcionando detalles adicionales con el fin de completar el cuadro. Estos detalles incluyen descripciones del ministerio de los dos testigos, de Satanás siendo arrojado del cielo, del surgimiento del Anticristo y el falso profeta, etc.; todo lo cual ocurre durante los juicios de los sellos y las trompetas.

Algunos antecedentes

¿Cómo sabemos que Juan nos está dando detalles adicionales en los capítulos 10 al 15? Porque nos da un punto de referencia. Sabemos que el quinto sello, el clamor de los mártires, representa a la Gran Tribulación; y sabemos que la Gran Tribulación ocurre inmediatamente después de la mitad de la Semana Septuagésima (Mt. 24:15; Dn. 9:27). Si la Gran Tribulación (Ap. 6:9–11) ocurre a la mitad de la Semana, entonces el último juicio de las trompetas —el punto en el que Juan detiene su narración cronológica— es bastante posterior a ella.

**Punto Medio
(3 1/2 Años)**

Sellos 1, 2, 3 y 4   Gran   6°   Trompetas
                            Trib.   Sello

Los   dos   testigos
profetizan   por   1260
días (3 1/2 años)

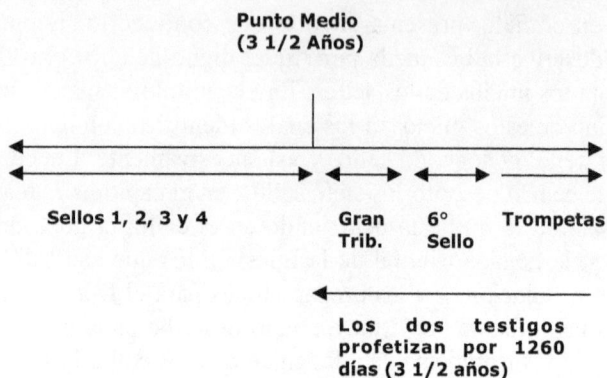

Ahora bien, en Apocalipsis 10:11, se le dice a Juan: "Es necesario que profetices otra vez sobre muchos pueblos, naciones, lenguas y reyes". Esta es la primera clave de que Juan nos está dando detalles adicionales. Luego, Juan escucha la voz le habla acerca de los dos testigos que profetizarán afuera del templo durante 1260 días (Ap. 11:3). Este período, 1260 días, es equivalente a tres años y medio. Esto sitúa el comienzo del ministerio de estos dos testigos antes o al comienzo de la mitad de Semana Septuagésima. Así sabemos que la descripción que Juan nos está dando cubre el período de los sellos y las trompetas que él ya ha descrito.

Otra instancia en la que Juan interrumpe el orden consecutivo de su narración ocurre cuando describe la señal de la mujer que da a luz un hijo varón "que regirá con vara de hierro a todas las naciones", en el capítulo 12. Este hijo varón es "arrebatado para Dios y para su trono" (v. 5). El lenguaje a lo largo de este pasaje es altamente simbólico. Claramente, el hijo varón es Jesucristo, y el arrebatamiento "para Dios y para su trono" es Su Ascensión (año 33). También está la Babilonia mística; la mujer vestida de púrpura y escarlata que esta sentada sobre la bestia y que a sido objeto de gran especulación a través de los años. Una vez que nos son dados estos detalles adicionales, que nos proporcionan más claves acerca del tiempo, propósito y naturaleza de la Semana Septuagésima, Juan retoma el hilo de su relato.

En el capítulo 15, Juan introduce el retorno a la secuencia cronológica de los eventos dándonos una descripción de los juicios de las copas. En el capítulo 16 se describen estos juicios terribles. A continuación (capítulos 17 y 18) se nos da una rica y vívida descripción del fin de la gran ciudad de Babilonia y del regocijo en el cielo por el triunfo majestuoso de Dios sobre sus enemigos. Luego, en el capítulo 19, vemos la manifestación de Jesús sobre Su caballo blanco para ejecutar el último juicio temporal de el Día del Señor, la batalla de Armagedón.

Cuando el Apocalipsis es visto en esta forma, como una mezcla de señales, visiones y metáforas, en conjunción con un relato de eventos cronológicos, todos los elementos encajan perfectamente. Como en cualquier historia, algunas partes son consecutivas; otras no lo son. Pero las disgresiones son claras e importantes dentro del cuadro general. Es como alguien que se detiene en medio de la descripción del nonagésimo cumpleaños de la tía María que se realiza en living de la casa, para decir: "Y mientras tanto, en la cocina…" O como quien dice: "Antes de hablar de él, recordemos cómo fue su vida…"

Tal como ocurre con una narración común y corriente, la Biblia también aclara cuando está haciendo uso de figuras. Por ejemplo, después de describir la séptima trompeta, cuando Juan menciona la señal de una mujer vestida del sol, con la luna debajo de sus pies, y sobre su cabeza una corona de doce estrellas, la frase: "Apareció en el cielo una gran señal" (Ap. 12:1) marca inequívocamente el cambio desde un relato consecutivo hacia uno simbólico. Cuando Juan está listo para retomar el relato consecutivo y describir los juicios de las copas, esta transición es tan clara como la anterior: "Oí una gran voz que decía desde el templo a los siete ángeles: Id y derramad sobre la tierra las siete copas de la ira de Dios" (Ap. 16:1). La intención de la Escritura no es ser oscura.

Definiendo la estructura del Apocalipsis

¿Puede el uso de tales divergencias usarse como fundamento para argumentar que todos los eventos descritos en el Apocalipsis no son consecutivos? No; en lo absoluto. Como ya dijimos, estas divergencias son delineadas con claridad desde los juicios de los sellos, las trompetas y las copas. A través del Apocalipsis, el apóstol Juan usa varias técnicas para lograr su un propósito. Si desglosamos las partes que componen el libro, una clara estructura narrativa salta a la vista:

Bosquejo del Apocalipsis

I. Descripción del propósito general de la semana septuagésima
Introducción general
Advertencia a las siete iglesias

II. Descripción de la semana septuagésima
Introducción a los sellos
Descripción de los sellos
Introducción a las trompetas
Descripción de las trompetas
Conclusión de los sellos y las trompetas

III. Descripción de la ira de Dios
Introducción a las copas
Descripción de las copas

IV. Descripción del reino de Cristo
Descripción del descenso de Cristo a la tierra
Descripción del reino milenial de Cristo
Descripción de la derrota final del Anticristo a manos de Cristo
Descripción de la creación del cielo nuevo y la tierra nueva

También puede resultar útil un análisis visual de la estructura:

La Estructura del Apocalipsis

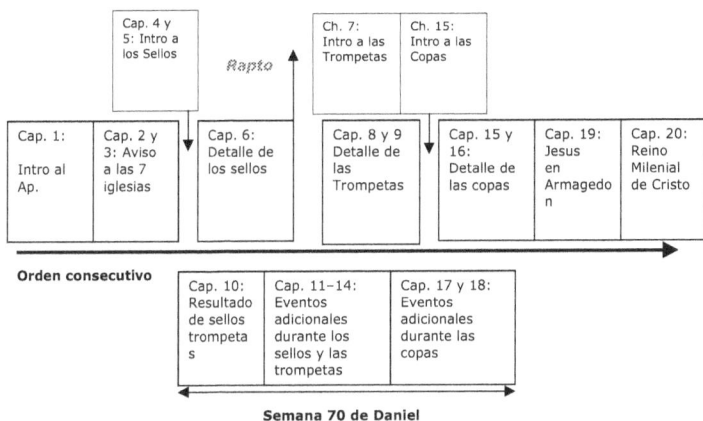

Cap. 4 y 5: Intro a los Sellos	*Rapto*	Ch. 7: Intro a las Trompetas	Ch. 15: Intro a las Copas

Cap. 1: Intro al Ap.	Cap. 2 y 3: Aviso a las 7 iglesias	Cap. 6: Detalle de los sellos	Cap. 8 y 9 Detalle de las Trompetas	Cap. 15 y 16: Detalle de las copas	Cap. 19: Jesus en Armagedon	Cap. 20: Reino Milenial de Cristo

Orden consecutivo

Cap. 10: Resultado de sellos trompetas	Cap. 11–14: Eventos adicionales durante los sellos y las trompetas	Cap. 17 y 18: Eventos adicionales durante las copas

Semana 70 de Daniel

Otras claves textuales

Hay varias claves en el texto que confirman esta estructura. Ya le hemos echado un vistazo a algunas de ellas. Una de estas es el uso repetido que Juan hace de la frase "después de esto"; una frase que merece un análisis adicional.

Esta frase se usa primero en la introducción a los juicios de las trompetas. La introducción dice: "Después de esto miré, y he aquí una gran multitud, la cual nadie podía contar, de todas las naciones y tribus y pueblos y lenguas, que estaban delante del trono y en la presencia del Cordero…" (Ap. 7:9). La frase "después de esto" nos dice que Juan ve a la multitud de pie en el cielo después de los eventos que la preceden —los juicios de los sellos, los cuales Juan ha descrito recién — han concluido.

Se usa una figura similar después de los juicios de las trompetas. Después de que se han tocado las siete trompetas, Juan registra: "Y él [el ángel con el libro pequeño] me dijo: Es necesario que profetices otra vez sobre muchos pueblos, naciones, lenguas y reyes". ¿Por qué debe Juan profetizar "otra vez"? La respuesta es que a Juan se le ordena *profetizar otra vez* acerca del mismo período que él ha registrado en los capítulos 6 al 9: los sellos y las trompetas. De tal forma, además de todas las otras claves que nos indican que los juicios

251

del Apocalipsis son consecutivos, Juan nos ha dicho recién que el orden profético delineado es: los sellos, y luego las trompetas.

Uso de Indicadores Textuales que Confirman el Orden Consecutivo

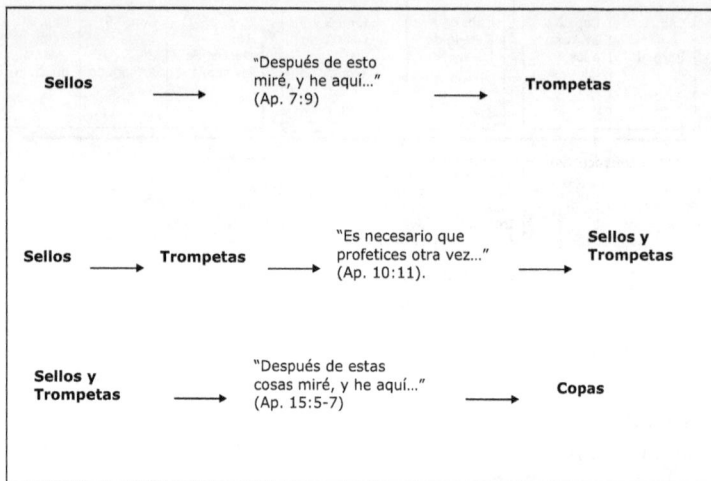

Sellos → "Después de esto miré, y he aquí..." (Ap. 7:9) → Trompetas

Sellos → Trompetas → "Es necesario que profetices otra vez..." (Ap. 10:11). → Sellos y Trompetas

Sellos y Trompetas → "Después de estas cosas miré, y he aquí..." (Ap. 15:5-7) → Copas

Cerrando el círculo de las claves textuales, Juan nos dice que las copas vienen a continuación. Sabemos esto porque, después de describir los juicios de los sellos y las trompetas y todos los antecedentes que se relacionan con ellos, el vidente dice: "Después de estas cosas miré, y he aquí fue abierto en el cielo el templo del tabernáculo del testimonio; y del templo salieron los siete ángeles que tenían las siete plagas... Y uno de los cuatro seres vivientes dio a los siete ángeles siete copas de oro, llenas de la ira de Dios..." (Ap.15:5-7).

El siguiente esquema puede ayudar a entender la relación entre estos versículos.

La Biblia nos da una regla bastante básica para entender su estructura — hay que tomarla literal y consecutivamente a menos que haya *suficiente evidencia textual o contextual* para hacerlo de otra forma. Esto es exactamente lo que vemos en el Apocalipsis: suficiente evidencia que nos indica cuándo el texto debe leerse consecutivamente y cuándo leerlo como detalle adicional o una metáfora. Lo que el texto no nos da es permiso para especular.

¿Son los sellos una descripción general?

Uno de los argumentos más utilizados para negar la naturaleza consecutiva del Apocalipsis es la que sostiene que los sellos son una descripción general o una versión condensada de la Semana Septuagésima; algo así como leer los apuntes de un libro de García Marquez antes de leer el libro en sí. Según este razonamiento, la Semana Septuagésima comienza con el primer sello y termina después del sexto, el cual es abierto justo antes de Armagedón. Las trompetas y las copas cubren el mismo período, comenzando junto con el inicio de la Semana 70 y terminando con Armagedón.

Interpretación de la Descripción General del Apocalipsis

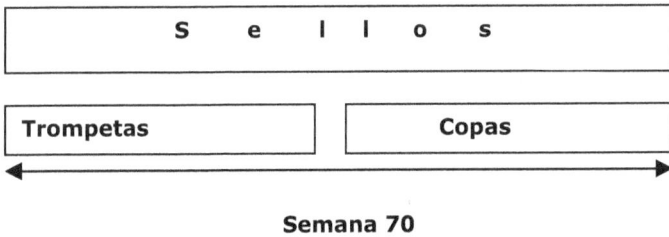

S e l l o s

Trompetas	Copas

Semana 70

Este es un ingenioso argumento que le permite a los sellos coincidir con la descripción de los últimos tiempos que el Señor Jesús hace en Mateo 24, colocando de paso el retorno físico del Señor en Armagedón, y no después de la mitad de la Semana Septuagésima. Debido a que (según esta posición) las trompetas y las copas cubren el mismo periodo, sólo que con más detal1980les descriptivos, las grandes conmociones cósmicas del sexto sello son las mismas de la séptima copa, donde el mundo es totalmente destruido.[130]

---

[130] Uno de los argumentos para la interpretación de la descripción general se basa en el concepto de entender el rollo como habría sido entendido en la antigua cultura judaica. El rollo a menudo se usaba para registrar la última voluntad o testamento, y podía abrirse sólo por el juez oficial. Los sellos de

253

Pero hay varias razones por las que está interpretación no funciona.

Primero, no hay suficientes razones textuales o contextuales para leer el relato de esta forma. Es un extraño pergeño, que de ninguna manera surge en forma natural de la lectura del texto. Es una construcción necesaria para sostener el resultado anhelado; esto debiera bastar para considerar con suspicacia tal posición.

Segundo, requiere que los sellos sean parte de la ira de Dios. Y la Escritura establece, clara y repetidamente, que la ira de Dios esta asociada con el Día del Señor, el cual comienza después de la apertura del sexto sello (Joel 2:31). Esto crea un problema que no tiene solución; pues si el Día del Señor viene a continuación del sexto sello, el sexto sello no puede ser parte del Día del Señor.[131]

---

lacre o arcilla mantenían el rollo sellado hasta el tiempo apropiado. Siete son los sellos en el rollo abierto por el Señor; siete es el número que Dios utiliza para representar perfección —- en este caso representa el juicio perfecto de Dios. Según la teología pretribulacionista, el arrebatamiento debe ocurrir antes de la apertura del rollo porque el rompimiento de los sellos involucra al Señor activamente en los últimos tiempos. Semejante a una última voluntad o testamento, el propósito y la intención de la voluntad está al interior del rollo. Por lo tanto, la parte externa del rollo representa una descripción general de los detalles que se encuentran al interior. Es maravillosa la imaginería que este cuadro evoca: Jesús, nuestro Juez perfecto, abriendo Su última voluntad y testamento para la tierra. Sin embargo, como se ha discuto previamente, este modelo en realidad se ajusta a la postura pre-ira, no a la postura pretribulacional. La naturaleza de los rollos sellados es que todos los sellos externos deben romperse antes de que se toquen las trompetas, apoyando así el orden consecutivo. Esto es confirmado por el hecho de que las siete trompetas están dentro del séptimo sello, así que, una vez más, todos los sellos deben romperse antes de que se toquen las trompetas. Como si fuera poco, las siete copas están dentro de la séptima trompeta, así que todas las trompetas deben tocarse antes de que el contenido de las copas sea derramado. Esta figura, que las trompetas no se puedan tocar y el contenido de las copas no se pueda derramar hasta que los siete sellos sean rotos, es por demás apropiada; puesto que las trompetas y las copas representan el Día del Señor: los sellos deben romperse y el rollo debe abrirse antes que aquel Día pueda comenzar.

[131] Algunos eruditos tratan de resolver este problema creando dos "Días del Señor". Uno cubre toda la Semana Septuagésima y el otro se relaciona solamente con la manifestación del Señor Jesucristo en Armagedón.

Tercero, la interpretación de la descripción general fuerza a sus proponentes a igualar el pasaje que describe el arrebatamiento (Mt. 24:30-31) con la manifestación del Señor en Armagedón, creando muchas inconsistencias escriturales.

Cuarto y último, los juicios de los sellos simplemente no encajan en la definición de una descripción general. Una descripción general es un resumen: una versión condensada del original, donde se destaca lo más importante con pocas palabras. No se ven tales rasgos en los juicios de los sellos. Estos contienen descripciones bastante detalladas, tales como el oscurecimiento del sol y el enrojecimiento de la luna; eventos que no son mencionados ni en los juicios de las trompetas ni en los de las copas. De igual forma, en las trompetas y las copas se ven juicios únicos, tales como la quema de una tercera parte de la vegetación de la tierra y la conversión en sangre de una tercera parte de las aguas; esto no se menciona en los sellos. No tiene sentido que el Señor Jesús le ordene a Juan que escriba una descripción general de la Semana Septuagésima que omite las características claves de los eventos resumidos. Tampoco tiene sentido que el Señor le ordene a Juan escribir una descripción general que contiene acontecimientos únicos no mencionados en el evento descrito.

La interpretación de la descripción general requiere de aún más credulidad cuando se considera que esta posición demanda que el Señor le diera al supuesto resumen de los juicios un nombre totalmente diferente (los sellos) al de los eventos que pretenden describir (las trompetas y las copas). Por todo lo dicho: los sellos, las trompetas y las copas son juicios diferentes destinados a lograr diferentes propósitos.

Seis razones más

Hay seis razones adicionales por las que los sellos no pueden ser un resumen de los juicios de las trompetas y las copas.

1. Esto los haría parte de la ira de Dios. 1 de Corintios 15:22–24 nos dice que, durante el tiempo de Su ira, Jesús suprime todo dominio, toda autoridad y potencia. Sin embargo, según Apocalipsis 6:2, el Anticristo recibe

255

poder (una corona) y se le permite alzarse sobre toda autoridad; incluso recibe autoridad para perseguir a los elegidos de Dios (Ap. 13:7). Si se le permite al Anticristo alzarse sobre todo poder durante este tiempo, no puede ser el tiempo de la ira de Dios.

2. Si los sellos son una descripción general de las trompetas y las copas, significaría que son parte del Día del Señor. Pero, Isaías nos dice del Día del Señor que: "La altivez de los ojos del hombre será abatida, y la soberbia de los hombres será humillada; y Jehová solo será exaltado en aquel día" (Is. 2:11). Y el Señor Jesús nos dice que, a la mitad de la Semana Septuagésima, el Anticristo se exaltará a sí mismo en el templo, y se proclamará igual a Dios. Por lo tanto, si el Anticristo se exalta a sí mismo durante los sellos, los sellos no pueden ser parte del Día del Señor.

3. Hay un número de creyentes determinado por Dios para sufrir el martirio durante el quinto sello. Debido a que no estamos destinados para la ira de Dios, el quinto sello no puede ser parte de la ira de Dios puesto que Dios no dirigirá Su ira contra Su propio pueblo.

4. Apocalipsis 7:9 pone en claro que los juicios de las trompetas ocurren después de los sellos, no simultáneamente a ellos. "*Después de esto* miré, y he aquí una gran multitud, la cual nadie podía contar..." De igual forma, Apocalipsis 15:5–7 pone en claro que las copas ocurren después de los sellos y las trompetas: "Después de estas cosas miré, y he aquí fue abierto en el cielo el templo del tabernáculo del testimonio; y del templo salieron los siete ángeles que tenían las siete plagas..."

Significado del Uso de Sellos, Trompetas, y Copas Como Agentes de Juicio en el Apocalipsis		

Juicio	Significado Histórico	Significado en el Contexto de los Últimos Tiempos
Sello	Los documentos importantes eran guardados como pergaminos enrollados y sellados con lacre impreso con un timbre, o bula. Estos sellos no se podían romper (bajo pena de muerte) excepto por la persona autorizada.	En Ap. 5:2, pregona a gran voz: "¿Quién es digno de abrir el libro y desatar sus sellos?" Esto introduce a la Semana 70 y completa el plan perfecto de Dios para redimir la humanidad. Sólo el León de la Tribu de Judá, la Raíz de David, Jesús el Mesías, es digno. Sólo una vez que los sellos son abiertos el rollo puede abrirse, revelando los eventos del Día del Señor, o los juicios de las trompetas y las copas. Es Jesús mismo quien rompe los sellos.
Trompeta	En el antiguo Israel, las trompetas se usaban para llamar a la congregación a reunirse para la adoración o para la guerra.	Después del arrebatamiento de la iglesia, entre los sellos sexto y séptimo, el ángel toca la trompeta en Ap. 8 dando a entender que se le ha declarado la guerra a los enemigos de Dios. El Día del Señor ha comenzado. Desde este momento en adelante, los ángeles son los agentes por medio de los cuales ocurren los juicios. Los profetas del AT usaron el término "derramar" para referirse a la ira de Dios cayendo sobre la tierra. Por lo tanto, el uso de copas en Ap. 15 para describir el derramamiento de la ira de Dios sobre la tierra es apropiado.
Copa	Los tazones (copas) eran usados por los judíos para realizar los lavados ceremoniales. Después de lavarse, el contenido de los tazones, siendo inútil e impuro, era arrojado rápidamente al suelo.	

Cuando se toman todos estos factores en consideración, es evidente que los juicios de los sellos y los de las trompetas y los de las copas no pueden ocurrir simultáneamente, como lo sostiene la posición del la descripción general.

Gracias a Marvin Rosenthal por su exposición en: "13 Mensajes Sobre El Apocalipsis", en los que se basa este esquema.

5. La estructura del Apocalipsis, como lo dijimos anteriormente, pone en claro que los sellos y las trompetas

6. comprenden la porción de los juicios de Dios que no son parte de Su ira.

A lo largo de la Escritura, los sellos, las trompetas, y las copas tienen distintos significados simbólicos en la historia de Israel (ver esquema en la página). Los sellos indican la autenticidad de la revelación; las trompetas, la declaración de guerra; y las copas, juicio por fuego. Cuando los juicios del Apocalipsis se aceptan en el orden consecutivo en el cual aparecen, este simbolismo es de mucha ayuda y sirve para iluminar el significado de las escrituras. Si estos juicios coincidieran, este simbolismo no significaría nada, e incluso serviría sólo para confundir más el tema.

Cuando se toman todos estos factores en consideración, es evidente que los juicios de los sellos y los de las trompetas y los de las copas no pueden ocurrir simultáneamente, como lo sostiene la posición del la descripción general.

Comparación con las plagas de Egipto

Hay además un insoslayable paralelo con las plagas de Egipto mencionadas en Exodo 5 al 11 que nos proporciona aún más evidencia acerca la naturaleza consecutiva de estos juicios.

Aunque Dios a menudo actúa de forma única e imprevista, algunas veces se ciñe a patrones del pasado para reflejar la consistencia de su carácter. Utiliza modelos de sietes como figuras de perfección (los siete días de la creación, el ciclo de siete años de el año de descanso, las siete estrellas, los siete candeleros en Apocalipsis 1); utilizó el cordero Pascual y el sistema de sacrificios como vislumbres del sacrifico perfecto de Cristo en la cruz; y utilizó el estilo de vida en los días de Noé para ilustrar la liberación de Su pueblo al momento del arrebatamiento.

En este caso, hay cuatro características de las plagas de Egipto que tienen indudables paralelos con las trompetas y las copas. Estas características aparecen en el siguiente esquema:

Comparación de los juicios en Egipto con los juicios en el Apocalipsis

Los Juicios en Egipto	Los Juicios en el Apocalipsis
1. Los juicios son consecutivos.	1. Los juicios son consecutivos.
2. Los juicios son administrados por un Agente: Moisés.	2. Los juicioś son administrados por agentes: ángeles de Dios (las trompetas y las copas).
3. Los juicios son sobrenaturales.	3. Los juicios son sobrenaturales.
4. Los juicios crecen en intensidad con cada nueva plaga.	4. Los juicios crecen en intensidad con cada nueva plaga

Consideremos, además, los juicios que Dios ejecutó en Egipto:

* Aguas convirtiéndose en sangre.
* Ranas cubriendo la tierra.
* Egipcios plagados de piojos.
* Moscas insoportables.
* El ganado de los egipcios herido de muerte.
* úlceras que cubrieron a hombres y bestias.
* Granizo destructor de hombres, bestias y vegetación.
* Langostas cubriendo la tierra.
* Tinieblas sobre toda la tierra.
* Muerte de los primogénitos.

Muchos de estos juicios, tales como la conversión de las aguas en sangre, las úlceras, el granizo, las langostas, y las tinieblas se repetirán sobre el mundo entero y con mayor intensidad durante el Día del Señor. Muchos otros, aunque no son mencionados específicamente, es posible y hasta probable que se repitan también.

El lenguaje del Apocalipsis, la estructura, las claves textuales, y los paralelos a otras áreas de la Escritura arguyen poderosamente a favor del orden consecutivo de los sellos, las trompetas y los juicios de las copas. Sugerir que los sellos, las trompetas y las copas no son consecutivos crea más problemas y contradicciones bíblicas de las que podemos analizar aquí.

Estos argumentos no agotan la lógica de aceptar los juicios del Apocalipsis en forma consecutiva. Es de esperar, sin embargo, que sean lo suficientemente convincentes como para que el lector le permita a Juan hacer lo que le fue ordenado: dar testimonio de las cosas que ha visto y dejar que las escrituras hablen por sí mismas.

19

¿Crea Dios el Mal?

A veces calma la tormenta /Con un susurro: "Calla, enmudece"./ Puede calmar cualquier mar, lo cual no significa que lo hará. / A veces nos sostiene cerca, mientras las olas y el viento rugen a nuestro alrededor. / A veces calma la tormenta. / A veces calma al niño...
—Scott Krippayne, "Imaginación Desenfrenada"[132]

Algunos creyentes rechazan la posición pre-ira solamente porque piensan que Dios no traería plagas sobre Su pueblo. Por lo tanto, no pueden aceptar que la Iglesia estará presente en la tierra durante los sellos del Apocalipsis. El juicio de Dios, dicen, afectará sólo al mundo incrédulo. Preguntan: "¿Cómo podría crear Dios un período de hambrunas, plagas y derramamiento de sangre que matará a millones de personas, incluso a Sus propios hijos? Ese no es un Dios amoroso". Concordamos con que es difícil de entender. Sin embargo, la Biblia es muy clara en cuanto a que Dios *sí* causa que tales cosas sucedan y que las causará de nuevo durante la Semana Septuagésima para que Su perfecta y justa voluntad sea hecha.

¿Cómo puede ser esto? Primero, debemos evitar calificar los actos de Dios desde un punto de vista humano. A través del Antiguo Testamento, Dios frecuentemente usó hambrunas, cautividad y enfermedades para disciplinar a Su pueblo y hacerlos abandonar la idolatría. La palabra hebrea usada para estos eventos es *ra*, la que significa "mal: adversidad, aflicción,

---

[132] Scott Krippayne, "Imaginación Desenfrenada", Word Records; letra y música de Tony Wood y Kevin Stokes.

261

calamidad, angustia, gran desastre". En versiones en español del texto, *ra* es a menudo traducida de cualquiera de estas formas.

Repetidamente, Dios declara que Él es el autor del desastre y la calamidad para cumplir sus propósitos. Isaías 45:6-7 dice: "Yo Jehová, y ninguno más que yo, que formo la luz y creo las tinieblas, que hago la paz y creo la adversidad [*ra*]. Yo Jehová soy el que hago todo esto".

En muchos *ra* se utiliza en sentido ético. Por ejemplo, en Isaías 5:20: "¡Ay de los que a lo malo dicen bueno, y a lo bueno malo; que hacen de la luz tinieblas, y de las tinieblas luz; que ponen lo amargo por dulce, y lo dulce por amargo!" El vocablo se usa de nuevo en Isaías 13:11 para describir los propósitos de Dios para el gran Día del Señor: "Y castigaré al mundo por su maldad [*ra*], y a los impíos por su iniquidad; y haré que cese la arrogancia de los soberbios, y abatiré la altivez de los fuertes". Ya sea que *ra* se traduzca como desastre, calamidad o mal, después de 425 versículos (en la versión en inglés Rey Jaime), Dios deja bien en claro que *ra* es parte de Su plan divino.

Esto no es lo mismo que decir que *todos* los desastres y calamidades son creados por Dios. Algunos son maquinaciones de Satanás, porque la Biblia nos dice que Satanás "como león rugiente, anda alrededor buscando a quien devorar" (1 P. 5:8). Pero en ninguna parte la Biblia dice que todos los desastres y adversidades son creados por Satanás. De hecho, dice lo contrario (véase capítulo 15). La diferencia entre un mal creado por Dios y uno creado por Satanás es que Satanás lo usa para alejar a la gente de Dios. Dios, en cambio, lo usa para hacer que Su pueblo vuelva a Él.

Es importante, sin embargo, distinguir entre los sucesos que son físicamente o emocionalmente dolorosos y los que encierran corrupción moral, algo que el vocablo *ra* no distingue. Esta es la razón por la que versiones más modernas de la Biblia traducen *ra* como "desastre" o "calamidad" en vez de "mal".

Como en todos los casos de dificultad bíblica, el uso que Dios hace de *ra* debe siempre considerarse dentro de su propio contexto; es decir, como parte de un Dios perfecto, santo y justo, en el cual "no hay ningunas tinieblas" (1 Jn. 1:5). En las vidas de Sus hijos, todas las cosas creadas por Dios son buenas y perfectas, aun si son difíciles o dolorosas. Pablo aclara este punto cuando dice: "Y sabemos que a los que aman a Dios, todas las cosas les ayudan a bien, esto es, a los que conforme a su propósito son llamados" (Ro. 8:28).

Buenos usos del mal

Uno de los mejores ejemplos de un buen uso del mal (*ra*) se puede ver en el hijo de un amigo. El niño nació con una enfermedad incurable del sistema nervioso. Cuando quien escribe conoció al niño, este tenía 16 años. Su capacidad para hablar, la posición de sus manos y brazos, su cabeza y sus piernas estaban severamente afectadas por la enfermedad. Pero a pesar de su discapacidad, y de que los doctores no esperaban que viviera hasta la pubertad, él era un adolescente feliz y bien aceptado. Cuando el padre contó sobre la enfermedad de su hijo, quien escribe exclamó inmediatamente: "¡Qué cosa más terrible para un hombre de Dios!"

Luego el padre compartió algo más. En su familia (padres y hermanos), él era el único que tenía una relación personal con el Señor Jesús. Muchas veces había tratado de compartir el evangelio con ellos, pero sus corazones estaban endurecidos. Cuando su familia supo de la enfermedad de su hijo, se horrorizaron. Pero este sentimiento rápidamente se trocó por asombro cuando, en vez de quedar devastado y culpar a Dios por sus circunstancias, el joven padre y su esposa agradecieron a Dios por su hijo. La familia contempló cómo la joven pareja soportó con gracia y paciencia los viajes al hospital, el costo de los tratamientos médicos y los rituales de cuidado diario que necesitaba su hijo. Vieron como él y su esposa glorificaban a Dios cada día por la bendición que su hijo había traído a sus vidas. La familia estaba desconcertada. ¿Cómo podía esta pareja tener paz y gozo? ¿Cómo podían estar tan felices y contentos? Y, sin embargo, cuando los años pasaron, llegó a ser evidente que no estaban actuando. Eran una familia gozosa y amorosa, llena de la paz del Señor.

A través de esta experiencia, el joven padre pudo compartir con su familia el poder de Dios de una manera muy práctica; de una manera que las palabras nunca podrían haber logrado. Cuando compartió esta historia con quien escribe, él recalcó: "Mi hijo no está enojado con Dios por esta enfermedad. Él ama al Señor. Tiene maravillosos amigos cristianos y es una bendición para todos nosotros. Si esta enfermedad era necesaria para alcanzar los corazones de mi familia, entonces amén".

Este relato debiera humillarnos profundamente, y enseñarnos una importante lección acerca de las cosas de Dios. Si este humilde siervo de Dios y su esposa hubieran visto la enfermedad de su hijo como una maldición en vez de una bendición, el resultado habría sido bastante diferente.

El uso de la tragedia para el bien

El espíritu de lo que Dios estaba haciendo a través de esta familia se puede aplicar a muchos otros eventos de la Biblia, y a nuestras propias vidas. Dios frecuentemente utiliza la tragedia y la calamidad para cumplir Sus buenos y perfectos propósitos. Uno de estas oportunidades se dio durante la rebelión de los israelitas en el desierto.

En Números 21, Moisés registró el peregrinar de los israelitas en el desierto. Habían pasado años desde que Dios los había liberado de la esclavitud en Egipto, pero Él continuaba efectuando milagros mientras los dirigía hacia la tierra prometida. Los israelitas, sin embargo, se sentían frustrados. Cada mañana, Dios les proveía el maná para que se alimentasen, pero ellos no le agradecían por esta provisión milagrosa. En vez de eso, se quejaban contra Dios y contra Moisés, diciendo: "¿Por qué nos hiciste subir de Egipto para que muramos en este desierto? Pues no hay pan ni agua, y nuestra alma tiene fastidio de este pan tan liviano" (Nm. 21:5).

¡Qué paciente es Dios! Cuando los israelitas se quejaron primero en Egipto, Él les envío un libertador. Después de que Moisés guió a los israelitas fuera de Egipto, estos se quejaron porque el ejército egipcio los perseguía, así que Dios separó el Mar Rojo. Luego, cuando se quejaron porque sólo tenían para beber agua amarga, Dios les endulzó el agua. Cuando se quejaron porque no tenían agua, Dios hizo brotar agua de una roca. ¿Y cómo le agradeció Israel? Durante los 40 días en los que Dios le dio a Moisés la Ley, ellos se hicieron un becerro de oro y lo adoraron.

Ahora, el pueblo de Dios se estaba quejando de nuevo. Finalmente, Dios tuvo suficiente. Su paciencia y misericordia se trocó por disciplina:

> Y Jehová envió entre el pueblo serpientes ardientes, que mordían al pueblo; y murió mucho pueblo de Israel. Entonces el pueblo vino a Moisés y dijo: Hemos pecado por haber hablado contra Jehová, y contra ti; ruega a Jehová que quite de nosotros estas serpientes. Y Moisés oró por el pueblo. Y Jehová dijo a Moisés: Hazte una serpiente ardiente, y ponla sobre una asta; y cuando alguna serpiente mordía a alguno, miraba a la serpiente de bronce, y vivía (Nm. 21:6–8).

A muchos se les ha enseñado que cualquier cosa desagradable o dolorosa puede ser *permitida* por Dios, pero que su verdadero origen es Satanás. Este pasaje deja en claro que este no es siempre el caso. Aun la petición del pueblo: "Ruega a Jehová que quite de nosotros estas serpientes" nos dice que los israelitas reconocieron que la plaga provenía de parte de Dios. Dios es nuestro Padre, pero Su propósito no es hacer nuestras vidas más cómodas y llevaderas, sino enseñarnos, hacernos crecer y prepararnos para la eternidad. Algunas veces esto incluye bendiciones, pero a menudo requiere castigo.

El castigo personal es algo que se puede entender, puesto que cada pecado individual demanda un castigo personal. Pero lo que encontramos más difícil de entender es el castigo *colectivo*, cuando Dios castiga a una nación entera de una vez, juzgando (o probando) al inocente junto con el culpable. Este es el caso de los ejemplos dados aquí y, en el futuro, durante la Semana Septuagésima.

Es importante recordar que los propósitos de Dios son buenos, aun si no los podemos entender de inmediato. Esto último suele suceder porque nuestra perspectiva es limitada y terrenal, mientras que Su perspectiva es eterna. La vida es un campo de pruebas, un período de preparación para las bendiciones eternas que Dios tiene para nosotros.

Debemos recordar también que el juicio de Dios siempre es justo y que es Su voluntad que todos los hombres se salven y vengan al arrepentimiento (1 P. 3:9). Si las acciones disciplinarias de Dios conducen a la muerte, aquellos que son salvos resultarán bendecidos con una partida rápida al cielo — no más sufrimiento y no más pesar. Si, en cambio, la persona está perdida eternamente, podemos estar seguros de que ningún número adicional de oportunidades le habría traído a la salvación. Por lo tanto, si Dios puede usar la muerte de alguien que se ha descarriado para traerlo en el último instante al arrepentimiento, o aun sólo para engrandecer Su nombre, Él ha transformado la tragedia en algo bueno.

El llamado de Dios a la obediencia

Es desde esta perspectiva que el castigo de Dios es fácil de comprender. Especialmente cuando consideramos que los israelitas habían sido advertidos reiteradamente en cuanto a que Dios los visitaría con juicio a causa de su rebelión e idolatría. Esta es la razón de que, in Números 21, nadie preguntó por qué Dios les había enviado serpientes ardientes. Previamente, Dios le había dado al pueblo esta advertencia:

> Si anduviereis en mis decretos y guardareis mis mandamientos, y los pusiereis por obra, yo daré vuestra lluvia en su tiempo, y la tierra rendirá sus productos, y el árbol del campo dará su fruto… Pero si no me oyereis, ni hiciereis todos estos mis mandamientos, y si desdeñareis mis decretos, y vuestra alma menospreciare mis estatutos, no ejecutando todos mis mandamientos, e invalidando mi pacto, yo también haré con vosotros esto: enviaré sobre vosotros terror, extenuación y calentura, que consuman los ojos y atormenten el alma; y sembraréis en vano vuestra semilla, porque vuestros enemigos la comerán. Pondré mi rostro contra vosotros, y seréis heridos delante de vuestros enemigos; y los que os aborrecen se enseñorearán de vosotros, y huiréis sin que haya quien os persiga. Y si aun con estas cosas no me oyereis, yo volveré a castigaros siete veces más por vuestros pecados. Y quebrantaré la soberbia de vuestro orgullo, y haré vuestro cielo como hierro, y vuestra tierra como bronce. Vuestra fuerza se consumirá en vano,

porque vuestra tierra no dará su producto, y los árboles de la tierra no darán su fruto (Lv. 26:3–4,14–20)

Es Dios mismo quien traerá estos juicios. Culpar a Satanás está de más. "Yo Jehová soy el que hago todo esto".

El castigo de Dios en jueces

En Jueces, vemos el reiterado uso de la guerra de parte de Dios para castigar y probar a Su pueblo. Este libro narra los devaneos de los israelitas después de que se asentaron en Canaán. Dios les había dado instrucciones específicas en cuanto a que debían destruir a todas las naciones paganas que habitaban la tierra. Los israelitas no debían hacer pactos con ellas, ni debían mezclarse con ellas por medio de matrimonios. La destrucción de todas las naciones paganas era el juicio con que Dios las castigaba por su rebelión, y debía servir también para proteger a los israelitas de caer en la idolatría su influencia idolátrica, un pecado al que estaban particularmente inclinados.

Sin mucho ánimo, los israelitas hicieron algunos intentos por obedecer, pero los deseos de sus corazones insinceros los llevaron a caer en exactamente lo que Dios quería que evitaran. Antes de que la conquista de Canaán pudiera ser completada…

los hijos de Israel hicieron lo malo ante los ojos de Jehová, y sirvieron a los baales. Dejaron a Jehová el Dios de sus padres, que los había sacado de la tierra de Egipto, y se fueron tras otros dioses, los dioses de los pueblos que estaban en sus alrededores, a los cuales adoraron; y provocaron a ira a Jehová. Y dejaron a Jehová, y adoraron a Baal y a Astarot. Y se encendió contra Israel el furor de Jehová, el cual los entregó en manos de robadores que los despojaron, y los vendió en manos de sus enemigos de alrededor; y no pudieron ya hacer frente a sus enemigos. Por dondequiera que salían, la mano de Jehová estaba contra ellos para mal, como Jehová había dicho, y como Jehová se lo había jurado; y tuvieron gran aflicción (Jue. 2:11–15).

La frase "para mal" utilizada aquí proviene de la misma palabra usada en Isaías 45:7 (adversidad), ra. Una paráfrasis acertada de este pasaje sería: "Por dondequiera que salían, la mano del Señor estaba contra ellos para crearles adversidad". Este no es Satanás trayendo calamidad gracias a la voluntad permisiva de Dios. Es Dios mismo ejecutando Sus juicios para que Su perfecta voluntad sea hecha. Nuevamente, Dios está usando algo que humanamente hablando es malo para cumplir Su propósito – el cual es siempre perfecto y bueno.

El resultado está registrado a lo largo de todo el libro de Jueces. En Jueces 3, Dios comenzó un largo período en el cual usó a las naciones paganas para juzgar a Su pueblo: "Hicieron, pues, los hijos de Israel lo malo ante los ojos de Jehová, y olvidaron a Jehová su Dios, y sirvieron a los baales y a las imágenes de Asera. Y la ira de Jehová se encendió contra Israel, y los vendió en manos de Cusan-risataim rey de Mesopotamia" (Jue. 3:7–8). Luego, después de que Dios levantó a Otoniel para que los liberara, los israelitas volvieron a sus antiguas sendas. "Y Jehová fortaleció a Eglón rey de Moab contra Israel, por cuanto habían hecho lo malo ante los ojos de Jehová" (Jue. 3:12). Después de que Dios usó a Aod para liberar a Israel de Eglón, los israelitas fueron fieles durante 80 años. Pero tan pronto como Aod murió: "los hijos de Israel volvieron a hacer lo malo ante los ojos de Jehová. Y Jehová los vendió en mano de Jabín rey de Canaán" (Jue. 4:1–2). Después Dios usó a los Madianitas para disciplinar a los israelitas (Jue. 6). Y así continuó la historia por varios cientos de años.

Algunos protestarán diciendo: "Eso era en el Antiguo Testamento. Nosotros estamos bajo el Nuevo Pacto. Dios ya no hace eso". Pero el carácter de Dios es inmutable (He. 13:8). El Nuevo Pacto no tiene nada que ver con el carácter de Dios, sino con la era de la gracia, en la que la salvación nos es ofrecida gracias a la sangre expiatoria del Señor Jesucristo, la cual reemplazó para siempre el antiguo sistema de sacrificios y la era de la ley. Considérese el juicio de Dios sobre Ananías y su esposa por mentir al Espíritu Santo en Hechos 5. El castigo fue la muerte.

Aun así, hay quienes protestan ante la sugerencia de que Dios pueda castigar al inocente junto con el culpable. "¡Eso no es justo!", dicen. Sería bueno que recordaran que todos vivimos sólo por la gracia de Dios, porque la Biblia dice: "No hay justo [inocente], ni aun uno" (Ro. 3:10) y "la paga del pecado es muerte" (Ro. 6:23). Dios es amor, pero también es justo y santo. No importa cuán bueno pensemos que somos, todavía somos pecadores e imperfectos. Cómo y cuándo decide Dios juzgar a Su pueblo es Su prerrogativa y tiene que ver con Su plan perfecto. Los seres humanos no podemos leer los corazones de los otros, ni siquiera podemos leer los nuestros (Jer. 17:9). Tampoco podemos predecir el futuro ni decir cómo todas las cosas encajarán en el plan de Dios. Dios sí puede.

Castigo colectivo en el Apocalipsis

Esto nos proporciona la base para entender el juicio de Dios en el Apocalipsis. En la primera mitad de la Semana Septuagésima, Dios traerá sequías, hambrunas, guerras, terremotos, fuego y azufre, y otras calamidades sobre el mundo. Esto puede parecer severo, pero el riesgo es mucho — el mundo está llegando a su fin. Las personas ya no tendrán 20, 30, o 60 años para ponerse a cuentas con Dios. En Su sabiduría perfecta, Dios usará los medios más drásticos para conseguir la atención del mundo.

Dios nunca derramará Su ira sobre Su pueblo. A Su pueblo Él le ha prometido: "Porque no nos ha puesto Dios para ira, sino para alcanzar salvación por medio de nuestro Señor Jesucristo" (1 Ts. 5:9). Sin embargo, Dios refinará (Fil. 1:6) a Su pueblo hasta el mismo comienzo del Día del Señor, el cual comienza tras la apertura del sexto sello.

Para los creyentes, el período de juicio que ocurrirá durante los sellos puede compararse a la preparación intensiva de un estudiante para la prueba final. Muchos se alejan de la mano de alfarero con que Dios pretende moldearlos y esculpirlos, diciendo: "Tengo el resto de mi vida para eso. Me someteré a Su disciplina cuando sea mayor". Pero una vez que el Anticristo confirme el pacto de siete años con Israel, el mundo que conocemos durará sólo por siete cortos años. Los cristianos que creen que el arrebatamiento será antes de la Gran Tribulación, tendrán mucho menos tiempo. Dios quiere que tengamos las mayores bendiciones celestiales, y estas Él sólo las otorga a quienes han sido probados y aprobados. Al hacernos pasar por el fuego Él no nos está poniendo bajo un juicio reservado para el mundo incrédulo; les está dando la oportunidad a los estudiantes rezagados para ponerse al día, y a los buenos estudiantes, para que sean excelentes. Dios nos está dando a todos Sus hijos la oportunidad de hacer tesoros en el cielo, donde ni la polilla ni el orín corrompen. ¡Cuánto nos ama! Algunos creyentes todavía protestan: "Pero yo vivo una vida santa. No necesito pasar por el fuego para probarlo". De nuevo, este pensamiento pone de manifiesto la limitación de nuestra perspectiva humana. No importa cómo nos veamos a nosotros mismos, nuestra justicia es como trapos de inmundicia para Dios (Is. 64:6). Además, son demasiados los creyentes que han pasado todas sus vidas arrellanados en sus cómodos bienes materiales, protegidos del mundo por la iglesia, y siendo espiritualmente tan cautos que nunca se han atrevido a dejar sus zonas de comodidad para ver qué puede hacer Dios de verdad con sus vidas. Cuando sus obras pasen por el fuego en aquel día del tribunal de Cristo, ¿saldrán relucientes como piedras preciosas, o el fuego las consumirá como al heno y a la hojarasca? (1 Co. 3:12–15).

Esto fue lo que les pasó a los israelitas en el tiempo de Josué. A pesar de que eran infieles, Dios echó a los cananeos de delante de ellos durante los primeros años. Y, los israelitas, como estaban obteniendo victorias militares a diestra y siniestra, creyeron que las promesas que Dios les había dado a sus ancestros se cumplirían sin importar cómo eran ellos. Pero Dios expuso lo que había realmente en sus corazones. Él dijo: "Tampoco yo volveré más a arrojar de delante de ellos a ninguna de las naciones que dejó Josué cuando murió; para probar con ellas a Israel, si procurarían o no seguir el camino de Jehová, andando en él, como lo siguieron sus padres" (Jue. 2:21-22).

Así también será con los seis primeros sellos del Apocalipsis. Este será un tiempo de prueba sin paralelo para el Cuerpo de Cristo. Es fácil poner por obra los mandamientos de Dios cuando todo va bien y hay prosperidad. Es fácil confesar tener fe en el Señor Jesús cuando la vida de uno no está en juego. Pero es durante los tiempos difíciles y cuando hay persecución que el corazón es probado. En medio de la devastación, ¿se mantendrá firme el pueblo de Dios en su fe en Él? Cuando tengamos poco para nosotros, ¿lo compartiremos con los que no tienen nada? Bajo la persecución, ¿nos arriesgaremos a sufrir el martirio para compartir el evangelio sin capitular con el Anticristo, o preferiremos correr y escondernos? No es de sorprender que Apocalipsis 3:10 llame a los seis sellos "la hora de la *prueba*", o "la hora del *juicio*" o "la hora de la *tentación*" (RV-1909).[133]

Muchos se equivocan al creer que los seis primeros sellos se dirigen sobre el mundo. No es así. El juicio de Dios sobre los no salvos no comienza con los juicios de los sellos, sino después, con los juicios del Día del Señor. Los juicios de los sellos están destinados para el pueblo de Dios. Léanse de nuevo las cartas a las siete iglesias y las órdenes que el Señor Jesús les da a las cinco iglesias descarriadas: la iglesia sin amor, la iglesia transigente, la iglesia corrupta, la iglesia muerta, y la iglesia tibia. "Arrepiéntete", les dice el Señor a cada una de ellas. "El que venciere, no sufrirá daño de la segunda muerte". Él quiere darnos una última oportunidad para hacerlo bien, para obtener una nota excelente en la prueba final.

---

[133] Muchos han tratado de reinterpretar las palabras del Señor en el Padrenuestro: "Y no nos metas en tentación", diciendo que esto no significa lo que parece, puesto que no es Dios quien nos mete en tentación, sino Satanás. Sin embargo, Dios tentó a los israelitas, y esto nos enseña que Él pone a Su pueblo en situaciones tentadoras. Pero la palabra traducida tentación, *peirasmós*, no implica una tentación para mal, sino para bien. (Cuando alguno es tentado, no diga que es tentado de parte de Dios... sino que cada uno es tentado, cuando de su propia concupiscencia es atraído y seducido — Stg. 1:14-16). También puede resultar interesante mencionar que la Iglesia de Inglaterra ha estado debatiendo la posibilidad de cambiar la parte del Padrenuestro que dice "Y no nos metas en tentación", por "Sálvanos de la hora del juicio". La *Nueva Biblia Americana*, dice "No nos sometas a la prueba final". La Iglesia Anglicana está debatiendo si usar o no el mismo lenguaje. La *Nueva Biblia Inglesa* tiene la siguiente nota sobre este versículo: "Las escrituras apocalípticas judías mencionan un período de severos juicios antes del fin de la era, algunas veces llamados 'Ayes mesiánicos'. Esta parte pide que los discípulos sean salvados de aquella prueba *final* [sic]".

20

¿Cuál es el Apuro?

Y de la manera que está establecido para los hombres
que mueran una sola vez, y después de esto el juicio.
—Hebreos 9:27

No conocemos ni el día ni la hora en que ocurrirá el arrebatamiento, pero la Biblia nos da una secuencia general de los eventos que nos permite saber cuándo, en la secuencia de esos eventos, tomará lugar. El regreso del Señor Jesús, y por lo tanto el arrebatamiento, ocurrirá *después* de la mitad de la Semana Septuagésima, *después* que se manifieste el Anticristo en el templo judío reconstruido, *después* de la persecución de los santos conocida como la Gran Tribulación, y *después* de los cataclismos cósmicos del sexto sello.

Las implicaciones de esto son importantes. Para los que no son creyentes o están sentados sobre el cerco cuando la Semana Septuagésima comience, este será un tiempo en que la Palabra de Dios será probada como nunca antes. En este especial tiempo de la historia de la humanidad, veremos –literalmente– cómo se desarrollan los eventos proféticos narrados en las Escrituras. Esta es la razón por la que la Iglesia actual —de los últimos tiempos— debiera ser una Iglesia predicadora que aprovechara mejor las oportunidades, sabiendo que nos queda poco tiempo.

El Señor Jesús reiteradamente comparó a los últimos tiempos con los días de Noé. Noé sabía que el tiempo se estaba acabando, que sus prójimos mundanos pronto perderían sus vidas bajo el juicio de Dios. Noé sabía, también, que había una sola puerta por la que los hombres podían pasar para ser salvos.

Noé no se guardó este conocimiento para sí mismo, sino que fue un "pregonero de justicia" que llamó al arrepentimiento a un mundo perdido y agónico. La certeza del inminente juicio de Dios de le dio a Noé la osadía que de otra forma le habría faltado y la voluntad de arriesgarlo todo con tal de ser obediente a la Palabra de Dios. Si Noé arriesgó todo por el evangelio porque sabía que el fin estaba cerca, ¿cuánta más carga debería sentir por las almas la Iglesia de los últimos tiempos?

Pero no es sólo a los incrédulos a quienes se les debe predicar la verdad. Muchos creyentes necesitarán aliento también. Demasiados, aun en las iglesias, están sin preparación alguna para entrar en la Semana Septuagésima. No están firmemente anclados en la Palabra de Dios, y confían en que un arrebatamiento pretribulacional los salvará. Cuando se encuentren repentinamente en medio de las angustias de las guerras, los desastres naturales, las hambrunas y la persecución religiosa desatada por el Anticristo, tropezarán, caerán y perecerán cuestionando la Palabra de Dios. Es responsabilidad de quienes conocen la Palabra de Dios, de quienes saben la verdad sobre la secuencia de los eventos de los últimos tiempos, alentarlos durante estos días peligrosos.

> Y también algunos de los sabios caerán para ser depurados y limpiados y emblanquecidos, hasta el tiempo determinado; porque aun para esto hay plazo (Dn. 11:35).

Serán tiempos peligrosos, y predicar la Palabra de Dios será peligroso también. Le podría costar a los creyentes sus hogares, sus trabajos, sus posesiones, incluso sus vidas. Aun así, mientras esperamos la trompeta de Dios, ¿seremos fieles? ¿Testificaremos en nuestros trabajos? ¿En la tienda de alimentos? ¿En las esquinas de las calles, con la Biblia en una mano y en la otra el periódico del día salpicado con los eventos que cumplen la profecía bíblica? Mientras contemplamos paso a paso la ascensión del Anticristo y contamos los días para que se presente en el templo judío para profanarlo, ¿de qué nos servirán nuestras posesiones materiales cuando sabemos con certeza que el Señor regresará dentro de pocos meses o años? Mientras más se acerca el tiempo, más valientes debiéramos ser.

Si no estamos anunciando el nombre del Señor Jesús a este mundo agónico, deberíamos ser honestos y preguntarnos por qué.

• ¿Nos apegamos a nuestras posesiones materiales?

Si es así, el Señor Jesús dice: "No os hagáis tesoros en la tierra, donde la polilla y el orín corrompen, y donde ladrones minan y hurtan; sino haceos tesoros en el cielo, donde ni la polilla ni el orín corrompen, y donde ladrones no minan ni hurtan. Porque donde esté vuestro tesoro, allí estará también vuestro corazón" (Mt. 6:19–21).

• ¿Nos apegamos a nuestras vidas?

Si es así, el Señor Jesús dice: "Y no temáis a los que matan el cuerpo, mas el alma no pueden matar; temed mas bien a aquel que puede destruir el alma y el cuerpo en el infierno.... El que halla su vida la perderá; y el que pierde su vida por causa de mí, la hallará" (Mt. 10:28,39).

• ¿Le tememos al rechazo?

Si es así, el Señor Jesús dice: "El discípulo no es más que su maestro, ni el siervo más que su señor.... Así que, no los temáis; porque nada hay encubierto, que no haya de ser manifestado; ni oculto, que no haya de saberse. Lo que os digo en tinieblas, decidlo en la luz; y lo que oís al oído, proclamadlo desde las azoteas" (Mt. 10:24, 26–28).

• ¿Tememos ser rehuidos por nuestros amigos y familiares?

Si es así, el Señor Jesús dice: "No penséis que he venido para traer paz a la tierra; no he venido para traer paz, sino espada. Porque he venido para poner en disensión al hombre contra su padre, a la hija contra su madre, y a la nuera contra su suegra; y los enemigos del hombre serán los de su propia casa. El que ama a padre o madre más que a mí, no es digno de mí;

el que ama a hijo o hija más que a mí, no es digno de mí" (Mt. 10:34–37).

• **¿Creemos que predicar no es nuestra responsabilidad?**

Si es así, el Señor Jesús dice: "Por tanto id, y haced discípulos a todas las naciones, bautizándolos en el nombre del Padre, y del Hijo, y del Espíritu Santo" (Mt. 28:19–20). Esta es una orden, no una sugerencia.

• **¿No creemos de verdad el evangelio que profesamos?**

¿Es posible que nos hayamos estado sentando en la iglesia año tras año sin aceptar *realmente* al Señor Jesús como nuestro Salvador? Si no lo sabemos a ciencia cierta, y no lo amamos como a nuestro propio Salvador, no es muy probable que arriesguemos nuestras vidas y seguridad personal para guiar a otros hacia Él. Si es así, no es demasiado tarde. Pablo dice: "Si confesares con tu boca que Jesús es el Señor, y creyeres en tu corazón que Dios le levantó de los muertos, serás salvo. Porque con el corazón se cree para justicia, pero con la boca se confiesa para salvación". (Ro. 10:9–10).

Según una encuesta de George Barna, dos tercios de los norteamericanos profesan ser religiosos y el 62% declara haber hecho un compromiso personal con Cristo, y sin embargo hay muchas vidas estériles sin ningún fruto espiritual. "Dios no puede ser burlado" (Gál. 6:7). El Señor Jesús fue enfático en cuanto a que profesar ser creyentes no es suficiente:

> Muchos me dirán en aquel día: Señor, Señor, ¿no profetizamos en tu nombre, y en tu nombre echamos fuera demonios, y en tu nombre hicimos muchos milagros? Y entonces les declararé: ¡Nunca os conocí; apartaos de mí, hacedores de maldad! (Mt. 7:22-23)

¿Cómo podemos saber si verdaderamente conocemos al Señor Jesús como nuestro Salvador personal? Él nos ha dado una prueba sencilla: "No todo el que me dice: Señor, Señor, entrará en el reino de los cielos, sino el que hace la voluntad de mi Padre que está en los cielos" (v. 21). El apóstol Juan (en 1 Jn.) nos da una variedad de evidencias del fruto que produce nuestra vida. El período de los sellos será también una oportunidad para hacer un inventario espiritual. Dios nos dará una última oportunidad para que nos aseguremos de que nuestros corazones son puros ante Él. ¡Sería una pena que la desaprovecháramos!

La profecía no es un cronómetro

Pero aunque los sellos confirmarán la autoridad y infalibilidad de la Palabra de Dios, la Biblia también enseña que el momento para dar el corazón al Señor Jesús es ahora, no después. "He aquí ahora el tiempo aceptable; he aquí ahora el día de salvación" (2 Co. 6:2). No debemos engañarnos pensando que podemos usar la profecía como un cronómetro que nos diga por cuánto tiempo podemos aun postergar la decisión.

Quien escribe recuerda la actitud de una amiga que se había sentido fuertemente convencida de pecado por el Señor. Ella decía: "Quiero darle mi corazón a Jesús, pero no ahora. Todavía hay unos pocos pecados que me gustaría cometer primero". Su pastor le advirtió seriamente: "Cuando el Señor llama, hay que obedecer. ¿Le dirás que 'no' al Dios Todopoderoso?" Ahora esa amiga es una santa para siempre agradecida de que sus pecados no cometidos aun no la hubieran separado del Salvador. El verdadero arrepentimiento es requisito para obtener la salvación, y el verdadero arrepentimiento no es algo que se pueda postergar.

Otro amigo también miraba el asunto poco seriamente, pero su fin ha sido harto diferente. Varios años atrás él era un cristiano profesante pero reincidente. Por un tiempo también se sintió fuertemente convencido de pecado por el Señor y hasta sintió Su amor atrayéndolo hacia Él. Pero a diferencia del primer caso, este amigo encontró que sus pecados actuales y los que esperaban para el futuro eran demasiados atractivos para renunciar a ellos; decidió esperar. "Me arrepentiré después", dijo. Mientras esperó, su corazón continuó endureciéndose. El Señor, en Su misericordia, continuó llamándolo, pero mientras más fuerte era la convicción de sus pecados, más fuerte el amigo luchaba contra ella. "Me arrepentiré después", decía. Pronto, su corazón estaba tan endurecido que ya no tenía ningún interés en Dios y ya no oyó más la voz del Espíritu Santo llamándolo. ¡Qué terrible situación!

La gran mentira

"Me arrepentiré después". Esta es una mentira de Satanás. La mentira es que *querremos* hacerlo después. La verdad es que mientras más lo posterguemos, menos probabilidades hay de que nos arrepintamos después. Es triste pero es verdad; podemos endurecer tanto nuestros corazones que aun si el Anticristo hiciera su aparición en el templo judío, ya no podríamos arrepentirnos, aunque quisiéramos hacerlo.

John Meyers rescata el conmovedor relato de un joven que había resistido e insultado al Espíritu Santo tantas veces que, en su lecho de muerte, miró al doctor a los ojos y confesó entre lágrimas: "¡La he perdido; finalmente, la he perdido!".

"¿Qué has perdido?", preguntó el doctor.

"¡La he perdido; finalmente, la he perdido!", repitió.

"¿Qué?"

"Doctor, he perdido la salvación de mi alma".

"O, no digas eso. ¿Recuerdas al ladrón en la cruz?"

"Sí, lo recuerdo. Y también recuerdo que él nunca le dijo al Espíritu Santo, '¡Vete, déjame!' Pero yo lo hice. Y ahora Él me está diciendo: 'Vete, déjame!'"

El joven suspiró y luego, con una mirada vacía y lejana, dijo: "Me desperté ansioso por mi alma hace tiempo. *Pero no quería ser salvo entonces*. Algo parecía decirme: 'No lo postergues. Asegura tu salvación'. Me dije: 'Lo haré después'. Sabía que no debía hacerlo. Pero resolví, sin embargo, dejarlo para después. *Resistí e insulté al Espíritu Santo*. Ahora, he perdido la salvación".

"Te acuerdas", le dijo el doctor, "que algunos vinieron a la hora undécima".

"Mi hora undécima", dijo el joven, "fue cuando el Espíritu me despertó aquella vez. No he tenido otra desde entonces — y no la tendré. He sido dado por perdido". Luego escondió su rostro en la almohada, y de nuevo exclamó en agonía y con horror: "¡O, la he perdido; finalmente, la he perdido!", y murió.

"He aquí ahora el tiempo aceptable; he aquí ahora el día de salvación" (2 Co. 6:2). "Si oyereis hoy su voz, no endurezcáis vuestros corazones" (He. 3:7-8).[134]

La Biblia es clara — no podemos elegir el día de nuestra salvación. Muchas personas piensan que ponerse a cuenta con Dios es algo que pueden hacer cuando les convenga. Esta es una de las paradojas de la Biblia. Por un lado, el Señor Jesús promete: "Al que a mí viene, no le echo fuera" (Jn. 6:37). Y sin embargo, también advierte solemnemente: "Ninguno puede venir a mí, si el Padre que me envió no le trajere" (Jn. 6:44). Dios es amoroso y lleno de misericordia, pero también es santo y justo. Puede llegar un tiempo en que, por la dureza de nuestro corazón, Él ya no pueda ser hallado (Sal. 32:6).

El pecado imperdonable

Cuando el Señor llama, hay que obedecer. El Señor Jesús les dijo a los discípulos que todos los pecados que cometieran los hombres podían ser perdonados, excepto uno: "Por tanto os digo: Todo pecado y blasfemia será perdonado a los hombres; mas la blasfemia contra el Espíritu Santo no les será perdonada" (Mt. 12:31). El Señor repite esta advertencia en Marcos 3:28–29: "De cierto os digo que todos los pecados serán perdonados a los hijos de los hombres, y las blasfemias cualesquiera que sean; pero cualquiera que blasfeme contra el Espíritu Santo, no tiene jamás perdón, sino que es reo de juicio eterno".

El Señor Jesús no se está refiriendo a un evento que ocurre "de una vez y para siempre", sino a un estilo de vida de continua dureza de corazón. Es el Espíritu Santo quien nos convence de pecado y nos llama a arrepentirnos ante Dios. La blasfemia contra el Espíritu Santo, o la resistencia a Su llamado, deja a una persona para siempre fuera de la gracia de Dios. No se puede elegir el momento de la salvación. No

---

[134] *Voces desde el Borde de la Eternidad*, compilado por John Meyers [*Voices from the Edge of Eternity*, Barbour Press, 1998, p. 52].

endurezcamos nuestros corazones contra el llamado de Dios. Por una sola vez Él ha puesto Su propia vida como rescate por nuestros pecados: "¿Cómo escaparemos nosotros, si descuidamos una salvación tan grande?" (He. 2:3).

Una de las cosas que tienen en común muchos testimonios en el lecho de muerte (como el mencionado arriba) es que las personas pueden ver con claridad al más allá. Algunos creyentes en verdad ven al Señor Jesús o a ángeles, envueltos en luz celestial, extendiéndoles sus manos. Algunos incrédulos ven llamas de fuego, la desesperación, y comprenden que han perdido la oportunidad de la redención.

Este es el patrón dejado por los días de Noé. Porque así como en los días de Noé, cuando Dios les dio a los perdidos la *certeza* de la veracidad de Su Palabra ya era demasiado tarde. De manera similar, nosotros no debemos esperar hasta ver que los juicios de los seis sellos comienzan a caer para someter nuestras vidas al Salvador. El Señor Jesús quiere que actuemos ahora, en fe. "Bienaventurados los que no vieron, y creyeron" (Jn. 20:29). Aquellos que endurecen sus corazones ahora, diciendo, "Le daré mi corazón al Señor Jesús cuando vea las señales" no pueden estar seguros de que podrán encontrar la salvación en el día que ellos han elegido.

Algunos pueden protestar y replicar: "Nunca sería tan ciego como para darme cuenta de lo que debo hacer cuando lo vea". Pero es probable que no haya oportunidad entonces. Pablo nos advierte diciéndonos que, a continuación del surgimiento del Anticristo, Dios mismo enviará un poder engañoso sobre aquellos que han sido rebeldes:

> Por esto Dios les envía un poder engañoso, para que crean la mentira, a fin de que sean condenados todos los que no creyeron a la verdad, sino que se complacieron en la injusticia (2 Ts. 2:11–12).

Quiero estar en Filadelfia

¿Qué pasa con los que ya son creyentes? Estas advertencias también son importantes para nosotros. El Señor Jesús fue muy claro en cuanto a que de las siete iglesias que habrá durante los seis sellos, sólo una — la iglesia de

Filadelfia, la iglesia ferviente en su amor — será guardada "de la hora de la prueba" (Ap. 3:10).

¿Por qué el Señor le promete sólo a la iglesia de Filadelfia que la guardará de la hora del juicio y no a las otras? "Yo conozco tus obras; he aquí, he puesto delante de ti una puerta abierta, la cual nadie puede cerrar; porque aunque tienes poca fuerza, has guardado mi palabra, y no has negado mi nombre…. Por cuanto [porque] has guardado la palabra de mi paciencia, yo también te guardaré de la hora de la prueba que ha de venir sobre el mundo entero, para probar a los que moran sobre la tierra" (Ap. 3:8, 10).

Cuando el arrebatamiento ocurra, todos los creyentes serán raptados, sin importar cómo hayan caminado con el Señor. Cuando la trompeta suene, ya todo dará lo mismo para los creyentes, ya sea que sus corazones hayan estado totalmente sometidos a Él o no. Según la teología pretribulacional, no habrá repercusiones. Pero la Biblia enseña que *habrá* repercusiones para los que hayan vivido vidas no santificadas y sin un corazón sumiso ante el Señor. La cristiandad en general *estará aquí* durante la primera parte de la Semana Septuagésima y será refinada por el fuego. Sólo la iglesia de Filadelfia será guardada de lo peor. Los creyentes que piensan que pueden "convertirse en el lecho de muerte" y formar parte de la iglesia de Filadelfia en el último momento se están engañando a sí mismos. La alabanza del Señor Jesús "[porque] has guardado la palabra de mi paciencia" no es algo a lo que los cristianos puedan hacerse merecedores en el último minuto. Es un galardón destinado para los que han servido fielmente.

Considérese la parábola de las vírgenes en Mateo 25. Algunas estaban preparadas, otras no. Todas tenían aceite, algunas poco, otras mucho. Algunas habían elegido ser previsoras y prepararse. Otras habían considerado que ya todo estaba resuelto. ¿Cómo estamos nosotros en nuestras propias vidas como cristianos? ¿Creemos que nos podemos subir en los hombros de nuestros amigos y familiares cristianos? ¿Pensamos que podemos "pedir prestada" nuestra salvación o confiar en la fidelidad de otros? ¿Confiamos en que nuestra membresía en la iglesia local nos salvará o santificará? Las virtudes eternas no son algo que podamos pedir prestado.

Inventario personal

Para los incrédulos, este será el tiempo más peligroso que les tocará vivir jamás. Tras la apertura del primer sello, el juicio comenzará. Para la cristiandad en general, será un tiempo de prueba y de difusión del evangelio que durará más de tres años y medio. Pero al tocarse la trompeta, todo se habrá acabado. Cristo tomará a aquellos que estén preparados. Otros no tendrán la oportunidad de decidir que quieren ser salvos cuando lo vean viniendo en las nubes, aunque podrían ser salvos después. En Mateo 24, el Señor Jesús usa palabras de inmediación, como "entonces" y "luego". Él viene —pronto— y para la mayor parte del mundo, Su venida será sorpresiva. La salvación no es algo que podamos obtener en el último segundo, después de que hemos sido pillados durmiendo.

¿En qué grupo estás tú?

Adam Clarke, un eminente erudito del siglo XIX, escribió: "Esta parábola, o algo muy semejante a ella, se encuentra en los registros judíos... Dice así: 'Nuestros sabios ... dicen: 'Arrepiéntete mientras tengas fuerza para hacerlo, mientras tu lámpara está encendida, y tu aceite no se ha extinguido; porque si tu lámpara se apaga, tu aceite no te servirá de nada'"... Luego cita el Midrash: "El santo y bendito Dios dijo a Israel: 'Mis hijos, arrepiéntanse mientras las puertas del arrepentimiento permanecen abiertas; porque recibo ofrendas ahora, pero cuando me siente para el juicio, en la era que viene, no recibiré ninguna'".[135]

Sí, concordamos con Clarke: "¡Qué terrible es tener que presentarse ante el Juez de los vivos y los muertos!"

Pero a aquellos que conocen al Señor Jesucristo como su Salvador, aquellos que son Sus siervos fieles, les aguarda un fin glorioso:

> Y oí una gran voz del cielo que decía: He aquí el tabernáculo de Dios con los hombres, y él morará con

---

[135] *Comentario Clarke* [N.Y.: Abingdon Press, p. 237].

ellos; y ellos serán su pueblo, y Dios mismo estará con ellos como su Dios. Enjugará Dios toda lágrima de los ojos de ellos; y ya no habrá muerte, ni habrá más llanto, ni clamor, ni dolor; porque las primeras cosas pasaron. Y el que estaba sentado en el trono dijo: He aquí, yo hago nuevas todas las cosas. Y me dijo: Escribe, porque estas palabras son fieles y verdaderas (Ap. 21:3–5).

21

Señales de los Tiempos: Profecías de los últimos tiempos cumplidas en esta generación

Cuando Jesús venga, no habrán segundas oportunidades. Lo conocerás como tu Salvador y estarás listo para irte con Él, o serás dejado atrás. Aquellos que sean dejados creerán en Él y sufrirán el martirio a manos del Anticristo, o enfrentarán la ira y el ardiente juicio de Dios.

Muchos saben que ponerse al día con Dios es importante, pero piensan que lo pueden posponer para poco antes de morir. Creen que es algo así como limpiar la casa poco antes de que lleguen los familiares: importante, pero no absolutamente necesario sino hasta el último minuto. Se refugian en esta forma de pensar creyendo que pueden elegir el momento en que tendrán que ponerse sus mejores prendas para el Todopoderoso. La Escritura advierte clara y repetidamente contra la torpeza de esta actitud. Por primera vez en la historia estamos viendo señales en el mundo que nos rodea que nos indican que podríamos no tener tanto tiempo como el que pensamos que teníamos.

En el Monte de los Olivos, los discípulos le preguntaron a Jesús: "¿Cuándo serán estas cosas, y qué señal habrá de tu venida, y del fin del siglo?" Jesús les respondió mencionado una serie de eventos que precederían Su retorno físico a la tierra. El dijo que estos eventos serán tan claros, tan evidentes, que cuando ocurran los creyentes alzarán sus ojos al cielo para verlo aparecer en las nubes repentinamente. Este no es un estilo de vida de esperar y anticipar, aunque esto es algo que los creyentes deberíamos hacer, sino el tipo de expectación literal que produce el oír los pasos de alguien que se espera en el pasillo, o el oír la llave entrar en la cerradura de la puerta (Lc. 21:28).

Los cristianos comenzaron a esperar a Jesús desde el día de Su ascensión, y con cada serie de cataclismos, desastres naturales, guerras y abominaciones morales, examinaron las escrituras proféticas preguntándose si el tiempo del fin había llegado. A través de la historia, el mundo ha experimentado "fiebres mileniales" que, en ocasiones, han alcanzado su grado más alto; pero el cielo ha permanecido impenetrable. La razón es que, a pesar de la terrible naturaleza de los eventos que el mundo ha experimentado – desde plagas devastadoras en Europa en la Edad Media hasta las catastróficas guerras mundiales del Siglo XX – estos no tuvieron el claro y evidente cumplimiento profético que Jesús describió.

En 1948, todo cambió. Casi dos mil años después que Jesús respondiera a los discípulos en el Monte de los Olivos, las Naciones Unidas reconoció formalmente a Israel como una nación. Este evento, mencionado por los profetas bíblicos como la señal más importante que debía cumplirse antes del retorno del Mesías, le puso los pelos de punta al mundo profético. En *El Comienzo del Fin*[1], John Hagee escribió acerca del momento en que, siendo aún un niño, él y su padre escucharon el anuncio por la radio. "Mi padre puso el libro que tenía en las manos sobre la mesa, y no dijo nada por un rato. Supe por la mirada en sus ojos que estaba profundamente conmovido. Luego me miró y dijo: 'Hemos escuchado el mensaje profético más importante que jamás será anunciado hasta que Jesucristo regrese a la tierra'".[136]

Hoy, ya no es necesario especular acerca de si estamos o no entrando a los últimos tiempos. Desde la restauración de Israel, el cumplimiento de la profecía ha sido tan literal, tan rápido, que huelga preguntarse si estamos o no entrando en una nueva fase de la historia humana. Como el escenario para el cumplimiento de la profecía de los últimos tiempos está listo, muchos creen que el retorno de Cristo podría ocurrir en nuestras vidas.

---

[136] *El Comienzo del Fin* [*Beginning of the End*, p. 92].

Veamos algunos pocos ejemplos:

La restauración de Israel

Hay muchas profecías acerca de los últimos tiempos, pero hay siempre un tema central en ellas: la nación de Israel. A partir de la destrucción del templo a manos de los romanos en el año 70 d. C., Dios disciplinó a los judíos por su rebelión esparciéndolos a través de todo el mundo. Pero las Escrituras también prometen que Israel sería reunida al tiempo del fin.[137] *"... al cabo de los años vendrás a la tierra salvada de la espada, recogida de muchos pueblos, a los montes de Israel, que siempre fueron una desolación"* (Ez. 38:8). Además, las Escrituras nos dicen que este evento ocurriría repentinamente, en un solo día: *"¿Concebirá la tierra en un día? ¿Nacerá una nación de una vez? Pues en cuanto Sión estuvo de parto, dio a luz sus hijos"* (Is. 66:8).

A partir de la destrucción del templo en el año 70 d. C., Israel pasó de una nación conquistadora a otra, durante 2.000 años. Después de la horrorosa matanza de 15 millones de judíos a manos de Hitler y Stalin, la idea de restablecer un estado judío parecía imposible, sino ridícula. Luego, contra todas las probabilidades, el movimiento sionista comenzó el proceso de dar a luz a Israel al comienzos del 1900. A continuación de la exitosa Guerra de Independencia, la nación fue reconocida formalmente por las Naciones Unidas el 15 de Mayo de 1948. De la noche a la mañana – en un solo día – Israel fue de nuevo una nación, tal como Isaías lo predijo.

Ahora, por primera vez desde el primer siglo, hay una nación de Israel literal con la que el Anticristo puede confirmar un pacto de siete años, iniciando la Semana Septuagésima (Dn. 9:27). Esta crucial profecía de los últimos tiempos se ha cumplido literalmente.

---

[137] En el capítulo, "Israel, Oh Israel", Hal Lindsey, en su clásico libro, *El Difunto Planeta Tierra* [*The Late Great Planet Earth*, Zondervan Publishing House, 1970] fundamenta de manera excelente acerca de la necesidad que la nación de Israel tenía de renacer antes del retorno del Señor Jesucristo. Aunque estoy en desacuerdo con muchas de las conclusiones teológicas de Lindsey, su capítulo acerca de la necesidad de la restauración de Israel es excelente.

El Control de Israel sobre Jerusalén

Setenta semanas están determinadas sobre tu pueblo y sobre tu santa ciudad.... (Dn. 9:24)

Los antiguos profetas bíblicos declararon que, para el retorno del Mesías, Israel no sería solamente un estado soberano, sino que los judíos tendrían el control sobre Jerusalén. Aunque a Israel se le dio el status de nación en 1948, no fue sino hasta la Guerra de Seis Días, en 1967, que la ciudad entera de Jerusalén fue reincorporada a la nación en pañales. Una vez más, el que Jerusalén volviera a estar bajo control Israelí es una profecía de los últimos tiempos que ha sido cumplido literalmente.

El regreso de los judíos a su tierra

Por lo tanto, he aquí que vienen días, dice Jehová, en que no dirán más: Vive Jehová que hizo subir a los hijos de Israel de la tierra de Egipto, sino: Vive Jehová que hizo subir y trajo la descendencia de la casa de Israel de tierra del norte, y de todas las tierras adonde yo los había echado; y habitarán en su tierra (Jer. 23:7–8).

La generación actual no solo ha presenciado el avivamiento del estado judío, sino que también ha visto el cumplimiento de otra profecía de los últimos tiempos – la emigración masiva de judíos a Israel desde todo el mundo, en especial desde Rusia (la "tierra del norte"). Jeremías declaró que, no solo los judíos regresarían a Israel, sino que este regreso sería tan dramático que causaría que el pueblo le prestará más atención a este evento que al éxodo desde Egipto. Hoy, en nuestra generación, el movimiento sionista ha dirigido a cientos de miles de judíos de todas las partes del mundo a emigrar a Israel, principalmente judíos de Rusia (la "tierra del norte"), quienes han huido de la persecución del régimen soviético. Y con la secularización de la moderna comunidad judía, pocos son los que aún creen que la Tora refleja su historia nacional. Así que verdaderamente es el segundo éxodo

286

—no el primero — el que es recordado, tal como lo predijeron los profetas.

La predicación del evangelio a todas las naciones

Y será predicado este evangelio del reino en todo el mundo, para testimonio a todas las naciones; y entonces vendrá el fin (Mt. 24:14).

Durante diecinueve siglos, esto fue visto como una metáfora. Con la movilización humana limitada a caminar, andar a caballo y navegar, evangelizar todas las naciones del mundo no era posible de efectuar literalmente. Aun en 1900, el evangelio debía ser predicado solo verbalmente, por cartas o por libros. Hoy —en nuestra generación — el evangelio ha sido llevado a cada esquina del globo gracias a la televisión satelital, la radio y la Internet. La Biblia ha sido traducida a más de 3.850 idiomas, representando aproximadamente el 98% de la población mundial. La radio cristiana puede ser escuchada en 360 idiomas, alcanzando el 78% de los auditores del mundo. Evangelistas llevan videos con el evangelio de Jesucristo a remotas villas en el idioma nativo de esas personas. Dividiendo el globo en lo que se llama "áreas de población de un millón de habitantes" (MPATs – siglas en inglés de '[one] million population area targets'), El Proyecto de la Película de Jesús esperaba exhibir el film a 5 billones de personas en 271 idiomas y 1.000 dialectos para el año 2000.[138] Para Noviembre del 2001, la organización había superado sus objetivos alcanzando a 4.6 billones de personas en 700 idiomas. Aun cuando todavía no ha sido alcanzado cada grupo étnico del mundo con el evangelio en su propio idioma, El Proyecto de la Película de Jesús asegura que ha alcanzado cada *nación*. Por primera vez en la historia, esta profecía esta en proceso de ser cumplida literalmente.

---

[138] Paul Eschelman, *Recién Vi A Jesús* [*I Just Saw Jesus,* publicado por The Jesús Film Project, 1999, p. 9].

Alcanzando a todas las naciones con la película Jesús

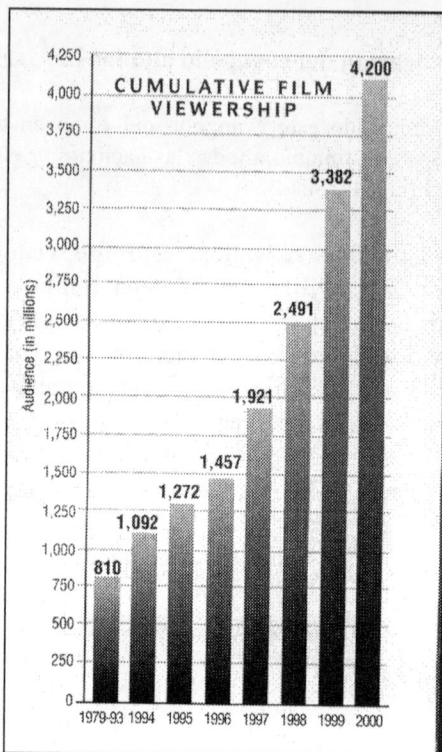

El número acumulativo de espectadores de la *Película Jesús* proporcionado por cortesía del Proyecto la Película Jesús y reproducido de su folleto promocional *Una Oportunidad para ver a Jesús*, p. 5.

La reconstrucción del templo judío

Y se levantarán de su parte tropas que profanarán el santuario y la fortaleza, y quitarán el continuo sacrificio, y pondrán la abominación desoladora (Dn. 11:31).

Y a causa de la prevaricación le fue entregado [al Anticristo] el ejército junto con el continuo sacrificio; y echó por tierra la verdad... y prosperó (Dn. 8:12).

Desde la destrucción del templo en el año 70 d. C., los judíos no han tenido dónde realizar su servicios ceremoniales. Sin embargo, la profecía de los últimos tiempos nos dice que reasumirá sus tradicionales sacrificios de animales antes de (o durante) el surgimiento del Anticristo, puesto que él hará cesar estos sacrificios a la mitad de la Semana Septuagésima. Para que esta profecía pueda cumplirse, Israel debe reconstruir el templo y reinstaurar el sistema levítico.

Hoy, bajo el liderazgo de organizaciones tales como La Fundación del Templo de Jerusalén y El Instituto del Templo, los planes para la reconstrucción del templo ya han comenzado. Un grupo llamado el Movimiento de los Fieles del Monte del Templo ha construido un detallado modelo a escala y está recibiendo donaciones para financiar la reconstrucción. Muchos de los artículos ceremoniales usados en el templo de Salomón han sido desenterrados en excavaciones arqueológicas y el resto está en proceso de ser reproducido, incluidos el pectoral del sumo sacerdote, la túnica y la diadema de oro; la vestimenta de los sacerdotes del templo, el candelero de oro, la fuente de bronce y las trompetas de plata fina.[139] Para la segunda edición de este libro, el Movimiento de los Fieles del Monte del Templo había anunciado el ungimiento de las dos piedras angulares de mármol y había designado a varios levitas para el servicio en el templo. Según su sitio en Internet (templemountfaithful.org), la invitación para asistir a la ceremonia de dedicación estaba abierta al público:

> Para la ceremonia de dedicación, a efectuarse el 4 de octubre del, 2001 [la Fiesta de los Tabernáculos], el arquitecto del Movimiento presentará los primeros planes para el Tercer Templo así como una gran maqueta. El altar de incienso y los utensilios para el Tercer Templo también serán traídos. Sacerdotes vestidos con el atuendo bíblico original dirigirán el evento; levitas tocarán instrumentos musicales frente a los peregrinos y asistentes.

---

[139] Grant Jeffrey, *Mesías: Guerra en el Medio Oriente y el Camino hacia Armagedón* [*Messiah: War in the Middle East and the Road to Armageddon* - Frontier Research Publications, Toronto, Ontario, 1994, pp. 214-233].

Veinte o treinta años atrás, la reconstrucción del templo habría sido impensable. Hoy, esta profecía de los últimos tiempos está en proceso de cumplirse literalmente.

Retorno a las leyes del sanedrín

> Por tanto, cuando veáis en el lugar santo la abominación desoladora de que habló el profeta Daniel ... entonces los que estén en Judea huyan a los montes. El que esté en la azotea, no descienda para tomar algo de su casa; y el que esté en el campo, no vuelva atrás para tomar su capa .... Orad, pues, para que vuestra huida no sea en invierno ni en día de reposo (Mt. 24:15–20).

Para nosotros, la orden del Señor Jesús es un enigma. Pero para los judíos del primer siglo, tenía mucho sentido porque ellos eran gobernados por las antiguas leyes del Sanedrín. Estas leyes, que eran interpretaciones rabínicas de las leyes de Moisés, declaraban que los judíos no podían viajar más mil pasos durante el Sábado, ya que esto constituía trabajo. La orden del Señor, "Orad, pues, que vuestra huida no sea ... en día de reposo", parece indicar que durante la Semana Septuagésima Israel estará nuevamente bajo las leyes del Sanedrín.

En nuestra generación Israel está, de hecho, retomando estas leyes. Israel está aprobando más y más leyes religiosas, especialmente en cuanto a las regulaciones del Sábado. La Fundación de la Tora de Israel y otros grupos religiosos ortodoxos en Israel están llamando a la formación del Sanedrín en el Sexto Milenio, durante el cual ellos creen podrán edificar el Tercer Templo. Esta es otra profecía de los últimos tiempos que está por cumplirse.

El imperio romano restaurado

> Y el cuarto reino será fuerte como hierro; y como el hierro desmenuza y rompe todas las cosas, desmenuzará y quebrantará todo. Y lo que viste de los pies y los dedos, en parte de barro cocido de alfarero y en parte de

hierro, será un reino dividido; mas habrá en él algo de la fuerza del hierro (Dn. 2:40–41).

> … he aquí la cuarta bestia, espantosa y terrible y en gran manera fuerte, la cual tenía unos dientes grandes de hierro; devoraba y desmenuzaba, y las sobras hollaba con sus pies, y era muy diferente de las bestias que vi antes de ella, y tenía diez cuernos. Mientras yo contemplaba los cuernos, he aquí que otro cuerno pequeño salía entre ellos…; y he aquí que este cuerno tenía ojos como de hombre, y una boca que hablaba grandes cosas… Y a causa de la prevaricación le fue entregado el ejército junto con el continuo sacrificio; y echó por tierra la verdad, e hizo cuanto quiso, y prosperó (Dn. 7:7–8; 8:12).

Durante la cumbre de su poder, el Imperio Romano se extendió desde Irlanda hasta Egipto, e incluyó Turquía, Irán e Irak. La Biblia nos dice que, antes de la segunda venida del Señor Jesús, el poderío político será ejercido por una especie de "Imperio Romano" compuesto por una confederación de 10 naciones que abarcarán mucho, sino todo, el territorio del antiguo Imperio Romano. El Anticristo surgirá de una de estas naciones y ejercerá su autoridad sobre la masiva estructura militar, política y económica de esta confederación.[140] Hoy, muchos piensan que estamos viendo la rápida formación de este Imperio Romano en la forma de una Europa unificada, que incluye muchas de las tierras contenidas en el antiguo Imperio Romano. De hecho, la Unión Económica Europea (UE) está basada en el Tratado de Roma (1957).[141]

---

[140] Para un estudio detallado de esta profecía, consultar *Mesías: Guerra en el Medio Oriente y el Camino hacia Armagedón* [*Messiah: War in the Middle East and the Road to Armageddon*, Chapters 4, 5].

[141] No todos los estudiosos de la profecía aceptan esta interpretación. Basado en el linaje de los hijos de Noé: Cam, Sem y Jafet, mencionados en Génesis 10, Robert Van Kampen enuncia la teoría de que el octavo y último imperio de Satanás, la confederación de 10 naciones mencionada en el Apocalipsis, estará enteramente compuesta de descendientes jafetitas (de la línea de Jafet). Van Kampen argumenta que este imperio bestial, el cual será liderado por el Anticristo, debe determinarse ancestralmente, no geográficamente. Según este razonamiento, el "pueblo del príncipe que vendrá" es germánico/ruso,

Pacto con Israel

Y por otra semana confirmará el pacto con muchos; a la
mitad de la semana hará cesar el sacrificio y la ofrenda
(Dn. 9:27).

La Semana Septuagésima no comenzará de forma
misteriosas. Cuando un líder mundial confirme un tratado de
siete años con Israel, sabremos que esta ha comenzado. Si la
Unión Europea es la confederación de diez naciones
mencionada por el profeta Daniel, entonces debe unirse tanto
política como militarmente para permitirle al Anticristo hacer
su pacto. Esto está pasando hoy. Además de unir a los piases
económicamente, el plan original de la Unión Europea es
lograr una Unión Política Europea que involucraría la creación
de un Ejército de Defensa Europeo y una Política Exterior
Europea.[142] La preparación para el cumplimiento de es
anunciada en nuestros días en los encabezados de las noticias.
Consideremos, por ejemplo, el siguiente informe de *EL
Economista* (*The Economist*): "[Desde la guerra de la OTAN
con Kosovo] ha habido un sentimiento recurrente entre los
países líderes de la UE en cuanto a que deberían poseer una
capacidad para llevar a cabo acciones militares colectivas
separados de la OTAN, y así no depender siempre del liderazgo
militar de los Estados Unidos. Este nuevo sentido de propósito
en la política de defensa ha coincidido con acciones formales

---

puesto que los pueblos que originaron el antiguo imperio romano eran de
estos linajes [*La Señal*, *The Sign*, pp. 117–141].

[142] En su libro *El Comienzo del Fin* (*Beginning of the End*), John Hagee
sugiere que el asesinato del Primer Ministro israelí Yitzhak Rabin, ocurrida
en 1996, dejó listo el escenario para este pacto al crear una mentalidad de
"paz a cualquier precio" como forma de honrar la vida y la memoria de este
gran líder (pp. 9-10,14). Hagee cree que esta movida provendrá
principalmente de sionistas seculares dispuestos a transar las promesas
bíblicas en cuanto a la tierra de Israel dadas por Dios a los descendientes de
Abraham. Como estos son judíos seculares, aún cuando Dios destruya
milagrosamente a los ejércitos invasores liderados por Gog de la tierra de
Magog, ellos preferirán pactar con un ser humano (el Anticristo) que confiar
en el Dios de sus ancestros que los ha salvado.

para desarrollar una 'política de seguridad exterior ' para la UE. El efecto combinado será un movimiento hacia una verdadera diplomacia europea apoyada por la fuerza".[143]

Un gobierno mundial

Y se le permitió hacer guerra contra los santos, y vencerlos. También se le dio autoridad sobre toda tribu, pueblo, lengua y nación (Ap. 13:7).

En la forma de un Imperio Romano "Restaurado", el Anticristo conquistará gran parte del mundo europeo y mediterráneo, primero; luego controlará el resto del mundo. El Anticristo tendrá poderes totales, autocráticos. Esto es lo que se llama comúnmente "un gobierno mundial". Aunque hay quienes leen en las profecías de Daniel que el imperio del Anticristo se circunscribirá a Europa y el Medio Oriente, lo cierto es que su control económico y militar serán mundiales.

Hasta nuestra generación, tal masiva y poderosa confederación de naciones era imposible de imaginar. Ahora, sin embargo, somos testigos del surgimiento del poder, autoridad e influencia de organizaciones tales como las Naciones Unidas, la OTAN, el Fondo Monetario Internacional, la Organización de Comercio Mundial, la Organización Mundial de la Salud, la Organización Internacional del Trabajo, la Corte Internacional de la Haya, etc. El antiguo Imperio Romano se ve pequeño ante todas estas organizaciones. La terminología común que se usa en libros y revistas es "el Nuevo Orden Mundial", y uno sólo tiene que mirar en los estantes de las librerías cristianas o visitar sitios en Internet como Central de Profecía para obtener una biblioteca de información acerca del tema.

---

[143] "Mi Continente, Correcto o Equivocado", *El Economista* ["My Continent, Right or Wrong", *The Economist*, Oct. 23, 1999].

La marca de la bestia

Y hacía que todos, pequeños y grandes, ricos y pobres, libres y esclavos, se les pusiese una marca en la mano derecha, o en la frente; y que ninguno pudiese comprar ni vender, sino el que tuviese la marca o el nombre de la bestia, o el número de su nombre (Ap. 13:16–17).

Como parte de su ascenso al poder, el Anticristo hará que todas las personas bajo su dominio reciban una marca en sus manos derechas o en sus frentes; sin esta marca nadie podrá comprar ni vender. Testo es algo posible de efectuar en nuestra generación. En el tiempo de Cristo, una marcación así se habría efectuado con una especie de tatuaje, pero habría sido imposible lograr que quienes no tuvieran dicho tatuaje no pudieran comprar ni vender, puesto que una cantidad considerable de comercio se efectuaba de manera informal, a modo de trueque.

En la sociedad electrónica global de nuestros días, en la que la mayoría de las transacciones comerciales se efectúan electrónicamente, esta profecía sí se puede cumplir en su totalidad. Muchos expertos en profecía creen que la marca estará contenida dentro de un microchip. Veinte o treinta años atrás la sociedad no habría aceptado fácilmente la utilización de métodos tales como la identificación electrónica; pero ahora, ya sea por medio de tarjetas, identificadores retinales o de huellas digitales, la verificación de identidades para realizar transacciones comerciales es un lugar común al que todos se han habituado. Sin ir más lejos, la tecnología de la biométrica permite obtener información de las características biológicas únicas de una persona, desde los detalles de nuestros globos oculares hasta el particular olor de nuestros cuerpos. En mi propio barrio se está utilizando un programa de identificación de huellas digitales que le permita a los estudiantes de una escuela pagar por el consumo de papas fritas y pizzas en la cafetería tan sólo poniendo sus dedos índices sobre un pequeño scanner. Y la tecnología gurú mostrada en uno de los programas matutinos de la televisión es una lectura retinal efectuada por un scanner diseñado para proporcionar seguridad a los contenidos de los computadoras personales – cuesta US$200. El salto de aquí al implante de un microship en la piel no es tan grande.[144]

Esta es otra crucial profecía de los últimos tiempos que podría cumplirse en nuestra generación.

---

[144] La comprensión acerca de cuán cerca estamos del cumplimiento de esta profecía la proporciona esta versión condensada de un informe hecho por WorldNetDaily.com. Lo que es particularmente estremecedor es que este informe data de hace cuatro años: "Nueva tecnología de implante, usada actualmente para localizar mascotas perdidas, ha sido adaptda para usarse en humanos permitiendo que los portadores de ella puedan ser localizados, que sus funciones físicas puedan ser monitoreadas y que confirmen su identidad cuando realicen transacciones comerciales electrónicas. Soluciones Digitales Aplicadas [Applied Digital Solutions], una empresa que proporciona soluciones para el comercio electrónico, adquirió los derechos para miniaturizar un transceptor que ha llamado Angel Digital [Digital Angel]. La compañía planea ofrecerla al mercado para variados usos; uno de ellos, como un medio a prueba de plagio para identificaciones utilizadas para transacciones comerciales. Angel Digital envía y recibe información y puede ser rastreado permanentemente por medio de tecnología satelital global. Cuando es implantado dentro del cuerpo, el dispositivo es energizado electromecánicamente a través del movimiento de los músculos, y puede ser activado tanto por el portador como desde una ubicación remota. 'Creemos que su potencial para mejorar la calidad de vida de millones de personas, así como para aumentar la seguridad de los negociosos electrónicos es virtualmente ilimitada,' dice el presidente y gerente general de SDA Richard Sullivan. 'Aunque aún estamos en la fase inicial de desarrollo, esperamos continuar con avances en varias áreas diferentes, desde el monitoreo médico hasta asegurar el cumplimiento de las leyes'. El doctor Peter Zhou, principal científico representante para el desarrollo del implante, y presidente de DigitalAngel.net, Inc, una subsidiaria de SDA, dijo a WorldNetDaily que el dispositivo será capaz de enviar una señal desde el cuerpo del portador del Angel Digital hasta su computador o hasta la persona con la que efectúa negocios electrónicos para verificar su identidad. En el futuro, dijo Zhou, los computadores podrían ser programados para que no funcionen sin dicha indentificación de parte del usuario. Los dispositivos de verificación de la identidad del usuario que requieren una muestra de la huella digital ya están siendo vendidos por las compañías fabricantes de computadores. Angel Digital da un paso gigante al hacer que la tecnología biométrica una físicamente al humano con la máquina (2000 WorldNetDaily.com)".

Una religión mundial

Y en su frente un nombre escrito, un misterio: Babilonia la grande, la madre de las rameras y de las abominaciones de la tierra (Ap. 17:5).

Durante su ascensión al poder del Anticristo, el mundo estará controlado por una falso sistema religioso que la Biblia llama "Babilonia la grande, la madre de las rameras". Muchos comentaristas de profecía se refieren a este sistema religioso como "la religión mundial". La historia de las prácticas religiosas de la antigua Babilonia – que combinaba la astrología y el misticismo con su propia dosis de hedonismo — indica que sus creencias eran muy diversas. La "Babilonia mística" podría ser tanto una creencia religiosa dominante como una religión pagana establecida.

Cualquier forma que tome, la "Babilonia mística" penetrará todos los sectores sociales de la aldea global. Ya vemos una gran aceptación del movimiento humanista de la Nueva Era, con su creciente interés en el "despertar espiritual" a través del uso de la astrología y la práctica del misticismo, uniendo a muchas de las religiones existentes en el mundo. También somos testigos de la tremenda presión que ejercen los grupos religiosos más influyentes para se le preste cada vez menos atención a las diferencias entre las religiones, enfatizando, por otro lado, los supuestos puntos afines que tienen. Centrarse sólo en similitudes tales como la compasión por los semejantes, la decencia moral y el respeto por la diversidad podría llevar, en el caso del Cristianismo Bíblico, a negar la divinidad de Cristo, Su nacimiento virginal y Su resurrección corporal; tal como lo hace la filosofía humanista.

"Ecumenismo" es el nombre que recibe el movimiento que trabaja para la unión de todas las religiones a nivel mundial. Hemos sido testigos de herejías tales como el "Proyecto de las Religiones Unidas durante 72 Horas", destinado a unir a las religiones del mundo por la paz. Este proyecto estuvo encabezado por líderes religiosos como el Dalai Lama junto a otros que profesan el cristianismo. El Consejo para el Parlamento de las Religiones del Mundo trajo representantes de todas las religiones para "buscar convergencia moral y ética". La Iniciativa de las Religiones Unidas – un proyecto diseñado para instituir un organismo de las religiones del mundo para "resolver los conflictos" entre los diferentes tipos de fe – participó también. Y no faltó la Alianza Inter-Fe, una nueva organización no-partidista basada en la fe, que reúne miembros de más de 50 tradiciones religiosas, incluidos musulmanes, católicos, protestantes y judíos dedicados a promover "el rol positivo de la religión como fuerza sanadora y constructiva en la política y la vida pública". Aún algunos de los teleevangelistas más conocidos y respetados han sucumbido ante la popularidad de esta herejía.

Cien años atrás, la idea de una religión mundial habría parecido absurda. Hoy, ya es casi una realidad. Sólo el Anticristo detendrá la corriente ecuménica cuando, a la mitad de la Semana Septuagésima, suprima toda religión e imponga el culto a su propia persona.

Falsos cristos

Porque vendrán muchos en mi nombre, diciendo: Yo soy el Cristo; y a muchos engañará .... Porque se levantarán falsos Cristos, y falsos profetas, y harán grandes señales y prodigios, de tal manera que engañarán, si fuere posible, aun a los escogidos (Mt. 24:5, 24).

El Señor Jesús nos advierte que los últimos tiempos se caracterizarán por la proliferación de falsos cristos. Aunque los falsos sistemas religiosos han existido desde la caída de Adán y Eva, nunca antes ha habido tanta predicación acerca del Armagedón ni tantos declarando ser el Mesías. Basta sólo considerar a algunos de los últimos años: Marshall Applewhite, quien llevó a los miembros de la secta la Puerta del Cielo a cometer suicidio en abril de 1997; el Culto del Templo Solar, otra secta fanática de los OVNIs, se le adjudica la muerte de 75 de sus miembros ocurrida en 1994; 600 miembros del Movimiento por la Restauración de los Diez Mandamientos se rociaron el cuerpo con bencina y se prendieron fuego en marzo del 2000, en Uganda.[145]

Ha habido muchos más, por ejemplo, Ming Chen, líder de la Iglesia de la Salvación de Dios, creyó que sus seguidores cenarían con Dios en Garland, Texas, en 1998, y dice que uno de los miembros de su secta es Jesucristo reencarnado; el reverendo Kim aduce que sus intermitentes posesiones demoniacas lo transforman en el vocero de Dios; y el líder de la secta de los Davidianos, David Koresh se autoproclamó "el Cordero del Último Día". También ha habido un aumento de las llamadas "apariciones de la Virgen", que han ocupado el lugar de un liderazgo espiritual para millones de personas en el mundo. La popularidad del "maestro mundial" Maitreya, y de su profeta nuevaeriano Benjamin Crème, ha ido en aumento con el pasar de los años. Maitreya, quien es un espíritu descarnado, se presenta como un salvador y sanador universal, y ha creado lazos estratégicos tanto con todas las más influyentes religiones como con la Organización de las Naciones Unidas.[146]

Los dos testigos

Y daré a mis dos testigos que profeticen por mil doscientos sesenta días .....Y los de los pueblos, tribus, lenguas y naciones verán sus cadáveres por tres días y medio, y no permitirán que sean sepultados. Y los moradores de la tierra se regocijarán sobre ellos y se alegrarán, y se enviarán regalos unos a otros; porque estos dos profetas habían atormentado a los moradores de la tierra (Ap. 11:3, 9–10).

Juan escribió acerca de dos testigos que aparecerán en la ciudad de Jerusalén y predicarán el evangelio durante el reinado del Anticristo. Sobrenaturalmente, los dos testigos sobrevivirán a todos los intentos de aniquilarlos antes de que el tiempo de su ministerio termine. Por ejemplo, podrán destruir a sus enemigos con fuego que saldrá de sus bocas. Al

---

[145] http://www.bible-prophecy.com/false.htm.
[146] http://www.shareintl.org/.

cumplirse el tiempo de su ministerio, serán asesinados y todo el mundo verá sus cadáveres y se alegrarán por su muerte .

Antes de esta generación, ¿cómo podrían los habitantes de toda la tierra ver los cadáveres de estos dos testigos al mismo tiempo? Hoy, gracias a la invención y popularidad de la televisión a nivel mundial, podríamos verlos en las noticias de la CNN, sin mencionar la Internet. De hecho, el canal de noticias nocturnas NBC informó recientemente acerca de una nueva "Web cam" (una pequeña cámara electrónica conectada a la Internet que emite señales las 24 horas al día a todos los sitios a ella conectados). La lente de esta "Web cam" esta dirigida — adivinen ¿hacia adónde? — directamente hacia el Muro de los Lamentos, en Jerusalén (http:// aish.com/ wallcam/). Es decir, hay una cámara que vigila las 24 horas del día el lugar exacto en el que la Biblia predice que aparecerán estos dos testigos. Esta es otra crucial profecía de los últimos tiempos que puede cumplirse ante nuestros propios ojos.

La guerra de Rusia contra Israel[147]

> ... al cabo de los años vendrás [Gog—i.e. Rusia] a la tierra salvada de la espada, recogida de muchos pueblos, a los montes de Israel, que siempre fueron una desolación; mas fue sacada de las naciones, y todos ellos morarán confiadamente. Subirás tú, y vendrás como tempestad; como nublado para cubrir la tierra serás tú y todas tus tropas, y muchos pueblos contigo .... Persia, Etiopia (Cus), y Libia (Fut) con ellos.... (Ez. 38:8, 9, 5, 6).

Ezequiel, profetizando acerca de los días que precederían el regreso de Cristo, menciona una alianza entre Rusia y las naciones árabes, particularmente Irán, Irak y Afganistán, las

---

[147] Para un estudio detallado de esta profecía y la agenda soviética oculta, consultar *Mesías: Guerra en el Medio Oriente y el Camino hacia Armagedón* [*Messiah: War in the Middle East and the Road to Armageddon*, Chapter 3]. Para una explicación detallada acerca de cómo determinar las identidades de estas naciones, consultar *Armagedón: Cita con el Destino* [*Armageddon: Appointment With Destiny*, Chapter 7].

cuales atacarán a Israel.[148] Esta guerra, en la que el principal protagonista será Gog de la tierra de Magog, será interrumpida sobrenaturalmente por Dios cuando Él destruya a los agresores por su larga historia de persecución contra Su pueblo. Aunque los nombres bíblicos no son familiares para la mayoría de los lectores, los historiadores pueden identificar estas naciones localizando las regiones en las que las distintas tribus bíblicas se asentaron, puesto que les traspasaron a estas regiones sus nombres. La profecía añade que Rusia no sólo organizará el ataque, sino que además le proporcionará el armamento a sus aliados árabes.

El terreno para el cumplimiento de esta profecía ya está preparado. Ambas regiones son altamente antisemitas; y Rusia, que fue responsable de aniquilar a nueve millones de judíos bajo el régimen de Stalin, es la principal proveedora de armamento al Medio Oriente. Las naciones árabes están equipadas son armas soviéticas (incluyendo misiles SAM, rifles de asalto AK-47, tanques M-72, armamento antitanques RPG7, y aviones de combate MiG-23 y MiG-39), tal como ha sido profetizado.

La lealtad de Rusia es hacia sus aliados árabes también. Durante la acción militar liderada por la ONU contra el ex presidente de los Balcanes Slobodan Milosevic, por ejemplo, Rusia apoyó a los países del Medio Oriente en vez de apoyar a la ONU. Y durante la Guerra del Golfo, Rusia fue repetidamente sorprendida proporcionando servicios de inteligencia militar a Irak en contra de la ONU.

---

[148] Nota del traductor: Hay más de una interpretación de este pasaje. Aun cuando algunos estudiosos de la profecía creen que describe una invasión de parte de Rusia, Rusia no es el único poder bélico "de los confines del norte". Algunos creen que Asia Menor, la actual Turquía, es una candidata mucho más plausible, ya que es explícitamente mencionada en la Biblia. Por ejemplo, el Apocalipsis está dirigido a las siete iglesias que se hallan en Asia Menor, y hasta se nos informa que la iglesia de Pérgamo, en Asia Menor, es donde está el trono de Satanás (Ap. 2:13). Más adelante (Ap. 13:2) se nos dice que Satanás le dará al Anticristo su trono. Es posible que el Señor Jesús les este dirigiendo un mensaje especial de preocupación a estas siete iglesias porque ellas están en el corazón del área de la que surgirá el Anticristo (Gog). Vale la pena considerar esta posibilidad y profundizar en su estudio.

Digno de mencionar es que Gog es identificado como la tierra de Rusia, aunque no la gran masa de tierra comprendida por la ex U.R.S.S. La disolución de la Unión de Repúblicas Socialistas Soviéticas dejó a Rusia — el gigantes de la unión militar — libre para actuar en forma independiente. Este es un paso gigante hacia el cumplimiento literal de esta profecía en nuestra generación.

El renacer de Babilonia

> Y los reyes de la tierra que han fornicado con ella, y con ella han vivido en deleites, llorarán y harán lamentación sobre ella, cuando vean el humo de su incendio, parándose lejos por el temor de su tormento, diciendo: ¡Ay, ay, de la gran ciudad de Babilonia, la ciudad fuerte; porque en una hora vino tu juicio! (Ap. 18:9–10).

El Apocalipsis describe el renacer de la antigua ciudad de Babilonia y su ascenso a la gloria, en los últimos días (Is. 13:19; Ap. 18–19). Babilonia está localizada a unos 12 kilómetros de Bagdad, la capital de Irak. Aunque la ciudad estuvo en ruinas por cientos de años, el ex presidente de Irak, Saddam Hussein, invirtió en ella cerca de $1 billón de dólares para reedificarla, desde los famosos jardines colgantes y el sorprendente sistema de acueductos subterráneos, hasta el templo del dios pagano Marduk,[149] exactamente como es profetizado en la Biblia.

Incidentalmente, en otra profecía, Dios promete que Él destruirá totalmente a Babilonia durante el Día del Señor. ¿Su método? "... sus arroyos se convertirán en brea, y su polvo en azufre, y su tierra en brea ardiente" (Is. 34:8–9). Recientemente, se descubrió que Babilonia fue construida sobre un lago subterráneo de asfalto y petróleo, revelando que

---

[149] Para un estudio detallado de esta profecía, consultar *Mesías: Guerra en el Medio Oriente y el Camino hacia Armagedón* [*Messiah: War in the Middle East and the Road to Armageddon*, Chapter 5].

Dios ya ha proporcionado el combustible para su destrucción.[150]

El aumento de los terremotos y los desastres naturales

Y habrá...terremotos en diferentes lugares. (Mt. 24:7)

...Entonces hubo relámpagos y voces y truenos, y un gran temblor de tierra, un terremoto tan grande, cual no lo hubo jamás desde que los hombres han estado sobre la tierra. Y la gran ciudad fue dividida en tres partes, y las ciudades de las naciones cayeron ... (Ap. 16:18–19).

El Señor Jesús nos dice que la Semana Septuagésima se caracterizará por una inusual frecuencia y severidad de los terremotos a lo largo y ancho del mundo; estos serán tan severos que destruirán ciudades enteras. Aunque siempre ha habido desastres naturales, algo extraño está ocurriendo en nuestra generación. Los registros Sismológicos indican que, desde 1950 — dos años después de la restauración de Israel — los terremotos del grado 6.0 o superiores han aumentado exponencialmente. John Hagee informa que, en el siglo 7, los historiadores registraron 37 terremotos. En el siglo 15, registraron 115 terremotos. En el siglo 16, registraron 253 terremotos. Esto aumentó a 640 en el siglo 18 y a 2.119 en el siglo 19. Entre 1983 y 1992, el número de terremotos aumentó de 2.588 a 4.084. [151]

Mientras algunos discuten acerca de si esto puede atribuirse a una mayor diligencia a la hora de registrar los sismos, los estudiosos de la profecía bíblica arguyen que los terremotos severos, de grado 6.0 para arriba, siempre han sido registrados escrupulosa y exactamente. Por lo tanto, este aumento registrado no se debe a una mayor rigurosidad para informar acerca de los sismos, sino que refleja un aumento real y exponencial de la actividad telúrica.

---

[150] *Armagedón: Cita con el Destino* (*Armageddon: Appointment With Destiny*, p. 278).
[151] *El Comienzo del Fin* [*Beginning of the End*, p. 98].

Grant Jeffrey usa el registro de los terremotos para mostrar que Dios está preparando el escenario para cumplir esta profecía de manera literal. Su acercamiento es vigilar el número de terremotos "asesinos" (definidos como tales cuando son grado 6.5 o superiores en la escala de Richter):

Aumento en el número de terremotos asesinos

Década	Número de Terremotos
1890 a 1899	1
1900 a 1909	1
1910 a 1919	3
1920 a 1929	2
1930 a 1939	5
1940 a 1949	4
1950 a 1959	9
1960 a 1969	13
1970 a 1979	56
1980 a 1989	74
1990 a 1995	125

Fuente: *Armagedón: Cita con el Destino (Armageddon: Appointment With Destiny* p. 233–235).

Otros patrones climáticos están cambiando también. El calentamiento global de la tierra está derritiendo las capas de hielo, elevando el nivel de los océanos y erosionando las costas. La capa vegetal superior de la tierra está siendo destruida a niveles nunca antes vistos. Las inundaciones, los incendios, los huracanes, la actividad volcánica y otros desastres naturales están batiendo todos los récords; y los meteorólogos advierten que los cambios en los patrones climáticos significan que tendremos climas más cálidos y turbulentos por los próximos 100 años. Un sitio en Internet dedicado al estudio de las profecías para los últimos tiempos, Central de Profecía, tiene actualizaciones regulares acerca de estos cambios climáticos y geológicos.[152]

---

[152] Del sitio en Internet *Central de Profecía* [*Prophecy Central*, http://www.Bible-prophecy.com].

Guerras

Porque se levantará nación contra nación, y reino contra reino.... Y todo esto será principio de dolores (Mt. 24:7–8).

Cuando abrió el cuarto sello, oí la voz del cuarto ser viviente, que decía: Ven y mira. Miré, y he aquí un caballo amarillo, y el que lo montaba tenía por nombre Muerte, y el infierno le seguía; y le fue dada potestad sobre la cuarta parte de la tierra, para matar con espada... (Ap. 6:7–8).

De la mano al aumento de los desastres naturales, los últimos tiempos se caracterizarán por las guerras. Las guerras han existido a través de toda la historia de la humanidad, pero ahora están entrando en una nueva era de destrucción. Ya estamos viendo carreras armamentistas y armas capaces de destruir no sólo a ejércitos enteros, sino naciones enteras. Un solo submarino Tridente puede producir más devastación que todas las armas juntas que se usaron en la Segunda Guerra Mundial. Y con las avanzadas armas químicas y biológicas que existen hoy, se puede destruir ciudades enteras con la combinación una fórmula que cabe en una cuchara de té. Cuando los adolescentes del mundo pueden armar bombas en los sótanos de sus casas, y cuando niños no mayores de seis años cometen homicidios premeditados con armas en las salas de clases de las escuelas, real y tristemente se puede decir que nuestro mundo se caracteriza por la violencia y la guerra.

Aumento de la indiferencia

Y por haberse multiplicado la maldad, el amor de muchos se enfriará (Mt. 24:12).

La indiferencia de los habitantes de la tierra crece en proporción a la maldad humana. Esto no es algo que ocurra sólo entre los incrédulos, sino también entre los creyentes (después de todo, cuando el Señor Jesús dio esta profecía le

304

estaba hablando a los discípulos - creyentes). Nos hemos acostumbrado tanto a la maldad y al pecado que estos ya no nos sorprenden ni horrorizan. Cuando un niño es molestado sexualmente, o cuando una mujer es violada, o cuando se abusa de los ancianos, o un bebé es abortado, apenas lo notamos. La violencia y la brutalidad se han convertido en lugares comunes. Tal como lo profetizó el Señor, nos hemos transformado en una sociedad "cuyo amor se ha enfriado". Esta es otra señal de que podríamos ser la generación que John Hagee llama "la generación terminal".

Aumento de la muerte por hambrunas

Y habrá...hambres... en varios lugares (Mt. 24:7).

... Y miré, y he aquí un caballo negro; y el que lo montaba tenía una balanza en la mano. Y oí una voz de en medio de los cuatro seres vivientes, que decía: 'Dos libras de trigo por una denario [el salario de un día de trabajo] y seis libras de cebada por un denario; pero no dañes el aceite ni el vino' (Ap. 6:5–6).

La población mundial ha aumentado de manera explosiva, y con ella, han aumentado las enfermedades y las hambrunas en diferentes lugares. Esto no es nada nuevo, tampoco. Pero el Señor Jesús nos advierte que antes de su regreso a la tierra, esta situación será catastrófica. Durante los sellos tercero y cuarto, la cuarta parte de la población mundial morirá a causa de las guerras, el hambre y las enfermedades. Sin embargo, el hambre no afectará a aquellos con poder económico.

Al igual que las guerras, las hambrunas han estado con nosotros a lo largo de la historia; pero ahora las estamos experimentando con mayor severidad. En agosto de 1999, una agencia de asistencia estimó que tres millones y medio de norcoreanos han perecido a causa del hambre desde 1995. Según la Organización del Alimento y la Agricultura de las Naciones Unidas, cerca de 10 millones de personas en sub-Sahara, Africa, necesitan alimentos de emergencia; en Somalia, un millón de personas sufren de carestía de alimentos y

400.000 personas están en riesgo de perecer de hambre; 16 naciones, la mayoría de ellas en Africa Oriental, están padeciendo bajo condiciones "excepcionales de emergencia alimenticia". Un libro reciente del Instituto Vigía del Mundo (WorldWatch Institute) muestra que el aumento en la falta de agua amenaza disminuir en un 10% la provisión alimenticia global. Los problemas de irrigación se han extendido en las regiones productoras de granos del centro y norte de China, en el noroeste y sur de India, en partes de Paquistán, en el occidente de los Estados Unidos, en Africa del Norte, en el Medio Oriente y en la Península Árabe.

Aumento explosivo de la población mundial

Tiempo	Años	Población Mundial
Hasta Cristo	?	300 millones
Cristo a Colón, 1492	1462	500 millones
Colón a IGM, 1918	418	2 billones
IGM a 1962	44	3 billones
1962 a 1980	18	5 billones
1980 a 2000	20	6 billones y más

La situación sólo irá de mal en peor. Mientras la población mundial aumenta, las capacidades agrícolas disminuyen. Según el Estudio Anual del Fundo de Población de las Naciones Unidas, las zonas desérticas están aumentando a un ritmo de 14.8 millones de acres cada año. Más de 26 billones de toneladas de humus (capa vegetal superior) — el 11% del total mundial — ya se ha perdido. Los bosques de lluvia tropical, que contribuyen significativamente a la oxigenación de nuestro planeta, están disminuyendo en más de 27 millones de acres por año.[153] Cerca de medio millón de personas no tienen suficiente agua potable. Se espera que este número aumente a 2.8 billones para el 2025 — el 35% de la

---

[153] *Armagedón: Cita con el Destino* [*Armageddon: Appointment With Destiny*, pp. 242-244].

población mundial proyectada.[154] Cuando la población mundial crezca a 8 billones de habitantes, el escenario estará listo para la mayor hambruna que el mundo experimentará.

Pestilencias

Y habrá …pestes… en varios lugares (Mt. 24:7).

Cuando abrió el cuarto sello, oí la voz del cuarto ser viviente, que decía: Ven y mira. Miré, y he aquí un caballo amarillo, y el que lo montaba tenía por nombre Muerte, y el infierno le seguía; y le fue dada potestad sobre la cuarta parte de la tierra, para matar con espada, con hambre, con mortandad, y con las fieras de la tierra (Ap. 6:7–8).

A pesar de los avances científicos y médicos de nuestros días, todavía no podemos detener el poder devastador de las enfermedades. Más de 40.000 muertes ocurren a diario a causa de la desnutrición y las enfermedades. La Cumbre Mundial por los Niños ha informado que 1.400 niños fallecen a causa de la tos convulsiva, 4.000 mueren a causa de sarampión, 2. 150 mueren a causa del tétano 2.750 fallecen a causa de la malaria, 11.000 por diarrea, y 6.000 fallecen a causa de neumonía *cada día*. Muchas enfermedades se han vuelto resistentes a los antibióticos, y nuevas y más virulentas plagas están surgiendo. La Organización de la Salud Mundial informa que al menos 30 nuevas enfermedades infecciosas han aparecido en los últimos 20 años – para ninguna de estas existen tratamientos efectivos, curas o vacunas. Además, muchas enfermedades mortales, como la peste bubónica, la malaria, la viruela, la difteria y la fiebre amarilla, están resurgiendo. Los oficiales de la salud están llamando a la tuberculosis una enfermedad "fuera de control".

Pero tal vez la plaga más temida es la infección del HVI y el SIDA. UNAIDS y WHO estiman que más de 30 millones de personas en el mundo vivían con HVI para fines de 1997, o uno de cada 100 adultos en las edades sexualmente activas (15

---

[154] http://www.Bible-prophecy.com/famplague.htm.

a 49 años). Se estima que hasta el 75% de la población de África al sur del Desierto del Sahara estará infectada con HVI en la próxima década. Hasta el 50% de la población de Uganda ya ha sido infectada. La situación en Zimbabwe es tan crítica (uno de cuatro adultos está infectado) que el ex presidente de Estados Unidos, Bill Clinton, la llamó una amenaza para la seguridad mundial y una emergencia nacional para su país.

¿Veremos el retorno del Señor Jesús?

Por 2.000 años, no hemos visto un cumplimiento literal a la profecía de los últimos tiempos. Desde el renacer de Israel, la tasa de cumplimiento de las profecías ha sido exponencial. Algo está ocurriendo, y está ocurriendo ahora. El marcado contraste entre el largo periodo de silencio profético y el actual ritmo de cumplimientos proféticos no es casualidad. El regreso del Señor Jesús podría ocurrir en el transcurso de nuestras vidas. Hemos visto tan sólo unos pocos ejemplos; hay muchos más.

Hay un número importante de estudiosos de la profecía que creen que la generación que ha visto el renacer de Israel será también la que presenciará el Regreso del Señor. Esta creencia se basa en el discurso del Señor Jesús registrado en Mateo 24.

Grant Jeffrey lo dice bien:

> Cerca del fin del ministerio terrenal de Cristo, Él nos advirtió acerca de los terribles eventos que constituirían las "señales de los tiempos", los cuales culminarían en la Batalla de Armagedón y Su Segunda Venida. Luego le dio a Sus discípulos una clara señal de cuándo estos eventos ocurrirían — cuando la renaciera la nación de Israel. "De la higuera aprended la parábola: Cuando ya su rama está tierna, y brotan las hojas, sabéis que el verano está cerca. Así también vosotros, cuando veáis todas estas cosas, conoced que está cerca, a las puertas. De cierto os digo, que no pasará esta generación hasta que todos esto acontezca" (Mt. 24:32–34). Seis veces la higuera fue utilizada como símbolo profético de Israel.

El 15 de mayo de 1948, después de casi 1900 años de
devastación y persecución, Israel se convirtió de nuevo
en una nación — en el año preciso profetizado por el
profeta Ezequiel, más de 2.500 años antes. Por lo tanto,
basados en la promesa de Cristo dada en Mt. 24:32–34,
nuestra generación es el primer grupo de cristianos en la
historia con un sólido fundamento para creer que dentro
del transcurso de nuestras vidas [40 a 70 años], seremos
testigos de los sorprendentes eventos relacionados con la
Segunda Venida de Cristo.[155]

Debo admitir que cuando leí esta declaración por primera
vez, mi sangre se enfrió. Fue esta declaración sola la que me
llevó a iniciarme en el estudio de la profecía de los últimos
tiempos. Nunca antes había pensado que el Señor Jesús pudiera
regresar durante el transcurso de mi vida. Repentinamente,
consideré el asunto con mucha seriedad.

La higuera bajo una mirada diferente
Hoy entiendo esta profecía un poco diferente. El Señor
Jesús indica que el renacer de la nación de Israel señala que "el
verano está cerca". Pero la señal de Su regreso es cuando
"veáis *todas* estas cosas". La formación de la nación de Israel
es un evento singular. Por lo tanto, debemos preguntarnos
¿cuáles son *estas* cosas? — plural. Antes, en el mismo capítulo,
el Señor Jesús nos da una descripción de la apertura de los
primeros seis sellos: la proliferación de falsos cristos,
incluyendo el Anticristo; guerras, y el surgimiento del
Anticristo a través de ellas; hambrunas a nivel mundial y
muertes, la Gran Tribulación; finalmente cataclismos cósmicos.
Debido a que la Escritura debe siempre tomarse en su contexto
más amplio, creo que estos son los eventos a los que el Señor
Jesús se está refiriendo. Cuando los veamos, sabremos sin duda
alguna que Su regreso está "a las puertas".
    además, en la parábola paralela registrada en Lucas
21:29-30, el señor Jesús dice: "Mirad la higuera y todos los
árboles. Cuando ya brotan, viéndolo, sabéis por vosotros

---

[155] *Armagedón: Cita con el Destino* [*Armageddon: Appointment With
Destiny*, p. 12].

309

mismo que el verano está cerca". Esta es otra clave importante que nos enseña que Él no está identificando a la higuera con la nación de Israel. Esta usando, simplemente, una analogía tomada de la agricultura: Así como sabemos que la primavera está cerca cuando los árboles comienzan a dar brotes, así también sabremos que Su venida estará cerca cuando las señales comiencen a aparecer.

¿Significa esto que la generación que presenció el renacer de Israel no es la generación terminal? No. Ciertamente podría ser. Esta profecía deja la pregunta sin respuesta. En cualquier caso, la posición de Jeffrey es correcta. No importa cuál sea tu edad, si eres joven o anciano, todos nosotros estamos presenciando el cumplimiento de profecías precisas, que están preparando el camino aceleradamente para el regreso del Mesías.

¿Es justo que tengamos menos tiempo que el que tuvieron nuestros abuelos? Creo que sí. Estamos viviendo en una época en la que el poder y la soberanía de Dios se ha manifestado como nunca antes. Los descubrimientos científicos ocurren diariamente y prueban que la creación ha sido diseñada por una mente inteligente. Las personas son sanadas por cientos en los países del Tercer Mundo. Países que antes no dejaban entrar misioneros están ahora abriendo sus puertas. Ha habido campañas evangelísticas a lo largo de Africa, Rusia, Europa Oriental y Sudamérica. Aún Cuba está dejando entrar el evangelio — contra toda lógica y sentido común. Dios está derramando Su Espíritu ahora por una razón.

Muchas personas sienten temor por lo que está ocurriendo hoy en el mundo. Pero la palabra de Dios proporciona esperanza y salvación a través del Señor Jesucristo, quien es el único camino y esperanza para el mundo. Él dice: "Porque no envió Dios a su Hijo al mundo para condenar al mundo, sino para que el mundo sea salvo por él" (Jn. 3:17). Y Juan 3:16 nos dice que todos los que creen en Él recibirán vida eterna.

El momento exacto en que Cristo regresará puede ser un misterio, pero cómo prepararse para ese magno evento no lo es.

Esta es la palabra de fe que predicamos: que si confesares con tu boca que Jesús es el Señor, y creyeres en tu corazón que Dios le levantó de los muertos, serás salvo. Porque con el corazón se cree para justicia, pero con la boca se confiesa para salvación (Ro. 10:9–10).

Si no conoces a Jesús como tu Salvador, no pospongas tu decisión. Dios está hablando a tu corazón ahora. La Escritura es clara en cuanto a que nadie puede escoger el tiempo en el cual ponerse a cuentas con Dios. Nadie va al Padre al menos que el Espíritu lo lleve a Él. Cuando Él llama, debemos responder. "He aquí ahora el tiempo aceptable; he aquí ahora el día de salvación" (2 Co. 6:2).

Si estás esperando el cumplimiento de la profecía como un reloj despertador, creyendo que puedes posponer la decisión eterna indefinidamente, debes saber que tal pensamiento es insensato. Pablo advierte que tras el surgimiento del Anticristo, Dios mismo enviará un poder engañoso, "para que crean la mentira" (2 Ts. 2:11), sobre aquellos que ahora se rebelan contra Él. Durante el zenit del cumplimiento profético, cuando la verdad de Dios sea más evidente para los suyos, Él mismo entregará a los rebeldes a la dureza de sus corazones, hasta el punto de cegarlos a la verdad.

Pero esto no tiene que ocurrir. El Señor Jesús se refirió a estos eventos como señales por las que nos podríamos preparar con antelación para Su venida. De tal forma que la pregunta que Él les hizo a sus discípulos del primer siglo es la misma que nos hace a nosotros hoy:

"Pero cuando venga el Hijo del Hombre, ¿hallará fe en la tierra?" (Lc. 18:8).

22

Un Último Pensamiento

Mientras la primera edición de este libro estaba en prensa, quien escribe tuvo una conversación con el pastor Charles Cooper, del Ministerio La Señal (ahora Sola Scriptura). Como parte de nuestra discusión, él hizo una pregunta que me dejó pensando por varios días. La respuesta que vino a mi corazón, si resultara ser la verdad, podría cambiar para siempre la forma que pienso sobre los últimos tiempos.

La pregunta que hizo el pastor Cooper fue: ¿Hemos, realmente, entendido la promesa "Te guardaré de la hora de la prueba", que se nos da en Apocalipsis 3:10? ¿O la agenda pretribulacional ha marcado tanto nuestro acercamiento al estudio de este versículo que hemos fallado en comprender su verdadero significado? ¿Qué pasaría si partiéramos de una premisa que no fuera la de contrarrestar la interpretación pretribulacional? Mientras pensaba en esta pregunta, tuve problemas para concentrarme en otras cosas.

En el capítulo 8 de este libro, dijimos que la palabra usada para tentación, *peirasmós*, también se puede traducir "juicio" o "prueba". Por esta razón, la Iglesia de Inglaterra ha considerado cambiar la parte del Padrenuestro (Mt. 6:13) que dice "Y no nos metas en tentación" a "Sálvanos de la hora del juicio". Además en la *Nueva Biblia Americana*, el Padrenuestro dice: "No nos sometas a la prueba final".

Debo admitir que siempre me intrigó esta frase. "Y no nos metas en tentación". ¿Por qué el Señor Jesús nos diría que pidiéramos eso? La tentación está comúnmente asociada con el pecado, y Dios no nos tienta a pecar. Con el transcurso de los años, sin embargo, se ha hecho evidente para mí que existe otro tipo de tentación, la que se refiere a un "juicio" o a una "prueba". Hay varios pasajes en la Escritura donde Dios coloca a Su pueblo en situaciones tentadoras con el objeto de probar su fidelidad. Pensemos en los orgullosos israelitas en Jueces, que habían llegado a creer que sus victorias militares eran su derecho. A ellos, Dios les dijo: "Tampoco yo volveré más a arrojar de delante de ellos a ninguna de las naciones que dejó Josué cuando murió; *para probar* con ellas *a Israel*, si procurarían o no seguir el camino de Jehová, andando en él, como lo siguieron sus padres" (Jue. 2:21–22). O pensemos en el piadoso rey Ezequías, cuyo bendecido reino fue interrumpido con un desconcertante juicio: "Dios lo dejó, *para probarle*, para hacer conocer todo lo que estaba en su corazón" (2 Cr. 32:31). David también habló extensamente sobre la prueba de Dios. Dice, en los Salmos: "Porque el Dios justo prueba la mente y el corazón" (Sal. 7:9) y, "Sus párpados examinan [prueban] a los hijos de los hombres" (Sal. 11:4).

El tema de la tentación es bastante recurrente en toda la Escritura. También es bastante recurrente que Dios elija permanecer silencioso durante estos períodos. En el Salmo 10:1, David dice: "¿Por qué estás lejos, oh Jehová, y te escondes en el tiempo de la tribulación?" En el Salmo 13:1, casi podemos sentir el dolor de David cuando exclama: "¿Hasta cuándo, Jehová? ¿Me olvidarás para siempre?" También está el inolvidable: "Dios mío, Dios mío, ¿por qué me has desamparado? ¿Por qué estás tan lejos de mi salvación, y de las palabras de mi clamor?" (Sal. 22:1). Dios, por supuesto, no permanece escondido indefinidamente, y en cada uno de estos Salmos, David concluye con una poderosa alabanza cuando Dios finalmente responde su oración. Pero entre la oración y la respuesta, el silencio es ensordecedor.

Examinando todo lo que hay en nuestros corazones

Es un principio bíblico sobrecogedor que Dios muchas veces elija que Su presencia no se sienta para probar los corazones de aquellos a quienes ama. Durante la Semana Septuagésima, la prueba será esta: ¿Es nuestro amor por Dios condicional o incondicional? ¿Le amamos porque es el Dios justo y santo, o le amamos porque es el gran Papá Noel en el cielo? Este último argumento es el mismo con que Satanás respondió a Dios en el primer capítulo de Job: "¿No le has cercado alrededor a él y a su casa y a todo lo que tiene? Al trabajo de sus manos has dado bendición; por tanto, sus bienes han aumentado sobre la tierra. Pero extiende ahora tu mano y toca todo lo que tiene, y verás si no blasfema contra ti en tu misma presencia" (Job 1:10–11).

Así que el Señor le permitió a Satanás tomar a los hijos de Job, su propiedad, su salud y todas sus posesiones. Imaginemos cómo se debe haber sentido Job. ¿Le dijo Dios a Job que estaba con él durante esta prueba? ¿Confortó Dios a Job? ¿Le dio sabiduría adicional? ¿Le dio dirección? ¡No! Fue una prueba del carácter de Job. Job simplemente sufrió pérdida tras pérdida, devastación tras devastación, sin saber por qué. Y, sin embargo, a pesar del silencio de Dios, Job permaneció fiel, y su fin fue uno de restauración y gloria. Muchos de nosotros nos hemos preguntado cómo reaccionaríamos si, al igual que Job, Dios tomara todas nuestras posesiones materiales, e incluso nuestras familias. ¿Pero hemos pensado alguna vez cómo nos sentiríamos si *Dios además estuviera totalmente en silencio durante estas pruebas*?

Consideremos ahora la promesa de Apocalipsis 3:10: "Por cuanto has guardado la palabra de mi paciencia, yo también te guardaré de la hora de la prueba que ha de venir sobre el mundo entero, para probar a los que moran sobre la tierra". ¿Podría ser que la prueba que ha de venir sobre la tierra no sea primordialmente una física, sino una espiritual – esto es que, como ocurrió durante el tiempo de los Jueces y el rey Ezequías, Dios se aleje de Su pueblo (tal como el arcángel Miguel alejará su influencia detenedora sobre Israel a la mitad de la Semana Septuagésima) para probarlo y ver qué es lo que realmente hay en los corazones de los que dicen que le sirven? ¿Podría ser esta la razón por la que, en la oración modelo, el Señor dice: "Y no nos metas en tentación", o, alternativamente, "No nos sometas a la prueba final"?

Poniéndonos a nosotros mismos a prueba

En el capítulo 1, preguntamos acerca de la actitud que tendrá el creyente durante la primera mitad de la Semana Septuagésima: "¿Pero qué pasará cuando comencemos a perder la seguridad de nuestro alimento diario, de nuestra ropa y de nuestra vivienda? ¿Qué pasará cuando los terremotos comiencen a destruir nuestro vecindario y practicar nuestra fe pueda significarnos la muerte? A través de este prisma, la preparación espiritual repentinamente adquiere un nuevo significado". Ahora añadámosle a esto la posibilidad de que no haya ninguna comunicación directa de parte de Dios durante estos turbulentos días. Oramos, y no recibimos ninguna respuesta. Sufrimos, y no recibimos ningún aliento. Estamos atemorizados y confusos, y no recibimos ninguna guía.

Al parecer, sin embargo, estas pruebas no serán para todos los creyentes, sino para los que forman parte de las iglesias sin amor, muertas, transigentes, corruptas y tibias descritas en Apocalipsis 2 y 3. Si hemos vivido toda nuestra vida cristiana de manera apática, con un pie en cada lado de la raya, apretándonos el cinturón sólo cuando nos pasamos demasiado hacia el "otro lado"; y sí, a pesar de esto, obedecemos durante la primera parte de la Semana Septuagésima, tal vez sea la primera y última vez en toda nuestra vida cristiana que realmente consideramos el costo y tomamos la decisión correcta. Si Dios ha elegido esconder Su rostro durante este tiempo, obedecer a Su Palabra —a secas— será un acto de suprema voluntad de nuestra parte.

¿Podría ser esto lo que enseña este pasaje? ¿Podría ser que cinco de las siete iglesias no sentirán en forma tangible la presencia de Dios durante la primera parte de la Semana Septuagésima? ¡Qué estremecedor si es así! Pensemos en las veces en que las pruebas han venido y Dios ha permanecido remoto y silencioso. Para los creyentes que han llegado a depender de la sabiduría y fuerza de Dios, no hay posibilidad más tenebrosa que enfrentar una prueba severa solos. El Señor Jesús dice: "Velad, pues, en todo tiempo orando que seáis tenidos por dignos de escapar de todas estas cosas que vendrán, y de estar en pie delante del Hijo del Hombre" (Lc. 21:36).

El Señor Jesús, por supuesto, nunca nos dejará físicamente, porque Él ha prometido: "Y he aquí yo estoy con vosotros todos los días, hasta el fin del mundo" (Mt. 28:20). El escritor de Hebreos nos recuerda esta promesa: "No te desampararé, ni te dejaré" (He. 13:5). ¿Pero podríamos *sentirnos* abandonados por Él? En estos tiempos de tantas "experiencias cristianas" — en los que se nos insta a medir la bondad de Dios por cómo nos sentimos, a probar la manifestación del "Espíritu" y a experimentar de parte de Dios felicidad, salud y prosperidad —, la necesidad de depender solamente en la Palabra de Dios *sin ninguna confirmación adicional (experimental)* será una prueba enorme.

Jesús en el jardín de Getsemaní

¿Por qué probaría Dios a Su pueblo de esta forma? Bueno, así probó a Ezequías. Así probó a David. Y, más importante aun, así probó a Su propio Hijo. ¿No clamó Jesús desde la cruz: "Dios mío, Dios mío, ¿por qué me has desamparado?" (Mr. 15:34). Pensemos en el Getsemaní. La noche anterior a Su crucifixión, cuando el Señor oró, literalmente sudó sangre. *¡Sudó sangre!* El Señor Jesús era completamente un hombre, pero también era completamente Dios. ¿Sabía Él que resucitaría al tercer día? ¡Por supuesto que sí! Por lo tanto, ¿qué hizo que se sintiera tan angustiado que Sus vasos sanguíneos literalmente se rompieran por la tensión emocional?

La respuesta está en Su lamento: "Mi alma está muy triste, hasta la muerte" (Mt. 26:38); y, "Padre mío, si es posible, pase de mí esta copa" (Mt. 26:39). ¿Qué copa? La copa de la ira de Dios (Ap. 14:10), la cual fue derramada hasta las heces, con toda la fuerza de la justa indignación Divina, sobre el Cordero perfecto. Si los juicios de las copas del Apocalipsis, que contienen la ira final de Dios que ha de ser derramada sobre la tierra, significan angustia y destrucción para toda la humanidad impía, meditemos en lo que significó para el Señor Jesús clavado en la cruz. En el Getsemaní, Él estaba por recibir sobre Sí el derramamiento de la ira de Dios por los pecados de *toda* la humanidad, de *cada* siglo, de *una vez* y para siempre. Este es el regalo del Señor Jesucristo, el sacrificio que Él pagó para que nosotros no tuviéramos que hacerlo.

No podemos ni siquiera imaginar de qué hemos sido salvados. Pero el Señor Jesús sí podía imaginárselo. No en vano pidió: "Si es posible, pase de mí esta copa". Si nosotros tuviésemos que sufrir toda la ira de Dios por nuestros pecados, también sudaríamos sangre. No es de extrañar que, sintiendo la separación de Su Padre mientras colgaba de la cruz, el Señor Jesús clamara: "¿Por qué me has desamparado?"

Desamparado. ¡Qué terrible palabra!

Destinados para la gloria

Pero la historia no termina aquí. El fin para el Señor Jesús fue la gloria — ese también es el fin para la Iglesia. ¿Y qué forma tomó el alivio que recibió Cristo mientras sufría la ira de Dios en la cruz? Su sufrimiento fue acortado por la muerte. La Escritura registra que Poncio Pilato estaba realmente sorprendido de que Jesús hubiera muerto tan pronto (Mr. 15:44). Si lo que ha sido presentado aquí en relación a Apocalipsis 3:10 es correcto, entonces ese sentimiento de separación de Dios que los creyentes experimentarán durante la Gran Tribulación también será acortado (*kolobóo*), ya sea por medio del arrebatamiento, o por la muerte física antes de que este magnífico evento ocurra. ("Y si aquellos días no fuesen acortados [*kolobóo*], nadie sería salvo" — Mt. 24:22). Del desamparo a la gloria.

Este es también el modelo presentado en el Salmo 22, desde donde el Señor Jesús toma el pasaje que cita sobre la cruz. Aunque el Señor Jesús se sintió desamparado por el Padre durante la última parte de Su prueba, el Salmo 22 continúa con una alabanza a Dios por Su fidelidad: "Los que teméis a Jehová, alabadle; glorificadle, descendencia toda de Jacob... De ti será mi alabanza en la gran congregación; mis votos pagaré delante de los que le temen" (vs. 23, 25). Una vez más vemos que al silencio de Dios le sigue la restauración y la gloria.

Si estamos en lo correcto, lo que Dios promete en Apocalipsis 3:10 es que no todos los creyentes se sentirán desamparados. Una iglesia, la iglesia de Filadelfia, que ha guardado la palabra de Su paciencia, será considerada digna de ser guardada de la hora de la prueba. Los creyentes de Filadelfia sabrán que Dios está con ellos; experimentarán el consuelo, la sabiduría y la gracia de Dios que les permitirá soportar las pruebas de la Semana Septuagésima con gozo y paciencia. Quien escribe se considera una persona dura, que puede soportar la adversidad, las guerras, las hambrunas, la persecución e, incluso, la muerte. Pero el pensamiento de sentirse desamparada por Dios, aun ahora, es simplemente insufrible. Es imposible siquiera imaginar cuán grande será este sentimiento de desamparo que se sufrirá durante los juicios de los seis sellos. Si estamos en lo correcto, el Padrenuestro nunca nos parecerá el mismo nuevamente. Oh, cuán fervientemente debiéramos orar y trabajar por ser hallados en la iglesia de Filadelfia!

No pretendemos que esta sea la última palabra sobre Apocalipsis 3:10. Lo escrito aquí es sólo una sugerencia destinada a darles a los creyentes serios algo en qué pensar. Tal vez la respuesta se encuentre en otro lugar. Ciertamente, aun hay mucho por descubrir en la Palabra de Dios, y todavía hay muchas lecciones que deben aprenderse. Como creyentes deberíamos siempre estar bien dispuestos a recibir la dirección del Espíritu Santo. Que la oración de nuestro corazón, mientras continuamos estudiando y aprendiendo de la infalible Palabra de Dios, sea siempre:

"Sí, ven, Señor Jesús".

Epílogo

Algunos años atrás, un ampliamente respetado erudito publicó un estudio sobre el arrebatamiento que él subtituló "un estudio definitivo sobre el arrebatamiento". Aquí no hacemos tal declaración. Al momento de la segunda impresión de este libro, quien escribe ha pasado ya cuatro años estudiando el tema. Con oración, ha tratado en todo momento de hacer un trabajo exacto. Las conclusiones vertidas aquí difieren de las que enseñan los estudiosos de la profecía tradicionales. Al final del camino, podría resultar que estábamos en lo correcto; pero también podría resultar que estábamos equivocados. No decimos esto ahora porque queramos restarle credibilidad a este libro. Lo decimos porque, a fin de cuentas, cada creyente tiene la responsabilidad de llegar a sus propias conclusiones respecto a las doctrinas enseñadas en la Escritura — no solo respecto a la doctrina de los últimos tiempos, sino respecto a todo el consejo de Dios.

No crean a ciegas todo lo que ha sido escrito aquí. Examínenlo todo. Eso es lo que Pablo nos ha ordenado hacer: "Examinadlo todo; retened lo bueno" (1 Ts. 5:21).

Que la gracia del Señor Jesucristo sea con todos ustedes. Amén.

Acerca de la autora

H. L. Nigro nació en Springfield, OH, en 1967. Obtuvo una Licenciatura en Ciencias en la University of Michigan, Ann Arbor, y ha trabajado como una escritora profesional, investigadora y analista, y como editora de libros y revistas durante 15 años.

Actualmente dirige una editorial independiente, y como cristiana evangélica sirve como una testigo activa del evangelio del Señor Jesucristo usando su empresa como un ministerio para alcanzar a aquellos de otra forma no oirían el evangelio.

Además de sus años como escritora profesional, analista y editora, Nigro dirige Strong Tower Publishing, la cual publica libros para el mercado cristiano. Títulos de su autoría incluyen *Antes de la Ira de Dios: La Respuesta Bíblica Sobre El Momento En Que Ocurrirá el Arrebatamiento, El Evangelista Diario,* y *¿Realmente Quieres Auto-Publicar Tu Libro?* Otros títulos de Strong Tower Publishing incluyen el compendio *¿Quién Será Dejado Atrás Y Por Qué?*, por Dave Bussard, y una reimpresión pronta a salir al mercado del clásico *La Esperanza de la Segunda Venida de Cristo*, de Samuel Tregelles, una crítica de la entonces naciente teoría del rapto pretribulacional, publicada por primera vez en 1863.

Desde el 2001, Nigro ha sido la co-moderadora del grupo de discusión "Sólo Preira" de Yahoo, en la Internet, dedicado a la discusión Cristo-céntrica de la postura pre-ira.

Nigro vive en Bellefonte, PA, con su esposo Tom y la hija de ambos, Megan, y es líder de adoración en su congregación local.

321

ORDEN DE COMPRA

Antes de la Ira de Dios: Edición Revisada y Ampliada
Por H. L. Nigro

Un estudio detallado del arrebatamiento de la Iglesia desde una
perspectiva y análisis pre-ira, comparándolo con el punto de
vista del arrebatamiento pretribulacional.

309 páginas. $16.95.

 # Copias _____
Total: $ _____
Gastos de envío $ 0.00
(para envíos internacionales, contactar Strong Tower
Publishing)

Enviar cheque u orden de pago a:

Strong Tower Publishing
P.O. Box 973
Milesburg, PA 16853

Para compras con tarjeta de crédito:

Strong Tower Publishing acepta compras con tarjetas de
crédito a través de PayPal. Enviar la forma de pago a:
strongtowerpubs@aol.com.

Precios válidos por todo el año 2005.
Para recibir información actualizada sobre precios de envío,
visite nuestro sitio en Internet:
www.strongtowerpublishing.com.

www.ingramcontent.com/pod-product-compliance
Lightning Source LLC
Chambersburg PA
CBHW032031090426
42733CB00029B/80